Ørjan Nilsson

Heimkehr

Morten Harkets prägende Phase 1993–1998:
Seine Aktivitäten in Sachen Klima, Politik und Menschenrechte

Ørjan Nilsson

Heimkehr

Morten Harkets prägende Phase 1993–1998

Seine Aktivitäten in Sachen Klima, Politik und Menschenrechte

Aus dem Norwegischen von Daniela Stilzebach

hannibal
www.hannibal-verlag.de

Impressum

Deutsche Erstausgabe 2020

Hannibal Verlag, ein Imprint der KOCH International GmbH, A-6604 Höfen
www.hannibal-verlag.de

ISBN 978-3-85445-695-7
Auch als E-Book erhältlich mit der ISBN 978-3-85445-696-4

Titel der Originalausgabe: HJEMKOMST – Morten Harket 1993–1998
ISBN 978-82-328-0307-1

Forlaget Press, Kongens gate 2, 0153 Oslo

Die Übersetzung wurde mit finanzieller Unterstützung von NORLA veröffentlicht.
NORLA
NORWEGIAN LITERATURE ABROAD

Cover Design © Concorde Design
Coverfoto © Julian Broad
Grafischer Satz in deutscher Sprache: Thomas Auer, www.buchsatz.com
Übersetzung: Daniela Stilzebach
Deutsches Lektorat und Korrektorat: Dr. Matthias Auer

Printed in Germany

Inhalt

„Dieser Song wird deine Karriere zerstören."
Die Plattenfirma Warner Brothers in einem Brief an Morten Harket im Frühjahr 1995

Vorwort

Es gibt einen anderen Morten Harket; einen, der nicht mit hellem Sternenstaub auf den Stimmbändern Pop-Melancholie verbreitet; einen, der nicht mit a-ha Stadien füllt; einen, der nicht die ewig scheinende Sonne im TV besingt. Einen Morten Harket, der sich nicht immer ganz so leicht parodieren oder in eine Schublade stecken lässt.

Es ist das Jahr 1993. Acht Jahre lang hatte sich Morten Harket im internationalen Popstar-Universum bewegt. Ganz oben in den Sphären, wo man ansonsten nur auf Madonna, Michael Jackson, Whitney Houston und Duran Duran traf. Seinen Landsleuten in Norwegen hatte es vor lauter Staunen die Sprache verschlagen. Wer war dieser Kerl?

Jetzt kehrte der große Popstar nach Hause zurück. Der Szenenwechsel war enorm, die Rückkehr komplex. Dazu gehörten unter anderem ein Soloalbum mit geheimen Musikern, Songs in der norwegischen Muttersprache sowie der Aufbau einer Karriere fernab von a-ha. Es war auch die Zeit, in der er seine Stimme verstärkt und unüberhörbar für gesellschaftliche Belange erhob, weit über die Grenzen der Musik hinaus.

Morten Harkets Solokarriere der Neunzigerjahre folgte nur in geringem Umfang irgendeinem Erfolgskonzept. Er setzte vollkommen andere Prioritäten, als man es von einem internationalen Star erwartet. Er entschied sich für unkonventionelle Kooperationspartner, sang auf Norwegisch von der Bibel inspirierte Lieder, betrieb nachdrücklich Lobbyarbeit für ein vom Bürgerkrieg gebeuteltes, bettelarmes Land auf der anderen Seite des Erdballs, sprang für das Klima in die Bresche – um nur einiges zu nennen. Und: Er produzierte nahezu zeitgleich zwei Popalben, von denen eins alle überraschte und von den Kritikern gelobt wurde, während das andere, das dazu gedacht war, seine kommerzielle Karriere zu sichern, nie veröffentlicht wurde.

All das sind Geschichten aus den Jahren 1993 bis 1998. Zusammengenommen ist es eine Geschichte über eine Rückkehr in die Heimat.

Das Album, das niemand gehört hat I

Die Arme. Da ist etwas mit der Haltung der Arme im Verhältnis zum Rest des Körpers. Ein Stück weg vom Körper, so als müssten die Arme das Ego stützen oder den kostbaren Leib, den sie flankieren, mit der Stimme mittendrin als Dreh- und Angelpunkt sowie Kraftzentrum. Morten Harket hält seine Arme so. Nicht weil die Muskelmasse so voluminös ist, dass die Arme nicht weiter an den Körper herangepresst werden könnten, sondern vielleicht als ein Zug seines Charakters. Es sieht besser aus. Die Arme neigen sich sanft nach unten, das Handgelenk jedoch weist eine leichte Krümmung nach innen auf. Auf dem Cover zu *Wild Seed* (1995), Morten Harkets erfolgreichstem Soloalbum, befinden sich die Hände in dieser ihm ganz eigenen Haltung. Mit der einen Hand hält er eine Schreibmaschine im Vintage-Stil, als Andeutung auf die Songwriter-Ambitionen. Die gleiche Haltung haben seine Hände bei unserem ersten Treffen zu diesem Buch. Sie ruhen auf einem derben Holztisch in der Kongens gate in Oslo. Anlass ist eine Besprechung für ein Buch über die Jahre 1993, 1994, 1995, 1996, 1997 und 1998. Es ist ein Tag im April 2018. Morten hat es nicht geschafft, vor dem Termin Mittag zu essen, und taucht deshalb mit zwei Stück saftigem Möhrenkuchen auf. Durch das zum Hinterhof geöffnete Fenster erklingt das frühlingshafte Falsett der Vögel.

„In gewisser Hinsicht war ich doch die ‚Gesangsdame' von a-ha – vor *Wild Seed*", ertönt es von der anderen Seite des Tisches, gefolgt von Stille.

„Ja, was ist mit deiner Solokarriere, Morten?", unternehme ich einen Versuch.

„Sie ist voller Höhen … und einzelner Tiefen."

Er lächelt verschmitzt. Blinzelt. Wie er es all die Jahre auf Fotos, auf der Bühne und im Fernsehen getan hat. Das ist ein anderer Zug an Morten Harket. Genau so einer wie mit den Armen.

Einige Stimmen übersteigen nahezu das Auffassungsvermögen. Der Klang dieses menschlichen Instruments, die Kraft, Schönheit und Präzision der Stimme führt in einigen Fällen dazu, dass Menschen mit Tränen, Zittern und Gänsehaut reagieren. Mitunter ist man regelrecht gelähmt. Passieren kann das in der Kirche, auf einem Popkonzert, in der Oper, überall auf der Welt. Für viele hat Morten Harket eine solche Stimme. Eine Stimme, die die Tonspur des Lebens vieler Menschen prägt. Eine Stimme, die seit 1985 bei Menschen in vielen Teilen der Welt Gefühlsreaktionen auslöst. Allem voran dank seiner Rolle als Frontmann von a-ha. Dieses Buch widmet sich hingegen einigen intensiven Jahren in den Neunzigern, weitestgehend ohne a-ha. Es sind Jahre, in denen aus Morten Harket neue Songs heraussprudelten – sehr viele von ihnen wurden nie veröffentlicht. Es sind Jahre, in denen es um die Gitarre geht, darum, zu schreiben und die Musik in neue Richtungen zu führen. Einige Leitlinien aus diesen Jahren flossen in die weitere Karriere ein, andere blieben auf der Strecke. Es sind die ersten Jahre als Solokünstler, das erste Sich-Freimachen von a-ha, Jahre mit großen Höhen und in Sachen Karriere durchaus absurden Entwicklungen. In persönlicher und künstlerischer Hinsicht eine Zeit des Umbruchs. Neben dem enormen Erfolg als Solokünstler ging es in diesen Jahren um so viel mehr. Um Osttimor und ein Konzert in einem Frauengefängnis. Um Gott. Ein erwachendes Interesse an norwegischer Poesie. Konzerte in Hønefoss, London und auf dem Momarkedet-Festival, eine Naturserie für TV3 und einen Moderatorenjob beim Eurovision Song Contest. Er brillierte, weit über die Stimmpracht hinaus. Gleichzeitig aber erweist sich Harkets Sololaufbahn auch als gewundener und scheinbar richtungsloser Wanderpfad. Sie umfasst einen Pulk von Menschen (die meisten davon wurden in Verbindung mit diesem Buch interviewt) sowie eine Reihe verschiedener Projekte. Morten klar, dass es sich hier um zwei verschiedene Projekte handelte. Als der ganze Prozess mit dem Soloalbum begann und ich bei Warner unterschrieb, wusste ich, dass ich an einem Scheideweg stand: als Künstler fortzufahren oder etwas komplett anderes zu machen."

Heute – 25 Jahre später: Was geschah eigentlich mit dem Album, das die Welt nie zu hören bekam? Morten erklärt:

„Andy Wickham meinte, Pål und Magne seien schwierig. Zudem war er der Ansicht, a-ha hätten offensichtliche internationale Möglichkeiten nicht genutzt. Unter anderem verfolgten wir die USA nicht weiter. Stattdessen machten wir ein ums andere Mal etwas anderes. Er hatte den Traum, dass ich ein Album einspielen würde. Er wollte meine Stimme und Alan Tarney als Produzenten sowie Songs, die wir gemeinsam finden sollten. Er glaubte, das würde ein Knaller werden."

Die Plattenfirma zahlte Morten einen soliden Vorschuss, und er machte sich auf nach London, nach Wimbledon ins RG Jones Studio. Die Melodien hatte Tarneys Sohn Oliver geschrieben. Die Texte stammten von seinem Freund aus Kindertagen, Robert Carr. Oliver arbeitet heute übrigens im Bereich Filmmusik – als Sounddesigner – und konnte unter anderem zwei Oscar-Nominierungen für sich verbuchen. Als die beiden Jugendfreunde damals die Songs schrieben, waren sie Studenten, und Carr hatte sich in die Texte von Paddy McAloon von der stilsicheren Popband Prefab Sprout vertieft. Zu dieser Zeit gab Carr sein gesamtes Geld für Konzerte in mittlerweile legendären Londoner Lokalitäten wie dem Astoria, Marquee Club und Hammersmith Palais aus. Bands wie Echo and the Bunnymen und The Sugarcubes standen bei ihm hoch im Kurs. Das Debütalbum der Stone Roses veranlasste den jungen Tarney schließlich dazu, sich als Songwriter zu versuchen.

Zurück zu Morten:

„Ich musste meine ganze Seele in die Aufnahme legen, ansonsten wäre es nicht aufrichtig gewesen. Also schuf ich lieber aus eigener Kraft ein anderes Album, das so gut war, dass die Plattenfirma gezwungen war, *das* auszuwählen. Die Entscheidung oblag dem

Label. Ich sagte nichts dahingehend, was sie wählen sollten. Ich lieferte zwei Platten ab. Die andere war *Wild Seed*."

Er spult zurück und fügt die Fäden zusammen. Der Blick fokussiert die fade Topografie vor dem Fenster. Die Erinnerungen kehren zurück.

„Das zu tun, war genau das Richtige. Auf dem Tarney-Album sind einige gute Popsongs, aber ich bin kein Unterhaltungssänger. Es ist nicht viel, aber gerade ausreichend, was an der Platte grundlegend falsch ist. Um es anders auszudrücken: Ist etwas richtig, dann verträgt es Widerstand. Selbstverständlich hätte ich es anders machen können. Ich hätte sagen können, dass ich das nicht machen wolle, und hätte mich einfach meinen eigenen Sachen gewidmet. Ich war Morten von a-ha, und wenn ich ein eigenes Album herausbringen sollte, dann musste es in Charakter und Eigenart eindeutig sein – nicht ‚nur' ein gutes Album."

Während sich Morten 1995 im Nidaros Studio in Trondheim befand, erhielt er einen Anruf aus England. Im Studio nahm das *Wild Seed*-Projekt langsam Formen an, und die Beteiligten spürten, dass sich hier etwas Besonderes anbahnte. Davon hatte man auch in England Wind bekommen, denn dieses Telefonat – im Übrigen das bis dato einzige zwischen Wickham und Morten, dessen eigene Songs betreffend (das Kuckuckskind-Projekt, wie Morten es bezeichnet), war kurz, aber unmissverständlich. „Hallo, Morten, hier ist Andrew. Ich sitze hier mit deinem Album und dem von Tarney, und mir ist vollkommen klar, dass die beiden unvereinbar sind. Ich hatte die Hoffnung, dass jedes eine Seite ausmachen könnte, was offenkundig aber nicht funktioniert. Ich rufe also nur an, um dir zu sagen, dass du dein Album bekommst", ließ Wickham telefonisch aus England verlauten. Er war aufgewühlt und hatte lange und gründlich darüber nachgedacht, schließlich ging es um ein für ihn wichtiges Projekt. Dann legte er auf. Morten schaffte es nicht einmal zu antworten. Langsam jedoch wurde ihm der schlussendliche Sieg bewusst. Wickham hatte sich also entschieden, ihn *Wild Seed* anstatt „seines" Albums – seines Wunschprojekts mit Morten und Alan Tarney – veröffentlichen zu lassen. Für Morten war es wichtig, dass ohne irgendeine Form von Lobbyarbeit in der Plattenfirma die Wahl auf sein eigenes Material fiel.

„Und in all den Jahren: Gab es nie Überlegungen dahingehend, das Tarney-Album zu veröffentlichen?"

„Nein, nein. Der Zug ist abgefahren. Ich habe es seit 20 Jahren nicht gehört, obwohl ich mitbekommen habe, dass zwei Songs im Netz gelandet sind. Einer heißt wohl ‚Sounds of Rain' – ein schönes Lied, schönes Synth-Terrain. Ein Fan hat mich darauf aufmerksam gemacht, ich selbst verfolge die Sachen im Netz nicht. Nicht im Geringsten", sagt er, während er das Smartphone vom Wohnzimmertisch angelt.

„Aber ich denke, ich finde es."

Wir lauschen. Die sanfte Synth-Landschaft gleitet vorüber.

Einer, der das Album zu Hause hat, ist Produzent Alan Tarney im Londoner Stadtteil Richmond, und auch er hat es seit vielen Jahren nicht gehört. Auf meine E-Mail reagiert er positiv, meint, selbstverständlich könne ich eine Kostprobe des Albums erhalten, das die Welt nie zu hören bekam. Jedoch betont er, dass er mir keine physische Kopie schicken oder geben könne. Veröffentlicht oder nicht, das Album ist noch immer Eigentum der Plattenfirma – Warner Music. Und so soll es bleiben, Tarney ist ein ehrlicher und redlicher Kerl. Er lädt mich in sein Haus nach Richmond ein, woraufhin ich mich an einem Novemberabend 2018 ins Flugzeug nach London setze.

Fliegt man in den Abendstunden nach Heathrow, ist die unter einem liegende Stadt voller Lichter. Autos, Neonröhren, Straßenlaternen, das Leben. Unmittelbar neben diesem herrlichen Durcheinander der Stadt findet sich jedoch ein großer, dunkler Bereich. Ein dunkler Fleck in all dem Hellen. Kein Neonlicht – ausschließlich schwarz. In dieser Dunkelheit wimmelt es nur so von Tieren. Im Richmond Park drehen Hirsche und Rehe vorsichtig ihre Runden, während zwischen den Baumstämmen Eichhörnchen hindurchflitzen. Neben dem nationalen Naturreservat, das Teil der königlichen Parkanlagen Londons ist – sich also im Besitz der Königsfamilie befindet –, wohnt ein wichtiger Mann des a-ha-Universums. Kurz gesagt der Mann, der die bekannte Hitversion von „Take on Me" sowie die ersten drei Studioalben der Band produziert hat. Im Übrigen hatte er auch bei der Comeback-Platte *Cast in Steel* (2015) seine Finger im Spiel. Am nächsten Tag fahre ich mit dem Zug nach Richmond, wo mich Alan Tarney in seinem schwarzen Range Rover vom Bahnhof abholt. Im Schneckentempo geht es dann an dem knapp zehn Quadratkilometer großen Park vorbei. Aus Rücksicht auf die Tiere ist die Höchstgeschwindigkeit auf 20 km/h begrenzt. Vom Straßenrand aus beäugt uns ein neugieriges Eichhörnchen. Mich und den Mann hinter dem Lenkrad mit der luftigen weißen Haarpracht.

1945 in England geboren, lebte Tarney im Alter von zwölf bis siebzehn Jahren in Australien, bevor er hier raus nach Richmond zog. Nach einer nicht sonderlich erfolgreichen Karriere als Musiker im australischen Adelaide machte er sich als Produzent und Songwriter einen Namen, wobei er für eine Reihe von Welthits verantwortlich ist, darunter Cliff Richards Ohrwurm „We don't Talk Anymore". Im Sommer 1979 kletterte der Song an die Spitze der britischen Charts und erlangte auch in Norwegen einen der vorderen Plätze der *VG*-Charts. Des Weiteren stehen der Pulp-Hit „Disco 2000" und Saint Etienne auf Tarneys Meritenliste als Produzent. Dennoch gehört er nicht zur Gruppe derer, die britische Musikkenner sofort auf dem Schirm haben. „The greatest British pop producer you've never heard of", schrieb *The Guardian* 2015 in einem seltenen Artikel über Tarney. Wir lassen den Park hinter uns, Tarney erhöht das Tempo, zu beiden Seiten befindet sich tiefer Wald. Schlussendlich fahren wir durch ein großes Tor. Es ist herrschaftlich hier draußen und beinahe auf parodistische Art britisch charmant. Auf dem Autodach trommelt der Regen einen wirren *Beat*. Eine kleine Allee endet vor einem hübschen alten Backsteinhaus. Hier führt Alan Tarney ein gutes Leben, aufgebaut in Jahrzehnten erfolgreichen Engagements in Sachen Musik. Das Studio befindet sich im Nebengebäude. Der Raum hinter der schweren schwarzen Tür ist mit Teppich ausgelegt, die Möbel sind aus dunklem Leder, in der Ecke steht ein Kontrabass. Der 72-Jährige serviert gesüßten Tee und saftige Blaubeermuffins. Hinter der Glaswand im Aufnahmeraum steht eine seiner wirklichen Kostbarkeiten. Er verweist auf einen Synthesizer vom Typ Roland Juno 60.

„Das ist er", sprudelt es aus Tarney heraus. „Der Synthesizer, auf dem ‚Take on Me' eingespielt wurde. Nicht mehr und nicht weniger", sagt er und lächelt in seinem dunkelblauen Blazer.

In den letzten Wochen hat Tarney versucht, sich an die Aufnahmen mit Morten 1993 zu erinnern. „Aber das ist nicht leicht. Das ist lange her", erklärt er.

„Wir waren draußen im RG Jones Studio in Wimbledon. Morten war sehr positiv gestimmt, plötzlich aber geriet der ganze Prozess ins Stocken. Damals begriff ich nicht, warum, jetzt aber, nachdem du mir erzählt hast, was geschehen war, verstehe ich umso mehr."

Dann machen wir uns daran, einigen der Lieder zu lauschen, die die Welt nie zu hören bekam. Tarney nimmt auf einem roten Bürostuhl vor seinem Mac Platz und klickt die erste Audiodatei an. Er dreht laut auf. Draußen hat es aufgehört zu regnen, die Bäume neigen sich schwerfällig über die Allee. Ein leicht chaotisches Klangbild ist zu vernehmen, Unmengen an Gitarren verpackt in einen elektronischen Rahmen. Es klingt ein bisschen altbacken. Tarney holt mit den Armen aus und tut so, als würde er durch den Raum auf mich zufliegen.

„Es heißt ‚Glide'", sagt er laut. Er singt mit, klopft den Takt. „There are clouds over my nation", trällert er. Der Refrain „When we glide. Baby, let's glide" strömt in den Raum hinein. Es verspricht ein toller Vormittag zu werden, hier im Backsteingebäude.

„Wie du hörst, hat es etwas Unfertiges und leicht Chaotisches. Vermutlich kennzeichnet das eine Phase, in der man versucht, einen neuen Ausdruck zu finden. Morten kam von a-ha, wo er hauptsächlich die Songs von Pål und Magne gesungen hatte. Hier ging es darum, etwas Eigenes zu erschaffen, aber immer noch mit den Liedern anderer", sagt Tarney, der die Flügel wieder eingeklappt hat und den nächsten Titel abspielt. Es ist eine Coverversion. Auf Wunsch von Andrew Wickham sollte Morten einen Song der Everly

Brothers aufnehmen, den Evergreen „Devoted to You". Möglicherweise hatte hierbei auch Mortens Manager Terry Slater seine Finger im Spiel, der in den Sechzigern Bass bei den Everly Brothers gespielt hatte. „Devoted to You" erreichte 1958, ein Jahr vor Mortens Geburt, übrigens Platz 10 der Billboard Singlecharts. 1990 hatten a-ha eine Coverversion von „Crying in the Rain" aufgenommen, und jetzt sollte die Erfolgsformel also wiederholt werden. Dieser Ansicht war zumindest Wickham. Tarney vollführt auf seinem Stuhl eine kleine Drehung. Er erzählt, dass bei dem Song, den das von ihm sehr geschätzte amerikanische Country-Songwriter-Ehepaar Felice und Boudleaux Bryant geschrieben hat, seine Tochter im Duett mit Morten singe. Die Version unterscheidet sich stark vom Original, wobei der Ausdruck jedoch ein Stück weit beibehalten wurde. Es ist schön und ordentlich. Unverkennbar Harket. Dann unterbricht Tarney das Vorspielen für eine Pause. Es ist offensichtlich, dass er ungern unfertiges Material präsentiert. Bereut er die Einladung? Das kratzt ein wenig an seinem Stolz.

„Ich wusste nie genau, was die Plattenfirma haben wollte, mitunter war ich unsicher, welchen Weg wir einschlagen sollten. Morten vermutlich auch. Da mich die Plattenfirma aber angerufen hatte, war man sich dort wohl sicher, dass wir etwas abliefern würden. Ich besaß diese Songs, die mein Sohn Oliver zusammen mit Robert Carr geschrieben hatte, und ich glaubte, Mortens Stimme würde dazu passen. Also versuchten wir es. Gleichzeitig sollte es sich ohne die beiden anderen nicht wie ein a-ha-Album anhören. Das war schwer", sagt er.

„Und Morten war enthusiastisch, er mochte die Sachen, die wir machten. Ich erinnere mich, dass er nach einer neuen Kassette mit den Aufnahmen fragte, weil die erste vollkommen verschlissen war. Er hatte sie so oft gehört, dass sie kaputtging."

„Wie hätte sich Mortens Karriere deiner Meinung nach entwickelt, wäre dieses Album veröffentlicht worden? Es hätte einen ganz anderen Kurs abgesteckt, oder?"

„Das hätte es, und das wäre womöglich nicht die beste Richtung gewesen, denn die Quelle für mehr Material war nicht sonderlich ergiebig. Trotzdem wäre es ein gutes Album geworden, und es hätte für sich stehen können. Ich glaube, es wäre ein schönes Album geworden. Wir waren auf einem guten Weg."

„Das wusstest du?"

„Ich arbeite seit sehr jungen Jahren mit Musik und weiß, wann ein Album ein Album wird. Es ist eine zarte Grenze zwischen dem, was eine Platte ist, und dem, was keine ist. Die Demos, die a-ha für *Hunting High and Low* eingespielt hatten, zum Beispiel, waren keine Platte, wurden aber eine. ‚Take on Me' war kein Hit, alle Elemente waren vorhanden, er aber war nicht *da*. Und dafür wurde ich bezahlt – als Produzent: für die letzten fünf Prozent, um das Material von 95 auf 100 Prozent zu bringen. Jeder kann eine Platte in Angriff nehmen, das ist keine große Sache, aber es geht darum, sie zu vollenden. Darin besteht die Aufgabe."

Dann strömt „Sounds of Rain" aus den Lautsprechern. Vielleicht das stärkste von all diesen Liedern.

„Ich verstehe nicht, wie dieser Song und ‚A Place I Know' auf YouTube gelandet sind. Diese Songs haben nur sehr wenige", sagt Tarney misstrauisch. Er zählt sie an beiden Händen ab, gibt das Ganze jedoch schnell wieder auf. Er will keine Namen nennen.

„Genau dieses Lied ist ein potenzieller Hit. Zweifellos. Zumindest war das 1993 der Fall. Er hat all die richtigen Zutaten, und man kann sich gut vorstellen, dass er im Radio läuft. Meiner Meinung nach hätte er hier allerdings besser singen können."

„In welcher Hinsicht?"

„Man hört, dass er sich während des Singens noch immer mit dem Song vertraut macht."

„Willst du noch einen hören?", fragt Tarney.

„Selbstverständlich."

Das vom Klavier getriebene „Don't Ask" bewegt sich auf einer dünnen Linie zwischen Ballade und leichtfüßigem Pop. Es wirkt vielleicht ein bisschen zahm, ein bisschen uninspiriert. Dann aber passiert etwas. Am Ende singt Morten heller, als er es womöglich jemals auf einer Auskopplung getan hat. Die Stimme erhebt sich weit über die Melodie hinaus, es ist, als würde alles stehenbleiben und den grauen Vormittag in Richmond hinter sich lassen. Tarney hebt seine Arme, und während sich die Stimme gen Decke erhebt, trifft sein milder Blick meine weit aufgerissenen Augen.

Dann schaltet er ab.

„Nun, das ist es“, sagt er und verlegt seinen Sitzplatz aufs Sofa. Er wirkt ein bisschen nachdenklich. Ist er enttäuscht darüber, wie es sich 25 Jahre später anhört?

„Es gehört eindeutig in eine bestimmte Epoche. Damals fühlte es sich gut und richtig an, wenn ich es aber jetzt erneut höre … ich weiß nicht. Es ist, was es ist. Heute klingen die Dinge anders. Damals waren die gewissen Elemente vorhanden.“

Er schaut nach draußen auf die Einfahrt, das grüne, nasse Gras, auf die Hecke und die Bäume. Die Landschaft hier draußen hat beinahe etwas Postbote-Pat-Ähnliches.

„Für Morten war es vermutlich schwerer, als ich damals dachte. Er wollte nicht nur als Sänger in Erinnerung bleiben, als einer, der die Lieder anderer sang. Und hiermit war er schließlich auf dem Weg dahin.“

Wären die Lieder veröffentlicht worden, hätte die Laufbahn der beiden Songwriter Oliver Tarney und Robert Carr eine gänzlich andere werden können. Aus ihrer Enttäuschung machen sie keinen Hehl.

„Das war damals eine herbe Enttäuschung. Das Projekt stand kurz vor der Fertigstellung, am enttäuschendsten ist der Gedanke daran, was eine solche Platte für die Zukunft hätte bedeuten können, bereits in ganz jungen Jahren hätten sich für uns Türen öffnen können“, schreibt Carr in einer E-Mail, und Oliver Tarney fügt hinzu:

„Damals war es eine Enttäuschung, aber mittlerweile ist es so lange her. Ich denke heute nicht so viel daran. Ich erinnere mich, dass ich überrascht war, als ich *Wild Seed* hörte, das Dunkle in dem Material. Im Nachhinein betrachtet, war das offensichtlich der Weg, den Morten zu diesem Zeitpunkt der Karriere einschlagen wollte.“

Als die beiden die Lieder schrieben, studierte Robert Carr im dritten Jahr an der London School of Economics, während Tarney für Psychologie eingeschrieben war. In der Praxis drehte sich das Leben des jungen Tarney zu dieser Zeit weitaus mehr um Musik als ums Studium. Er wusste, dass sein Kumpel Robert ein bisschen Poesie schrieb, und fragte ihn daher, ob er einen Text zu einem seiner Songs beisteuern könne. Die beiden, deren Musikgeschmack sich von jeher stark unterscheidet, schrieben nie im selben Raum.

„Entweder schickte ich Robert ein Lied, bei dem ich den Text durch Murmeln simulierte, oder ich bekam von ihm einen Text, den ich als Grundlage für eine neue Melodie verwendete. So arbeiteten wir mit den Liedern, die von Morten gesungen wurden."

„1993, acht Jahre nach dem Erfolg von ‚Take on Me' und nur zwei Jahre nach a-has enormem Rekordkonzert in Rio sollte Morten Lieder von zwei völlig unbekannten Jungs singen. Was habt ihr damals darüber gedacht?"

„Das war surreal. Ich war ihm bereits ein paar Mal begegnet, aber es war etwas *vollkommen* anderes, seine fantastische Stimme mit unseren Songs zu hören. Er war in Topform und schaffte es, dass es ganz einfach aussah, solche stimmlichen Leistungen zu vollbringen. Es versetzt mir noch immer einen heftigen *Kick*, wenn ich diese Songs heute höre. Selbstverständlich hätte ich es am liebsten gesehen, wenn wir damals alles fertiggestellt und veröffentlicht hätten, aber es zu besitzen, bedeutet in der Tat noch immer etwas: ein Album mit meinen Melodien, gesungen von einer derart spektakulären Stimme."

Dann ist Robert an der Reihe:

„Morten zu begegnen, lag zu diesem Zeitpunkt meines Lebens völlig außerhalb meiner Erwartungen. Er war ein unglaublich charismatischer Typ. Wir trafen uns im Studio in London, bevor wir zusammen mit ihm zum Abendessen gingen. Es war vollkommen surreal, einige Stunden später in die kleine, enge Vorstadtwohnung meiner Mutter zurückzukehren, wo ich auf dem Schlafsofa nächtigte."

Zurück im Haus von Tarney senior in Richmond ist die Hörsession vorüber, die Blaubeermuffins sind verspeist, und der alte Starproduzent fährt mich zurück ins Zentrum zum Bahnhof. Während die

Wildtiere leichtfüßig durch das Gras im Richmond Park spazieren, schüttelt Tarney beim Anblick einiger Radfahrer mittleren Alters in zu enger Kleidung den Kopf. „Die Zeit ist ihnen davongerollt", murmelt er.

Die Heimkehr

1991 bestückte der norwegische Buchclub zahlreiche Briefkästen des Landes mit einer Gedichtanthologie namens *Poetenes Evangelium. Jesu liv i norske dikt* (Das Evangelium der Poeten. Das Leben Jesu in norwegischen Gedichten). Bjørn Bjørneboe, Neffe des weitaus bekannteren Schriftstellers Jens Bjørneboe, hatte das von einem schwarzen Cover mit kleinem Jesus-Bild verzierte Buch illustriert. Der Inhalt bestand aus modernen norwegischen Gedichten, die sich mit den Geschehnissen in den vier Evangelien beschäftigen. Einen Großteil des Buches machten die sogenannten Ostergedichte aus, so war beispielsweise eine Vielzahl der Ostergedichte von Jens Bjørneboe vertreten. Redakteur des Buches war der Lyriker Håvard Rem, der während Morten Harkets schillernder Solokarriere schließlich eine wichtige Rolle einnehmen sollte. Von den insgesamt 86 Gedichten der Anthologie wurden 12 ausgewählt und von Øivind Varkøy vertont. Rem und Varkøy kannten sich von früher, beide kommen sie aus der Pfingstbewegung.

Die Auswahl der Kooperationspartner in Mortens Solokarriere wirkt oft ebenso zufällig wie seltsam. Das „Tarney-Album“ war von zwei Jungspunden geschrieben worden, die keinerlei Referenzen vorzuweisen hatten. Genauso wenig waren jene, die das Album *Poetenes Evangelium* zusammenschraubten, bekannte Weltstars. Sie haben noch nie etwas von Øivind Varkøy gehört? Nicht verwunderlich. Bis 1991 hatte er zehn Jahre lang als Musiklehrer an einer Gesamtschule unterrichtet, wurde dann Hochschuldozent für Musik, später Juniorprofessor und schließlich Professor der Musikpädagogik an der Norwegischen Musikhochschule. Was das Songwriting betraf, war Varkøy ein relativ unbeschriebenes Blatt. Die Melodien, die schließlich auf *Poetenes Evangelium* landeten, schrieb er zwischen 1990 und 1992. Als er sie schrieb, stand noch nicht fest, wer die Lieder auf seinem Album singen sollte.

„Das stimmt. Als ich die Lieder schrieb, hatte ich keinen speziellen Künstler im Kopf. Mir ging es vor allem darum, Melodien zu kreieren, die den Inhalt der Texte vermittelten. Aber natürlich war ich sehr froh und zufrieden, dass Morten an diesem Projekt mit ‚meinen Liedern' Interesse zeigte."

Die erste Begegnung zwischen dem Redakteur der Gedichtsammlung, Håvard Rem, und Morten hatte 1986 im Theatercafé in Oslo stattgefunden. Mit dabei war damals auch Mortens jüngerer Bruder Håkon. Dessen Wohnung in der Wilses gate war sechs Jahre später Treffpunkt, um Mortens eventuellen Beitrag zu einem geplanten „Cohen auf Norwegisch"-Album zu diskutieren, für das Rem die Texte des Kanadiers nachgedichtet hatte. Dieses Projekt entwickelte sich dann aber zu einem Album, auf dem ausschließlich Sängerinnen zu hören waren, darunter Kari Bremnes und Claudia Scott. Dennoch war der Gedanke hinsichtlich einer Zusammenarbeit zwischen den beiden gefasst, woraufhin Rem Morten schließlich als Sänger für *Poetenes Evangelium* einlud.

Um was für eine Art von Album handelt es sich also?

Die christliche Musik, wozu sowohl christlicher Pop und Rock als auch diverse andere Genres zählen, verbleibt in hohem Maße in ihrem eigenen sicheren kleinen Kokon. Wer nicht Teil des Milieus ist, bekommt davon kaum etwas mit. Billboard, die Charts, die für viele noch immer den höchsten Stellenwert haben, verfügen neben den Billboard Hot 100 und den Top-Latin-Alben seit den Achtzigerjahren auch über eine eigene Hitliste für „Hot Christian Songs". Auch wenn es selbstverständlich Nuancen und Subgenres gibt, wohnt christlicher Musik häufig ein heiterer Fokus auf Jesus inne. In den Siebzigern war mitunter auch der Begriff Jesusrock gebräuchlich. Christliche Musik verfügt über einen eigenen Kreislauf, der sich außerhalb der meisten Konzertarenen, Hitlisten und Festivals sowie der medialen

Aufmerksamkeit abspielt. Ausgenommen davon sind Weihnachtskonzerte in Kirchen.

Poetenes Evangelium passt nicht ganz ins Genre.

„Bevor wir über diese Platte sprechen: *Poetenes Evangelium* ist kein Soloalbum von mir und ist es nie gewesen. Die *VG* hat das in ihrer Rezension des Albums so entschieden – mitunter machen sie einen miserablen Job. Die Platte ist ein Projekt von Håvard Rem in Kooperation mit Varkøy, im Namen der Kirchlichen Kulturwerkstatt, und mit Erik Hillestad am Ruder. Sie holten Kjetil Bjerkestrand mit ins Boot, der für die Arrangements verantwortlich zeichnete. Aber: Ich wurde gefragt, ob ich singen würde, und ich bin bei sämtlichen Liedern des Albums als Gastkünstler mit von der Partie. Das war für mich eine sehr schöne und lehrreiche Erfahrung, die ich noch immer zu schätzen weiß. Es ist mir unbegreiflich, dass die Medien nicht erkennen, dass dies offensichtlich ein Nebenprojekt war, ist und bleiben wird."

Poetenes Evangelium ist eine Platte mit vertonten Gedichten, die von Geschehnissen in den vier Evangelien der Bibel handeln, viele von ihnen wurden von nicht-christlichen Autoren wie Inger Hagerup und Arnulf Øverland verfasst. Erik Hillestad, der Chef der Plattenfirma Kirchliche Kulturwerkstatt, und Rem hatten Morten Anfang 1993 kontaktiert. Sie fragten an, ob er sich vorstellen könne, seine Stimme einer Reihe von Gedichten der Anthologie zu leihen. Morten gefielen die Idee und das Projekt, woraufhin er ins Studio fuhr, sich auf einen schwarzen Stuhl setzte und loslegte. Die Musik war vorab eingespielt worden.

„Im Studio waren ich und das Mikrofon. Bei der Aufnahme einiger Lieder hatte ich lediglich den Text und eine Begleitmelodie. Ich hatte die Musik nicht gehört, bevor ich anfing. Alles war gefühlt intuitiv. Ich hörte die Melodien zum ersten Mal und sang zeitgleich. Das war eine sehr interessante Übung, wovon ich mehr hätte machen sollen", so Morten.

Die Thematik von *Poetenes Evangelium* ergibt sich womöglich von selbst, zumindest oberflächlich betrachtet. Die Dichter nähern sich auf unterschiedliche Weise dem Leben Jesu. Das war das Auswahlkriterium. Um zu verstehen, warum Hillestad überhaupt Kontakt zu Morten aufnahm, müssen wir nach Südnorwegen, in den sogenannten Bibelgürtel. Vorab jedoch: Morten Harket ist als Sohn christlicher Eltern aufgewachsen, hatte einige Soloauftritte im „Ten Sing"-Chor Anthem in der Kirchengemeinde Asker und war in seinen frühen Teenagerjahren im christlichen Vereinsmilieu aktiv, während er Pläne für die Gründung einer eigenen Band schmiedete. Eine Zeit lang nahm er auch an den großen Zusammenkünften der „Guds Fred"-Gemeinschaft in der Osloer Dreifaltigkeitskirche teil. Nach dem Gymnasium begann er ein Theologiestudium, allem voran, um dem Grundwehrdienst zu entkommen. Er war unsicher hinsichtlich seines Standpunkts im Leben, wollte aber die Schriften studieren. Zu Beginn des Studiums glaubte Morten, er sei Wehrdienstverweigerer – wie sich herausstellte, war jedoch das Gegenteil der Fall. Nach einem Jahr Theologiestudium kam er, wie er selbst sagt, zu der Überzeugung, dass bewaffnete Streitkräfte notwendig seien, und bewarb sich um die Aufnahme zum Grundwehrdienst, als Soldat in der Küstenartillerie. Nach absolviertem Wehrdienst schrieb er sich an der Mathematisch-Naturwissenschaftlichen Fakultät der Universität Oslo ein, warf jedoch hin, bevor das erste Jahr vorüber war, um, eigenen Aussagen zufolge, aus der Musik herauszufinden.

„Die Anziehung, die von der Welt und den Möglichkeiten der Musik ausging, machte es mir schließlich unmöglich, mich an der Universität zu konzentrieren."

Es ist ein Dienstag im September 2018, als Morten Harket in einer Seitenstraße der Fußgängerzone von Kristiansand in seinem Auto auf mich wartet. Er hat in der Nähe ein Wochenendhaus. Unsere erste richtige Begegnung in Verbindung mit diesem Buch, der erste Interviewtag. Mit großer Sonnenbrille auf der Nase und Löchern in der Hose hebt er die derbe Hand zu einem Gruß. Das ist mir schon früher aufgefallen: Morten Harket hat riesige Hände. Hände, die durchaus gut zu einem Beruf mit weitaus mehr physischer Aktivität gepasst hätten als jener, für den er sich entschieden hat. Ich sehe es vor mir, wie diese Hände auf einem kleinen Fischerboot irgendwo in Alaska gewaltige eiskalte Netze einholen oder auf dem Bau schwere Lasten heben. Ein Freund hat ihm die obere Etage seines Hauses im eleganten Stadtteil Bellevue zur Verfügung gestellt, wo die Aussicht aufgrund der 1980 erbauten Vesterbrua allerdings ein Stück weit eingeschränkt wurde; die Autobahn verläuft beinahe direkt durch die großen weißen Holzhäuser hindurch. Man sieht den Hafen, das Gebirge. In der Ferne hinter einem Berg liegt verschlafen der Flughafen Kjevik. Bevor wir uns mit Brot, Käse, Kokosbutter und Marmelade stärken, faltet Morten schnell die Hände und sagt: „Segne diese Speisen." Anschließend nehmen wir in einem maritim angehauchten Wohnzimmer Platz, die Regale sind gefüllt mit DVDs von den Eagles, a-ha und U2 sowie Branntwein. Plötzlich stelle ich fest, dass unsere Pullover fast identisch sind. Morten scheint es nicht zu bemerken, oder vielleicht tut er es, spricht es aber nicht an. Schwarze, dünne Wolle ist absolut meins, seiner sieht ganz genauso aus, ist jedoch hochgekrempelt, sodass die Unterarme sichtbar sind. Sie befinden sich noch immer weit vom Körper entfernt. Die rosa eingefasste Sonnenbrille legt er auf den Holztisch. Ein Sessel, der jenen gleicht, wie sie bei Psychiatern zu finden sind, ist Richtung Aussicht gedreht.

„Den brauchen wir vielleicht, die Frage ist nur, wer von uns beiden", sagt er.

„Nun, der ist wohl am besten für dich geeignet. Du bist es, der hier ausgefragt werden soll", entgegne ich.

„Tja, ich tendiere dazu, Leute in die Erschöpfung zu treiben, du solltest also nicht ausschließen, dass du dort landest", lächelt er verschmitzt.

„Es begann 1993.[1] *Deine Solokarriere. Warum wolltest du was Eigenes machen?"*

---

1 Den allerersten Grundstein für eine Solokarriere legte Morten im Herbst 1983, als er mit sehr begrenzten Gitarrenfertigkeiten Teile dessen zusammenbastelte, was später zur Ballade „Lay Me Down Tonight" werden sollte. Das Ganze wurde damals nicht weiterverfolgt und landete zwölf Jahre später auf dem Album *Wild Seed*.

„Das stimmt. Es begann 1993. Die Frage ist jedoch, was begann", entgegnet er und hält kurz inne.

„Es war an der Zeit, auf das Unausgesprochene zu reagieren. Im Spannungsfeld zwischen Pål und Magne gab es so viel schöpferische Kraft. Gleichzeitig war meine Rolle ziemlich eindeutig an der Frontlinie verankert, beim Gesang. Meine Aufgabe war es, das von ihnen kommende Material zu interpretieren. Daneben bestand mein Job auch darin, mit all den Konsequenzen meiner Rolle in der Band zu leben, sowohl mit dem Fokus der Leute als auch mit dem Fokus der Medien. Von Anfang an hatte ich andere Menschen – und Menschenmassen – zu bewältigen. Von allen Seiten wurde an mir gezerrt, und das unentwegt. Es gab kein Entkommen, keinen Zufluchtsort. Viele Jahre lang ging es darum, Menschenmassen zu entfliehen. Streng genommen ist das seither der Fall. Parallel dazu wurde ich schnell zu dem Faktor, der Pål und Magne das Leben stressiger machte. Waren wir in den ersten Jahren nach unserem Durchbruch zusammen, war es für die beiden weitaus belastender, wenn ich dabei war. Es herrschte nur Unruhe, nichts als Unruhe. Das beeinflusste die Möglichkeiten für eine innere Chemie, weil ich ausgegrenzt wurde. In den Achtzigern gab es so viel anzupacken, zu *sichern* und auf die musikalischen Beiträge von Magne und Pål zu reagieren. Es gab Material im Überfluss. Da hatte ich kein Bedürfnis, kenntlich zu machen, dass ich auch schreiben konnte. Ich tat es in gewisser Hinsicht, ich war an ‚Take on Me', ‚Stay on These Roads' und ein bisschen an diesem und jenem beteiligt, aber man ist nicht wirklich dabei, wenn man keine bedeutende Rolle innehat. Als die Zeit gekommen war, hatte ich kein Interesse daran, meine eigenen Sachen in eine Konkurrenzsituation mit den beiden zu bringen."

Er verweist auf einen anderen Aspekt: dass er in den Achtzigern keinerlei Instrument gespielt habe. Gitarre lernte er erst bei den Aufnahmen zu *Wild Seed*. In diversen Interviews aus dieser Zeit betont Morten, dass er kein großer Gitarrist sei.

„Ich hatte mich nie hingesetzt und ein Instrument von Grund auf gelernt. Ich beherrschte mehrere Instrumente so ungefähr und verstand sie, aber ich hatte kein Akkordinstrument, dem ich Melodien entlocken konnte. Wenn ich Ideen hatte, dann musste ich sie mit Worten beschreiben, wobei nie das rauskam, was ich mir vorgestellt hatte. Das änderte sich bei den Aufnahmen zu *Wild Seed*. Ich übernahm die Kontrolle über den Prozess, und dann klebte ich regelrecht an der Gitarre fest."

Aber spulen wir ein Stück zurück zu „Segne diese Speisen". Zu *Poetenes Evangelium*. Nach Südnorwegen. Aus seinem Glauben hat Morten nie einen Hehl gemacht. Wo aber sieht er seinen Platz in einer Glaubenslandschaft?

„Wir alle müssen uns mit Glaube auseinandersetzen, sowohl unserem eigenen als auch dem anderer. Es gibt die Gläubigen, die Zweifelnden und die Ungläubigen. Uns allen ist gemein, dass wir uns damit auseinandersetzen müssen, inwiefern wir erschaffen sind, also dem, dass hinter unserer Wirklichkeit eine höhere Ordnung steht oder dass unsere Wirklichkeit von selbst entstanden ist. Nicht zu glauben ist auch ein Glaube, also eine nicht auf Fakten beruhende Einstellung. Für mich ist es zentral, dass man jederzeit alles hinterfragen kann. Egal, worum es geht, muss dem Zweifel Platz eingeräumt werden, aber Glaube kann Zweifel nicht ersetzen. Zweifel ist ein Zustand der Suche, Glaube ist Dazugehören."

Er fährt fort:

„Im Hinblick auf all das Irrsinnige, was im Laufe der Zeit in der Kirche geschehen ist, haben wir lange eine Bußübung vollzogen. Ich habe mich mit Leuten gezankt, die nahezu buchstabengläubig sind und Dinge leugnen, die sich in der Kirche zugetragen haben. Das ist ein bisschen so, wie den Holocaust zu leugnen. Und das provoziert mich. Es gibt keinen Zweifel daran, dass im Schutz von Gottes Namen entsetzliche Dinge geschehen sind. Jede Form von Religion ist eine Kultur, eine Kultur, die den Gott verehrt, an den man sich wendet. Es ist die Art und Weise des Menschen, sich Gott zu nähern. So wird es zu Religion, wie ich sie auslege. Ich glaube, dass viele Christen es als selbstverständlich betrachten, dass in *der* Kultur, der sie angehören, beispielsweise dem Fußballverein, alles in Ordnung ist. Die Partei, die man wählt, oder die Kultur, die man repräsentiert, entzieht sich dem Verdacht, während andere Kulturen zweifelhafter sind und unter Beobachtung stehen sollten."

„Wie sieht dein Glaube heute aus?"

„Ich gehe in sehr geringem Maße mit irgendeiner Form von Dialog mit der gläubigen Gemeinschaft durch den Tag. Ich wende mich nicht in Form direkter Gebete oder Meditation an Gott, gleichzeitig aber ist die Lebensanschauung ein integrierter Teil dessen, wer ich bin."

Der Lyriker und Autor mit der schweren, tiefen Stimme und dem ausgefeilten südnorwegischen Dialekt – Håvard Rem – ist 1959 geboren, im selben Jahr wie Morten. Rem kommt aus der Pfingstbewegung, ist Sohn eines Predigers und hat als 13-Jähriger mit dem Zungenreden begonnen. Er hat auch ein Buch über den bekanntesten Evangelisten Norwegens geschrieben, Arild Edvardsen aus Kvinesdal, der die Welt auf einem Kreuzzug der Heilung bereiste. Seinen familiären Hintergrund beschreibt Rem als christlich, niederkirchlich und wertkonservativ. Selbiges trifft seiner Meinung nach auch auf Morten zu.

„Verstärkt wird das dadurch, dass jeweils ein Elternteil von uns in Vennesla in Vest-Agder aufgewachsen ist, wo wir in der Kindheit auch die Schulferien verbracht haben. Obwohl wir beide ein mehrdeutiges Verhältnis zu dieser gemeinsamen Plattform hatten, blieb sie für uns dennoch offenkundig, weil wir ein modernes Leben in urbanen, künstlerischen Milieus führten", erzählt Rem.

Die Unterschiede zwischen sich und Rem betreffend, sagt Morten:

„Håvard wohnte immer eine aufrührerische Tendenz inne. Meiner Meinung nach auch hinsichtlich der Pfingstbewegung und des Glaubens. Das ist reine Spekulation meinerseits, aber als Håvard im Alter von 14 Jahren seinen Vater verlor, wurden sein Gemüt und sein Herz in ihren Grundfesten erschüttert. Stand er nicht zuvor bereits in Konflikt mit den Dingen, dann auf jeden Fall, nachdem sein Vater aus dem Leben gerissen worden war. Er ist eine aufrührerische Seele, und das bin ich durchaus auch, er ist jedoch verwegener, vielleicht, weil es ihm einst schlechter ergangen ist. Für mich, der in vollkommener Sicherheit aufwuchs, ist das anders. Aber deute meinen Charakter hier nicht falsch; wenn es darauf ankommt, kann ich grenzenlos sein. Das ist ein Teil meiner Persönlichkeit. Gleichzeitig habe ich Respekt vor Sachen, die funktionieren, und ich begehre nicht ohne Grund auf. Håvard hingegen testet Dinge in höherem Maße aus, er vollführt soziale Experimente. Daher erweisen sich die Unterschiede zwischen uns mitunter als groß. In gewisser Hinsicht wuchs er mit dem Halleluja-Chor auf, während dort, wo ich herkomme, der Glaube an Heilung nicht mittels Gebeten betrieben wird. Ich weiß, dass mein Vater sehr skeptisch ist, was diese Art der Gottesverehrung und das, was sie mit Menschen machen kann, betrifft, was von seinen Erfahrungen als Arzt verstärkt wird. Er ist wenig erfreut über lautstarke und anmaßende Ausdrücke des christlichen Glaubens. Diese Auffassung teile ich."

Über den Prozess rund um *Poetenes Evangelium* wurde auch eine Fernsehsendung aufgezeichnet, die im Religions- und Weltanschauungsprogramm „Søndag" beim Sender NRK ausgestrahlt wurde. Darin sieht man Harket im geräumigen Rainbow Studio in Oslo mit blau-weiß kariertem Hemd und Halstuch. Dazu trägt er Fleece-Pullunder und eine weiße Jeans. Während sein tief konzentrierter Blick auf den Gedichten auf dem Notenstativ ruht, sind die Arme mitunter heftig in Bewegung. So, als würde die Stimme bis in die Fingerspitzen vordringen, eine Art Reflex. „Vår mørke, kjølige klode. Er ikke helt forlatt" (Unser dunkler, kalter Planet. Ist nicht gänzlich verlassen), schreit Morten förmlich heraus, während sein Körper auf dem Stuhl in Bewegung gerät. Produzent Erik Hillestad, der auf der anderen Seite der Glasscheibe seine angegrauten halblangen Bartstoppeln zwirbelt, wirkt erleichtert. Zufrieden. Neben dem Mischpult steht eine halbleere Cola-Flasche. In einem kurzen Interview mit Harket gegen Ende der Sendung verursacht seine löchrige Jeans auf dem schwarzen Ledersofa ein Knirschen. Sein Oberkörper ist lediglich mit einem ärmellosen schwarzen Shirt und einer Lederweste bekleidet. „Ich wuchs schließlich ... kann man sagen ... in einem ständigen … Kreisen um … die Bibel auf. Oder die Geschichten und Geschehnisse der Bibel“, sagt er mit zusammengekniffenen Augen.

Hillestad, der noch immer die Kirchliche Kulturwerkstatt leitet, sagt über die Aufnahmen:

„Mortens Zeitplan war oft unübersichtlich. Das bedeutete über mehrere Monate hinweg viel Warten auf gute Gelegenheiten. Einige Aufnahmen machten wir in Studios in Südengland, ganz in der Nähe von Mortens damaligem Wohnort. Einige machten wir auch in Oslo. Morten interpretierte die Texte sehr intuitiv. Er wollte glaubwürdig erscheinen, indem die Texte nicht ‚deklamiert' wurden, sondern vielmehr so wirkten, als seien sie in seinem Inneren geboren und könnten in diesem Augenblick als eine mündliche Äußerung erlebt werden. Bei jedem Lied testete er mehrere Herangehensweisen aus. Für eine Aufnahme brauchten wir mitunter zwei bis drei Stunden, ausgenommen einzelne, die sehr spontan und schnell da waren.“

Als der Gesang im Kasten war und das Coverfoto für das Album aufgenommen werden sollte, tauchte Morten im Studio von Jo Michael de Figueiredo, in der Rosenkrantz' gate 4 mitten im Zentrum von Oslo gelegen, auf. An das genaue Datum im Jahr 1993 erinnert sich keiner der beiden. Im Obergeschoss des Hauses hatte sich der Fotograf mit Wurzeln im indischen Goa ein 120 Quadratmeter großes Studio eingerichtet, in den Räumlichkeiten, die der Herrenkonfektionsfirma Herman Mehren einst als Schneidersaal gedient hatten. Die beiden kamen relativ spät in die Gänge, weshalb die Fotosession die ganze Nacht über andauerte. Bis in die frühen Morgenstunden sprachen Figueiredo und Morten über Brasilien.

„Brasilien war unsere *Connection*, wir hatten beide einige der kleinen Inseln des Landes besucht. Ich war 1984 dort und reiste mit dem Boot durchs Land“, sagt Figueiredo und fügt hinzu:

„Ich erinnere mich, dass ich für das Cover bereits vorab eine Designidee hatte, deshalb steht er so weit draußen auf der einen Seite des Bildes. Bei den Porträts setzte ich auf lange Verschlusszeiten und machte die Aufnahmen ein bisschen aus dem Stegreif.“

Nicht alle waren von dem musikalischen Ergebnis beeindruckt, als es Anfang November 1993 vorlag. Das Album, mit Figueiredos Fotos von Morten in Schwarz-Weiß auf dem Cover, wurde vom Rezensenten der norwegischen Tageszeitung *VG* mit mageren zwei von sechs möglichen Punkten bedacht. Ein anderer Kritiker, Geir Rakvaag, schrieb in seiner Rezension im *Arbeiderbladet*: „Unabhängig davon ist Morten Harkets erstes Soloalbum hierzulande ein Ereignis der besonderen Art. Das Konzept dieser Platte verstärkt den Eindruck, dass groß gedacht wird: Hier singt er die Auslegungen biblischer Motive einer Reihe bekannter norwegischer Poeten zu Melodien von Øivind Varkøy. Leider verbleibt die Verwunderung, warum in aller Welt sie auf so etwas gekommen sind." Verkauft wurden insgesamt 18.000 Exemplare.

„Es verkaufte sich ganz gut, aber nicht übermäßig. Es wurde von mehreren Kritikern zerrissen, die Produktion war teuer, und es dauerte lange, bis es etwas einbrachte. Ich erinnere mich, dass auch die *Dagens Næeringsliv* sehr negativ war und viele andere Zeitungen – wie das *Dagbladet*. Aber das war absehbar, die Dramaturgie der Presse besteht darin, Stars zu erschaffen und sie vom Sockel zu reißen – nach all dem Erfolg, den er gehabt hatte, war jetzt Morten an der Reihe. Hier war ein Projekt, bei dem es nicht um Popmusik ging und das nicht eingängig war, sondern dem Hörer etwas abverlangte, was er von a-ha für gewöhnlich nicht bekam", so Hillestad.

Kjetil Bjerkestrand, einer der am häufigsten gebuchten Musiker Norwegens in allen möglichen Konstellationen – inklusive Dance With A Stranger und a-ha, aber auch Namen wie Ray Charles stehen auf seiner Liste – zeichnete für die Arrangements von *Poetenes Evangelium* verantwortlich. Wie Varkøy begegnete auch Bjerkestrand Morten erstmals, als er sich an die Arbeit an dem Projekt machte. Im Nachgang lud er einige der Rezensenten, die die Platte verrissen hatten, zum Mittagessen ein, um ihnen das Konzept von *Poetenes Evangelium* zu erläutern.

„Denn das waren Leute, die bewiesen hatten, dass sie nicht verstanden, wovon diese Platte handelte", platzt es aus Morten heraus.

„Wie siehst du das Projekt heute?"

„Ich blicke mit großer Freude auf das Projekt zurück. Ein Teil des Gesangs auf *Poetenes Evangelium* ist das Beste, was ich jemals gemacht habe", sagt er und schaut mir direkt in die Augen.

Von *Poetenes Evangelium* nimmt Morten schließlich Håvard Rem und Kjetil Bjerkestrand mit zu etwas Neuem, etwas Unbekanntem. Ende 1993 geben a-ha zwei Konzerte in Beirut im Libanon. Dann beginnt 1994 – das Jahr, in dem Mortens erstes ordentliches Soloalbum Gestalt annimmt.

„Regelrecht aus dem Impuls heraus entscheide ich, etwas von *Poetenes Evangelium* weiterzuentwickeln. Zuerst nehme ich Håvard mit auf die Malediven zum Schreiben. Und ich tue das beinahe aus Trotz, es ist eine relativ teure Reise, und ich habe keine Ahnung, ob das Ganze überhaupt zu Resultaten führt. Außerdem ist das ein Ort, an dem ich eigentlich alles andere als schreiben möchte, in erster Linie tauchen."

Auf dem Rückflug von der Inselperle Kuredu auf den Malediven mit kreideweißem Sand und azurblauen Dünungen, wo Morten mit der Gitarre und Håvard mit dem Laptop auf dem Schoß dagesessen hatten, schrieb Håvard den Text zum Song „Los Angeles". Morten wusste, dass der textliche Durchbruch in dem Prozess genau da passierte, an diesem Tag in einem Flugzeugsitz mit einem lang ausgestreckten Poeten darin. Zurück in Norwegen vollzogen in dieser Zeit auch a-ha die letzten krampfhaften Zuckungen, bevor die Band vier Jahre pausierte. In einer Art Mansardenzimmer in Lillehammer am Vorabend von a-has Auftritt in einem riesigen Zelt im Stadionkomplex Stampesletta in Verbindung mit den Olympischen Winterspielen holte Morten den von Håvard geschriebenen Text zu „Los Angeles" wieder hervor. Es war gegen 2 Uhr. Harket war hundemüde.

„Dort oben holte ich die Gitarre hervor und schrieb aus dem Stegreif die Strophe zu ‚Los Angeles'. Dann spielte ich sie direkt auf Håvards Anrufbeantworter und legte mich schlafen. Plötzlich war sie abrufbar, ich wusste, dass sie die ganze Zeit dort gelegen hatte. Nur wenig später kam der Refrain, auf der Couch von Kjetil Bjerkestrand."

Allerdings gibt es eine Sache, die Morten heute an „Los Angeles" irritiert.

„Dass Håvard Rücksicht auf kommerzielle Aspekte nahm. Eigentlich hieß es ‚Baltimore', und war als ‚Baltimore' besser, im Text aber umwarb er eher Los Angeles und änderte daher den Namen. Dass wir das getan haben, bedaure ich."

Håvard nuanciert ein wenig:

„In einem frühen Stadium, als wir noch an den Strophen gearbeitet haben, war ‚Baltimore' als mögliche Location für die Liebesgeschichte und als Titel im Gespräch – Text und Melodie zu den Strophen waren früh vorhanden. Als der Refrain jedoch Form annahm, war ‚Baltimore' raus, da Los Angeles im Refrain sowohl ein Schlüssel- als auch ein Reimwort ist."

Zurück zu Morten:

„Bis dato hattest du dich nicht besonders viel mit norwegischer Poesie beschäftigt. Warum hast du auf Håvard Rem gesetzt?"

„Er war da – und ich wollte anfangen, eine Platte zu schnitzen. Ich nahm einen Stock und setzte das Messer an. Ich mochte Håvard sehr, ein kluger und interessanter Kerl. Gleichzeitig war er ein anderer Typ als ich. Zu Beginn unserer Zusammenarbeit war seine Sprache teilweise zu steif und zu formell. Ich wusste, dass das für eine Platte nicht geeignet war, weshalb es eine Weile brauchte, um eine Art des Schreibens zu finden, um die richtige Stimme zu finden. Anfangs waren die Texte ein bisschen zu gekünstelt, wiesen Bezüge zur Begriffswelt von Leonhard Cohen auf. Dadurch hatte die Sprache etwas Altmodisches, was durch meinen Mund nicht geklungen hätte. Daher war es eine Übergangsphase, aber irgendwo mussten wir beginnen. Anfangs nahm ich mir einige seiner norwegischen Texte vor und dichtete sie im Englischen nach, machte Songtexte daraus."

„Was war wichtig, als du dich erstmals dem Texten zugewandt hast?"

„Ich war auf der Suche nach etwas, woran ich glaubte. Und anfangs war seine Wortwahl zu *clever*. Es ist eine andere Art zu schreiben, sich in eine Musiklandschaft hineinzubegeben, anstatt in eine stille Seite in einer Gedichtsammlung. Das Schlimmste, was man in einem Text machen kann, ist, belehrend zu sein. Du kannst erzählen, wie du die Dinge erlebst, aber nicht, wie die Dinge sind."

„Wenn wir versuchen, eine Linie von Poetenes Evangelium *zu* Wild Seed *zu ziehen, finden sich auf Letztgenanntem wenige Lieder, die Religion thematisieren. Es gibt ‚Lord' mit Zeilen wie ‚Lord, if that is your name'. Erzähl davon."*

„‚Lord' war vollkommen richtig für mich, es hat einen existenziellen Glauben zum Ausgangspunkt. Es ist ein urreligiöser Ruf. Es ist kein glaubensverkündendes Lied. Dann gibt es ‚Lay Me Down Tonight', das Schlaf und Tod gegeneinander abwägt. Auch ‚Ready to Go Home' ist ein Song, der sich dem Unbekannten beugt, wobei ‚Home' ‚heim zu Gott' bedeutet."

Nach ihrer ersten Begegnung im Büro von Erik Hillestad in Oslo, nach der Veröffentlichung von *Poetenes Evangelium*, trafen sich Morten und Kjetil Bjerkestrand häufiger – anfangs völlig bei null. Nun aber wollte er einen Ausdruck kreieren und ein Album aufnehmen, das sein eigenes war, das er der Plattenfirma anstelle der „Alan-Tarney-Scheibe" anbieten konnte.

„Ich wusste, dass Morten mit einem Team an ein paar Sachen gearbeitet hatte, allerdings hörte ich mir dieses Material überhaupt nicht an. Er war wirklich darauf aus, etwas ganz Eigenes zu erschaffen. Daher verwendeten wir viel Zeit darauf, Dinge auszuprobieren und Demos aufzunehmen, sowohl zuhause bei Morten als auch bei mir. Das war im Winter 1994, unmittelbar zu Jahresanfang", erzählt Bjerkestrand.

„Kjetil war in dieser Phase extrem wichtig für mich. Er wurde zu einer Art Mentor und spielte bei der Entstehung des *Wild Seed*-Albums eine ganz zentrale Rolle", erzählt Morten.

Allerdings saßen sie nicht nur bei Bjerkestrand zuhause, sondern fuhren auch nach Trondheim ins Nidaros Studio, einem der ältesten des Landes, wo Bjerkestrand einige Jahre zuvor gearbeitet hatte. Dieses konnten sie spätabends sowie nachts nutzen, um auszutesten, um zu versuchen, das Rohmaterial zu einem eigenen Ausdruck als Solokünstler zu veredeln. Zusammen mit dem Gitarristen Eivind Aarset ging es für die beiden ins unweit von Geilo gelegene Skurdalen auf den Bergbauernhof des Theologen und Schriftstellers Karsten Isachsen. Dort entstanden Demoversionen dessen, was zum Titelsong des Albums werden sollte – „Wild Seed".

„Das war eine Zeit, zu der Morten zusammen mit a-ha weltweit Erfolg erlebt und Poetenes Evangelium *herausgegeben hatte. Jetzt sollte er mit seinen eigenen Sachen ganz bei null anfangen. Wie habt ihr zusammen nach einem Ausdruck gesucht?"*

„Er war sehr offen, insbesondere am Anfang. Und das war unerlässlich, wir suchten nach einem Charakter für die Songs. Wir haben unglaublich viel ausprobiert", erzählt Bjerkestrand.

Das erste Lied, dem sich die beiden widmeten, war „Brodsky Tune" – das anfangs „Time Will Pronounce" hieß. Mortens Bruder Håkon hatte vorgeschlagen, er solle sich Joseph Brodskys Gedicht „Bosnia Tune" vornehmen, das sich mit den Zerstörungen des Krieges versus einer ignoranten Haltung gegenüber Grausamkeiten auseinandersetzt, die so weit entfernt stattfinden, dass man sich nicht darum kümmert. Im Übrigen war es Mortens älterer Bruder Gunvald, der einst die ersten Platten mit nach Hause brachte. Der Simon & Garfunkel-Klassiker *Bridge over Troubled Water* von 1970 ist die erste, an die sich Morten erinnert. Im Jahr darauf kam Johnny Cashs *Man in Black* raus und fand ebenso den Weg ins familiäre Heim der Harkets. 1974 lag Janis Ians Album *Between the Lines* häufig unter der Nadel des Plattenspielers. Sie waren wichtig für das, was sich viele Jahre später zu einer internationalen Karriere entwickeln sollte, da Mortens Stimme in der Begegnung zwischen der tiefen Tonlage von Cash und der Feinfühligkeit von Janis Ian modelliert wurde.

„An dieser Stelle muss ein kleiner Rückblick erlaubt sein. Wann hast du die Kraft in deiner Stimme entdeckt?"

„Nicht die Kraft, aber dass meine Stimme Flügel hat, das habe ich während einer Autofahrt entdeckt. Ich saß hinten zwischen den Sitzen, Mama und Papa vorn. Es war in Kongsberg, und ich war keinesfalls älter als fünf. Da sang ich ‚Komm, lieber Mai, und mache', das eine recht große Spannweite hat. Und es flog von dannen. Ich erinnere mich an Papas Reaktion – eine Reaktion des Erkennens.

Auch Mama hat reagiert, aber sie war zurückhaltender. Das war das erste Mal, ich erinnere mich, dass es etwas Besonderes, etwas Schönes hatte."

Während wir darüber sprechen, erklingt in dem Restaurant, in dem wir sitzen, plötzlich Jimi Hendrix. Morten zuckt regelrecht zusammen.

„Die Musik, die ich gesungen, gespielt oder geschrieben habe, sowohl mit a-ha als auch mit anderen, weist sehr viele Irrgänge auf, aber als Musiktyp wären solche Sachen deutlicher hervorgetreten, wenn ich mehr Gitarre gespielt hätte. Das war es, was mich anzog, was mein Feuer entfachte. Es begann mit Uriah Heep, wobei man verstehen muss, woher ich kam – aus dem Gebetshaus-Gesang. Das war also ein großer Sprung, da war ich vielleicht 14. Aber die genuine Ungezämtheit, die Led Zeppelin und mehr als jeder andere Jimi Hendrix in sich hatten, trifft meinen Kern. So ist es noch immer. Wirklich."

Nach dem herantastenden Start fing Morten an, eigene Sachen zu schreiben, und Bjerkestrand stellte mit dem Gedanken an eine Plattenaufnahme eine Band zusammen. Dann ging es wieder ins Nidaros Studio – das von vielen norwegischen Musikern genutzt wird, angefangen von Åge und den DumDum Boys bis hin zu Knutsen & Ludvigsen und Motorpsycho. Dort sollten die Grundmauern von *Wild Seed* errichtet werden. In zwölfstündigen Schichten arbeiteten sie ein Lied nach dem anderen aus. Dafür hatte Bjerkestrand Musiker wie den Gitarristen Frode Alnæs und den Drummer Per Lindvall engagiert. Morten seinerseits befand sich hier auf relativ unbekanntem Terrain, im Gegensatz zu seiner Rolle in einer Studiosituation mit a-ha sollte nun er der „Leiter" sein.

„Das war viel mehr Arbeit, und das ist eigentlich sehr zerstörerisch, weil es im Kopf so viel Speicherplatz beansprucht. Es ist zerstörerisch für den lebendigen musischen Menschen. Deshalb lebe ich nach Impuls und Augenblick. Ich kann ins Studio gehen und für zehn Sekunden brillant sein, weil ich genau weiß, was ich sehe, höre und will, dann aber bin ich für die nächsten zwei Stunden unbrauchbar.

Ich kann nicht lange stehen bleiben, sondern muss raus und wieder rein und diesen Augenblick spüren. So arbeite ich."

Mit von der Partie war auch der erfahrene Produzent Bjørn Nessjø, der fünf Jahre zuvor in der Kategorie Produzent den Spellemannpreis gewonnen und auch das Nidaros Studio mitgegründet hatte. Aus der Zeit im Trondheimer Studio ist ihm speziell eine Episode in Erinnerung geblieben:

„1994 lag die Blütezeit von a-ha ja noch nicht allzu lange zurück, was man an einigen Punkten merkte – nicht, dass daran etwas Negatives ist, aber es sagt etwas darüber aus, woher er kam, als er zu uns stieß. Ich erinnere mich unter anderem daran, dass einige Wochen, nachdem wir die Arbeit mit Morten hier im Studio beendet hatten, eine Rechnung für eine Lederjacke eintrudelte, die irgendwo in Trondheim gekauft worden war. Da war er in einem Geschäft gewesen, hatte sich eine Lederjacke gekauft und einfach gesagt, sie sollten die Rechnung ans Nidaros Studio schicken. Das war das Leben, das er geführt hatte, bevor er sich auf Solopfade begab – er war es gewohnt, ein Rudel von Menschen um sich zu haben", sagt Nessjø und fügt lachend hinzu, dass Mortens Plattenfirma, Warner Music, schließlich das Geld für die Jacke schickte.

Die Verantwortung für die Bassgitarre lag in den Händen von Øivind Madsen. Durch eine Reihe von Zufällen war er Teil des *Wild Seed*-Prozesses geworden. Vorausgegangen war, dass Jørun Bøgeberg, der feste Bassist von a-ha in den Neunzigerjahren, aufgrund seiner bevorstehenden Vaterschaft 1994 für die Konzerte der Band in Südafrika verhindert war. Daraufhin wurde Madsen kontaktiert, machte seine Sache gut und begleitete Morten schließlich auch auf *Wild Seed.*

„An was ich mich aus dieser Zeit im Studio, sowohl in Trondheim als auch in England, am besten erinnere, ist, wie eng in dieser Phase Mortens Verbindung zu seiner Gitarre war. Und zu den Liedern. Er hatte immer diese Gitarre dabei, und ihr wohnten Unmengen an Liedern inne – in dieser Zeit purzelten sie förmlich heraus."

In Trondheim mit dabei war auch der weit über die Landesgrenzen hinaus begehrte Gitarrist und Musiker Eivind Aarset.

„Ich erinnere mich: Es war riesig, dabei zu sein. Mit *dieser* Stimme arbeiten zu dürfen – überhaupt ist es sehr speziell, mit solchen Sängern zu arbeiten. Und ich erinnere mich, wie stark er an der Gitarre klebte – in der Tat spielte er überraschend gut Gitarre."

Bei einem seiner Spaziergänge durch Trondheim in dieser Zeit traf Morten auf der Straße auf drei norwegische Musiker. Sie hatten gerade ihre erste EP veröffentlicht und nannten sich Locomotives.

„Selten ist mir bei einem norwegischen Musiker eine vergleichbare Musikalität und Energie begegnet. Ich verliebte mich fast und glaubte fest an sie", erzählt Morten.

Eines Tages tauchten die Locomotives-Mitglieder im Nidaros Studio auf, um Morten einige ihrer Songs zu präsentieren. Einer davon hieß „My Woman"[2], und Morten kapitulierte vollständig. Als das Lied einige Jahre später, 1999, auf Platte veröffentlicht wurde, wies der damalige Rezensent des *Dagbladet*, Håkon Moslet, darauf hin, dass der Refrain des Songs sehr nah an a-ha herankomme: „Das Lied ist ausgezeichnet, und es ist schwer, nicht in eine herrlich melancholische Stimmung zu verfallen, wenn Hans Jørgen Støp wie ein empfindsamer Popsänger von wirklicher Klasse auftritt. Støp läuft Morten Harket beinahe den Rang ab ..." Dasselbe Lied hatte es also viele Jahre zuvor bereits Morten angetan, woraufhin er es als direkte Inspiration für „A Kind of Christmas Card" verwendet hatte.

„So ein Lied wollte ich auch schreiben, ich fand es großartig. Besonders den Refrain", erzählt Morten.

Nach einer Weile in Trondheim und vereinzelten Terminen im Studio in Oslo ging es nach England. Für einige intensive Wochen, um die Grundlage aus Trondheim weiter zu bearbeiten, hin zu etwas, das die Plattenfirma Warner verkaufen konnte. Vorab fuhr Kjetil Bjerkestrand zu Mortens großem Backsteinhaus im kleinen Dorf Bramshott, eine halbe Stunde Autofahrt von London entfernt. Und während sie in England waren, tauchte – über einen sehr interes-

2 Auf seinem Album *Letter from Egypt* (2008) findet sich eine Coverversion von „My Woman", wofür Morten den Text umschrieb. Der Song bekam den Titel „Movies".

santen Umweg – ein spezielles Lied auf. Anfang der Neunzigerjahre hatten Bjørn Nessjø und Bjerkestrand für eine französische Sängerin als Produzenten gearbeitet. Bevor sie sich ins Flugzeug nach Frankreich setzten, wurden sie gefragt, ob sie einige Lieder von externen Songwritern testweise zur Verfügung stellen könnten. Nessjø rief seinen alten Freund Torstein Flakne, bekannt von The Kids und Stage Dolls, an und erkundigte sich, ob dieser etwas Brauchbares in der Schublade habe. Flakne gab an, nichts wirklich Großes in petto zu haben, jedoch gäbe es ein paar Kassetten mit Ideen. Nessjø holte das Material bei Flakne ab und schob, nachdem er es sich auf seinem Sitz im Flieger bequem gemacht hatte, die erste Kassette in den Walkman. Über die Kopfhörer erklang eine Melodie namens „5000 Miles".

„Die war sehr schön und hatte zweifellos kommerzielles Potenzial", so Nessjø.

Die französische Sängerin teilte diese Begeisterung allerdings nicht und lehnte dankend ab. So gelangte „5000 Miles" via Bjørn Nessjø in die Hände von Ole Edvard Antonsen, woraufhin der aus der Hedmark stammende Trompeter eine Version einspielte, auf der wiederum Flakne im Refrain singt: „5000 miles, I'm away from you."

„Als ich irgendwann in den Abbey Road Studios war, es muss 94 oder 95 gewesen sein, kontaktierte mich Kjetil Bjerkestrand. Er sagte, er und Morten wollten sich ‚5000 Miles' ein bisschen genauer ansehen."

Im Harket-Lager kam der Song besser an. „5000 Miles" wurde schnell zu Morten Harkets „Spanish Steps" mit komplett neuem Text von Morten und Håvard. Inklusive Band quartierten sie sich in einem großen rotbraunen Backsteinhaus in ländlicher Umgebung in der Nähe von Reading ein. Das große Gebäude ist zu allen Seiten von grünem Rasen und alten Bäumen umgeben, die sich dem grauen englischen Himmel entgegenrecken. Das Studio namens Hook End Manor diente unter anderem auch Morrissey und The Cure als Aufnahmeort. Daneben nutzte das Harket-Team auch ein Studio in Chipping Norton, einer Kleinstadt mit weniger als 7000

Einwohnern, in die jedes Jahr die Bauern kommen, um auf dem Markt ihre Waren zu verkaufen. Die Aufnahmen absolvierten Morten, Bjerkestrand und Co. bei dem bekannten Produzenten Chris Neil. Neben Monsterhits wie Celine Dions „Think Twice" hatte er auch beim a-ha-Album *East of the Sun, West of the Moon* seine Finger im Spiel. Neil hatte sich das in Trondheim aufgenommene Material angehört, war anfangs jedoch unsicher, ob er den Job als Produzent von *Wild Seed* überhaupt haben wollte.

„Ich zögerte, weil ich so gern mit a-ha als einer Einheit zusammenarbeitete. Ich wollte mich nicht in interne Strukturen einmischen und Partei für eine Seite ergreifen, in diesem Fall Mortens", teilt Neil telefonisch aus England mit.

Neil hatte erst im Jahr zuvor hinsichtlich des Titels für die Paralympischen Winterspiele, „Shapes that Go Together", mit Morten und a-ha zusammengearbeitet. Allerdings gefielen ihm die *Wild Seed*-Songs so gut, dass er sich überreden ließ.

„Stell sie dir als ein Haus vor. Das komplette Fundament war in Trondheim errichtet worden, die Demos waren so gut. Es war kein vollendetes Album, aber ein Fundament, auf dem man aufbauen konnte. Und das fand ich sehr interessant, was die Melodien betraf, aber speziell auch die Texte", sagt er und erklärt:

„Da ist etwas mit nicht-englischsprachigen Textern, die auf Englisch schreiben; sie haben immer einen interessanten *Twist* dabei und sagen Sachen, die wir nicht sagen. Und kommen damit durch. Zudem kam diese Platte in einer Zeit, in der sich viel um Europop drehte, wofür ich wenig übrig hatte."

Nachdem die Aufnahmen in Chipping Norton, das im Südosten Englands in der Grafschaft Oxfordshire liegt, beendet waren, ging es für Morten, Bjerkestrand, Produzent Neil und den Rest der Crew in den Pub. Das Ambiente im 20 Minuten vom Studio entfernten Falkland Arms hatte alles an authentischer britischer Dorfidylle zu bieten, was man erwarten konnte: grasbewachsende Fassade, schiefer Holzboden, durch die Luft fliegende Dartpfeile, dunkles Bier und Feuer im Eckkamin. Das Gebäude aus dem 17. Jahrhundert ist beinahe pittoresk. Nach dem ersten Besuch in dem Pub, wo die Bauern mit ihren Hirtenhunden gehorsam bei Fuß an den Tischen saßen, wollten die Norweger jeden Abend dorthin zurück. Sie waren dem Charme des Lokals erlegen. Denkt Chris Neil heute daran zurück, erinnert ihn ein Lied an The Falkland Arms:

„‚Half in Love, Half in Hate' war ein Lied, das ich unglaublich gern mochte, und das ist heute noch so. Allerdings will ich von einem anderen erzählen. ‚Ready to Go Home' hatte ich 1994 de facto a-ha vorgestellt, als ich mit ihnen zusammengearbeitet habe. a-ha haben nicht viele Coversongs gemacht, aber der gefiel Morten besonders gut. Im Übrigen erinnere ich mich, dass das auch auf seine damalige Frau, Camilla, zutraf."

„Ready to Go Home", das als abschließender Titel auf *Wild Seed* landete, war von Graham Gouldman und Andrew Gold von der Softrock-Band 10cc geschrieben worden.

Kehren wir nach Norwegen zurück, findet sich in Mortens Solokarriere eine Reihe verschiedener Eckpunkte, die eine Verbindung zum Süden des Landes aufweisen. Håvard Rem wurde bereits erwähnt. Er tauchte im Spätherbst 1993 auf der Bildfläche auf. Ihre Zusammenarbeit sollte zu einem der wichtigsten Bestandteile von *Wild Seed* werden. Laut Plan der beiden sollten die englischen Texte ihren Ausgangspunkt in Werken von Rems Gedichtsammlungen nehmen, angefangen beim Debüt *Kall på heltene* (Ruf nach den Helden) von 1977 bis hin zu *Øvelser i grensesetting* (Übungen der Grenzsetzung) von 1993, insgesamt sieben Bücher. Einzelne von Harket sowohl auf *Wild Seed* als auch auf *Vogts Villa* verwendete Textteile stammen demnach aus einer Zeit, zu der Håvard 17, 18 Jahre alt war. Worin bestanden also die musikalischen Beweggründe von Rem und Harket in dieser Zeit? Im Vorwort zur Gedichtsammlung *Taksameteret går. Utvalgte dikt 1977–1996* (Das Taxameter läuft. Ausgewählte Gedichte 1977–1996) schreibt Rem: „Wie die Sprache selbst befinden sich meine Gedichte in der Spanne zwischen Schrift und Gesang. Ich wuchs in einer Glaubensgemeinschaft auf, in der die Schrift heilig und der Gesang heftig war." Musik stand seinem Herzen immer nahe.

„Wir übersetzten Gedichte, die Mortens Melodien angepasst oder die Ausgangspunkt für neue Melodien wurden", erzählt Rem.

Als ihre Zusammenarbeit hinsichtlich der englischen Texte begann, wohnte Morten noch immer in London, Rem hingegen im norwegischen Arendal. Die Lieder entstanden somit in diversen Hotelzimmern in Oslo oder auf Schreibtouren. Ein Jahr nach der ersten gemeinsamen Reise ging es zurück auf die Malediven. Dieses Mal hatten sie auch ein paar norwegische Journalisten im Schlepptau. Das *Dagbladet* brachte in seiner Samstagsausgabe vom 25. März 1995 ein großes Interview mit Morten und Håvard. Auf einem der dazugehörigen Fotos lehnt Rem mit dem Rücken gegen eine Palme, seine Sonnenbrille ruht auf einer Kokosnuss, während auf seinem Schoß ein Koloss von einem tragbaren PC weilt. Das Cap auf seinem Kopf sitzt falsch herum, und der Oberkörper ist mit einem stilvollen Hawaii-Hemd bekleidet. Morten kniet beinahe auf seinem Schoß, mit der Gitarre gen Sand weisend. Der Situation wohnt zweifellos schöpferische Intensität inne.

„Beide sind aggressiv, und das erzeugt Energie", sagt Håvard Rem in dem Interview, das auf einer Bar-Terrasse auf Kuredu geführt wurde. Harket trinkt Fruchtsaft, Rem Whisky.

„Erzähl ein bisschen von der praktischen Arbeitsweise, Håvard", bitte ich ihn viele Jahre nach der Maledivenreise.

„Die Zusammenarbeit bei *Wild Seed* war weitaus enger als bei irgendeinem der vielen anderen Alben, an denen ich mitgewirkt habe, ja, als bei irgendeinem anderen künstlerischen Projekt, an dem ich im Laufe von 40 Jahren beteiligt war. Für Morten war es neu, Songs zu schreiben, und für mich war es neu, auf Englisch zu schreiben. Wir ließen fast alles andere, womit wir beschäftigt waren, fallen und schrieben auf wochenlangen Reisen und während dieser Aufenthalte in Oslo. Anfangs kombinierten wir seine Melodien mit meinen Gedichten, die wir gemeinsam im Englischen nachdichteten, nach und nach schrieb ich aber direkt auf Englisch, oft mit Ausgangspunkt in einem Riff oder Refrain, mit dem Morten arbeitete. Hatte der Refrain einen Text bekommen, entwickelten wir Text und Melodie für die Strophen mitunter zusammen, beispielsweise bei ‚A Kind of Christmas Card'. Bei anderen Liedern, wie ‚Spanish Steps', schrieb ich einen neuen englischen Text zum Refrain, während es sich bei den Strophen um eine Nachdichtung eines meiner norwegischen Gedichte handelt."

Und so strömten die Lieder aus der neu entstandenen Zusammenarbeit heraus. Dass die kreative Kooperation mit anderen in ein Füllhorn von Liedern mündet, hat Morten anschließend nur noch einmal im Zusammenhang mit der Veröffentlichung des Albums *Brother* 2014 erlebt. Irgendwo befindet sich ein Haufen unveröffentlichten Materials aus den Jahren 1993 bis 1998. Oder besser gesagt: an mehreren Orten.

„Und ich habe keine Ahnung, wo. Der gemeinsame Nenner der beiden Phasen, die 2014 und die rund um *Wild Seed*, war der offene Horizont. In keiner der Phasen hatte ich a-ha. Ich kann also jeder Zeit in eine solche Phase eintreten, aber ich muss den Rücken freihaben. Ist das nicht der Fall, vermisse ich es. Ich habe viel zu wenig davon", erklärt Morten.

Eine zentrale Rolle in seinem solistischen Schaffen nahm alsbald auch der Lyriker Ole Sverre Olsen ein, auch er stammt aus Arendal und ist ursprünglich ein Freund von Håvard Rem aus Kindertagen.

„Das, was Ole Sverre schreibt, hat eine Musikalität in sich", wirft Morten ein.

Ole Sverre Olsen ist eine Person im Umfeld Morten Harkets, die in den 1990er Jahren in heftige Turbulenzen geriet. Mittlerweile ist er seit 20 Jahren clean. Als die Zusammenarbeit jedoch begann, war er im Begriff, eine schwere Drogenabhängigkeit zu entwickeln. Es kann nicht behauptet werden, dass er das literarische Norwegen in hohem Maße geprägt hat. In seinem Lebenslauf finden sich zwei Bücher. Sein erstes, die Gedichtsammlung *Til søvnens arbeidere* (An die Arbeiter des Schlafes) ist von 1996, das zweite, der Roman *Den døde mannen* (Der tote Mann) erschien zwei Jahre später. Seither ist es – was Bücher betrifft – still um ihn geworden. Allerdings prägte er Mortens Arbeit, seit die beiden einander zum ersten Mal begegneten. Viel von dem, was Olsen geschrieben hat, findet sich auch tief im Inneren von Morten. Ein kleines Beispiel: An einem Dezembertag kurz vor Weihnachten 2018 sammelt mich Morten an der Sagene Kirche in Oslo auf. Wir fahren zu einer Werkstatt, wo ein Dachgepäckträger für seinen Weihnachtsbaum montiert werden soll. Anschließend steht ein weiteres Interview in einem Restaurant in der Østbanehallen am Osloer Hauptbahnhof an. Ich frage ihn nach Olsen, woraufhin Morten still wird. Die Sekunden ziehen sich. Dann zitiert er, wortgetreu, die ersten Zeilen von Ole Sverre Olsens Roman *Den døde mannen*. „Es hatte etwas Abstoßendes an sich, wie er dort saß, unter einer erloschenen Lampe, zusammengekauert und im Schatten verborgen. Irgendetwas Widerliches, ausgehöhlt und unbeholfen in der Luft verdreht und verdünnt, mit dem Dunst und Essensgeruch vermischt und zusammen mit dem fetten Rauch der Weihnachtszigarren inhaliert …" Er zitiert es mit einem vornehmen, leicht brummigen Arendalsdialekt, während wir durch das graue Industriegebiet rollen.

„Er ist *schon* ein Charakter", betont Morten. „Ein unglaublich freundlicher und gebildeter Mann, der auch seine Herausforderungen zu bestehen hat. Er bewegt sich sehr leichtfüßig und ist in der Begegnung mit anderen Menschen wachsam. Gleichzeitig hat er sich in der Begegnung mit sich selbst sehr weit hinausgewagt."

Die Jahre von 1995 bis 2000 waren für den Südnorweger durch zahlreiche Aufenthalte in Entzugskliniken geprägt. Kurz vor Weihnachten 1999 begab er sich für einen längeren Zeitraum zum Blauen Kreuz in der Osloer Storgata. Dort habe er sich von den Giften befreit, wie er es nennt. Ich kontaktiere Olsen via Textnachricht und frage ihn, ob er im Zusammenhang mit diesem Buch ein paar Fragen beantworten könne. Scheinbar spielt das in seinem Gedichtband *Til søvnens arbeidere* durchgängige Thema – der Schlaf – auch im Alltag des Autors eine ganz entscheidende Rolle. Seine Antwort lautet: „Hei Ørjan. Ja, das ist machbar. Freitag passt am besten für

Harkets Außerhalb-a-ha-Aktivitäten. Werde daran denken, das Telefon anzuschalten, wenn ich aufwache, für gewöhnlich gegen 13 Uhr. Wir hören uns. Ole Sverre." Um auf der sicheren Seite zu sein, warte ich an besagtem Freitag bis 14 Uhr, bevor ich anrufe.

Harket und Olsen trafen einander erstmals 1994 an einem Frühsommertag in Arendal.

„Ich hatte – zusammen mit einer Dame, die ich am Vorabend kennengelernt hatte – in einem Keller irgendwo im Zentrum übernachtet. Ich erinnere mich, dass ich aufstand, aus dem Haus ging und ruhig zum Kai in Arendal schlenderte. Dort saß Håvard zusammen mit Morten Harket und dessen zwei Söhnen. Håvard winkte mich zu ihrem Tisch. Das war eine sehr nette Begegnung."

Anschließend wurde Olsen zu einer Feier am selben Abend in Tønsberg eingeladen. Zumindest war das laut *seiner* Erinnerung so. Er ging nach Hause, um ein paar Getränke zu holen und wurde dann von Morten in seinem Mercedes aufgelesen, ein Auto, das Olsen als „Ufo auf Rädern" beschreibt. Nach einigen Stunden Fahrt durch das sommerliche Norwegen kamen sie bei dem Fest an und suchten sich einen Tisch. Håvard Rem war auch dabei, verschwand später jedoch im Lokal. Olsen und Harket blieben sitzen und redeten. Allmählich zog ein Gewitter auf und überschattete die Sommeridylle. Nachdem Olsen bei dem Treffen am Morgen erzählt hatte, woran er aktuell arbeite, hatte Morten ihn gefragt, ob er nicht etwas davon mitbringen könne. Daraufhin hatte Olsen vor der Abreise nach Tønsberg einige Seiten zusammen mit den Getränken in eine Plastiktüte gepackt, und im Laufe der Nacht fragte Morten, ob er nicht etwas von dem hören könne, was später zum Roman *Den døde mannen* werden sollte. So begann Olsen unter dem polternden Himmel zu lesen.

„Bereits an dem Abend spürte ich, dass ich ihn kannte – dass wir einander lange kannten", sagt Olsen.

Harket sagt über die erste Begegnung Folgendes:

„Es wurde schnell zu einer Art Verliebtheit, und mein Verhältnis zu Ole Sverre wurde auch sehr schnell viel enger als jenes, das ich zu Håvard hatte, vor allem, weil die beiden komplett verschiedene

Charaktere sind. Ich war fasziniert vom Wesen und von der Stimme Ole Sverres."

Am Tag darauf, bevor Olsen nach Arendal zurückfuhr, sagte Morten zu ihm, er solle sich überlegen, nach Oslo zu ziehen. Allerdings hatte sich der Dichter zu diesem Zeitpunkt bereits entschlossen, für eine Weile nach Dänemark zu gehen. Während es ihn erst einmal gen Süden zog, blieben ihm Mortens Worte im Hinterkopf. Im Spätsommer desselben Jahres packte er schließlich seine Sachen und zog in ein kleines WG-Zimmer in einer der alten Villen in der Josefines gate, einen Steinwurf vom Bislett Stadion entfernt. Der Umzug in die Hauptstadt stellte für Olsen jedoch eine Umwälzung dar. Das hatte zur Folge, dass auch Morten, zehn Jahre nach „Take on Me" und dem sich anschließenden Starstatus, Abstecher in die dunkle Unterwelt Oslos unternahm.

„Meine Ehe war kurz zuvor in die Brüche gegangen, und ich war ein wenig besorgt, dass es bergab gehen würde. In der Zeit in der Josefines gate habe ich viel getrunken. Während ich besoffen und paranoid in der Wohnung saß, tauchte eines Tages plötzlich Morten dort auf. Meine Mitbewohner sagten, ich hätte Besuch, und da stand Morten in seinem Oscar-Wilde-Mantel. Er war nicht so oft da, denn mein kleines Zimmer war nicht besonders gastfreundlich. Stattdessen machte ich mich öfter auf in seine Wohnung in der Thomas Heftyes gate, jedoch erinnere ich mich, dass wir an diesem Tag in der Josefines gate ein glänzendes Lied schrieben – ‚Black Winter Rain' hieß es. Morten fand immer, die Melodie würde ein bisschen zu sehr an einen David-Bowie-Song erinnern."

Inspiriert von dem Gespräch mit Harket in diesem Sommer wollte Olsen gern für ihn schreiben, für das *Wild Seed*-Album, das sich nunmehr in der Schlussphase befand. Darüber hatten sie in dieser Nacht in Tønsberg kurz gesprochen. Mittlerweile hatte sich auch Mortens Interesse an Lyrik verändert.

Weil das Englisch des Lyrikers Olsen zu diesem Zeitpunkt zu wünschen übrig ließ, setzte er sich in der Josefines gate, mit Ausblick auf den Hinterhof, mit Wörterbuch an den Schreibtisch und versuchte sich, umgeben von Bierflaschen und zum Trocknen aufgehängten Wollsocken, daran. Olsen führte ein ausschweifendes Leben; er las den Schweizer Psychologen und Psychiater Carl Gustav Jung, den italienischen Dichter Eugenio Montale und den Russen Joseph Brodsky. Und wenig später hatte er den Text zu „Half in Love, Half in Hate" verfasst, der von der Mutter der beiden ältesten Kinder des Schriftstellers handelt. Seinen ersten in Englisch verfassten Text schickte Olsen per Fax zu Morten nach England. Ganz oben drauf stand: *„Excuse me my english. Good new year.*" Morten sah sich das Ganze an, und einige Tage später, während Olsen bei Håvard zu Besuch war, rief Morten an. Er hatte eine neue Melodie geschrieben, und somit war das Lied geboren.

„Da begann unsere Zusammenarbeit", sagt Olsen. „Von allen Texten, die ich für Morten geschrieben habe, bin ich auf ‚Half in Love, Half in Hate' noch immer am stolzesten. Das hat mich aller Wahrscheinlichkeit nach vor dem Abgrund gerettet, dank Mortens und Håvards großzügigem Entgegenkommen, als sie mich mit an Bord haben wollten."

„Klar ist jedoch, dass es für mich unendlich viel leichter gewesen wäre, auf Norwegisch zu schreiben, schließlich denke ich in der norwegischen Sprache", fügt er hinzu.

„Morten hat die Musikalität in deinen Texten hervorgehoben. Ist die in der Zusammenarbeit mit Morten entstanden, oder hast du die schon immer gehabt?"

„Ich weiß nicht recht, das habe ich auch von anderen gehört – dass meine Lyrik eine Musikalität aufweist. Ich weiß allerdings, dass ich in Klängen und Rhythmen denke, wenn ich schreibe. Ich bin nicht imstande, eine Zeile zu schreiben, die keinen richtigen Rhythmus hat."

Olsen wohnte insgesamt fünf Jahre in Oslo. Die Zeit beschreibt er als „wilder und wilder". Sein Dasein in der Stadt weist mehrere Berührungspunkte zum Leben von Hans Josef Paulsen auf, dem Protagonisten in Olsens Roman *Den døde mannen*. Der Aktionsradius dieses Hans Josef verläuft zwischen seiner Wohnung in der Josefines gate, der Galerie Kunstnernes Hus, der Hauptstraße Karl Johans gate und den dunkleren Seitenstraßen in Richtung der Kais, zu Menschen mit versteinerten Mienen und Körpern voller Gift. Auch in seinem Inneren hat Hans Josef Paulsen, bei dem es sich de facto um ein durch die Straßen von Oslo wandelndes Gespenst handelt, Kämpfe auszutragen, die Angst zehrt an ihm.

Vom Unterschlupf in der Josefines gate zog Olsen schließlich in Mortens Wohnung in der Thomas Heftyes gate im Stadtteil Frogner – in einen abgetrennten Bereich der Wohnung, hinter der Küche, den Ole Sverre Olsen als „Bedienstetenflügel" bezeichnet. Er hatte einen eigenen Eingang. In seinem Zimmer schlief der Poet tief – und lange. Die beiden hatten keine feste Tageszeit, zu der sie arbeiteten. Mitunter erwachte Olsen zu Gitarrenklimpern aus dem Wohnzimmer oder der Küche, wenn Harket mit seinen Fingern über die Saiten strich. In solchen Fällen versuchte er, den Kater abzuschütteln und ein bisschen zu arbeiten.

„Du fragst dich, wie es ist, mit jemandem zusammenzuwohnen, der vor solchen Herausforderungen steht?", will Morten wissen und liefert die Antwort im selben Atemzug.

„Ja, das ist mitunter interessant. Und er tauchte in dieser Zeit definitiv tiefer in die Korridore des Rausches ein. Wir kannten einander eingehend."

Zurück zu Ole Sverre:

„Das war sonderbar, aber auch angenehm. Zeitweise gingen wir einander vermutlich auf die Nerven, aber sehr oft hatten wir es auch nett. Beide hatten wir Dinge, mit denen wir uns herumschlugen. Was mich betraf, waren das viel Alkohol und Rauschmittel, während er mit den Nachwirkungen seiner weltweiten Berühmtheit zu kämpfen hatte. Die Polarität zwischen zwei derart verschiedenen Leben in einer Wohnung in Oslo war ziemlich interessant. Morten machte auch die Bekanntschaft einiger dieser merkwürdigen Gestalten, mit denen ich zeitweise verkehrte, das half womöglich auch ihm, seine Perspektive auf die dunkleren Seiten des Lebens zu erweitern. Er hatte allerdings nie Vorurteile und war in der Begegnung mit ihnen nicht reserviert oder so. Ganz im Gegenteil. Ich glaube im Übrigen, dass Drogenmissbrauch und Weltberühmtheit nicht so weit voneinander entfernt sind, wie die Leute vielleicht glauben. Morten und ich konnten Erfahrungen von unseren jeweiligen Schlachtfeldern austauschen – während er vor Zehntausenden von Menschen sang, begab ich mich in die finstersten Milieus, und dort nützte es nichts, Angst zu haben – denn dann kamen die Haie. Ich glaube, man kann von beidem abhängig werden, sowohl vom Rausch als auch von der Berühmtheit. Ich war in dieser Zeit in der Tat enorm viel berauscht, und Morten ging damit einwandfrei um. Ich möchte sagen, dass er einer der besten Freunde ist, die man in diesem Sonnensystem haben kann", erzählt Olsen und fährt fort:

„Würde ich dir alles erzählen, was in diesen Jahren passiert ist, würden dir die Haare zu Berge stehen. Das Buch würde in den Händen der Leser explodieren. Aber das kann ich nicht."

„Sicher?"

„Ja, das schickt sich nicht. Und es geht dabei nur um mich. Aber schließlich lebte ich dort in Harkets stylischer Wohnung in Frogner, am Umfeld meines Abstiegs in die Unterwelt gibt es also nichts auszusetzen."

Von einer Episode berichtet Olsen allerdings doch und zwar, als der Friedensnobelpreisträger José Ramos-Horta kurz vor Weihnachten 1996 nach Oslo kam, um zusammen mit Bischof Carlos Filipe Ximenes Belo seine Auszeichnung entgegenzunehmen. Der Preis war ihnen für ihre Arbeit für das Volk von Osttimor verliehen worden. Mehr dazu später.

Nachdem Morten beim Nobelkonzert im Nationaltheater eine Version des Songs „East Timor" gesungen hatte, nahm er Olsen mit zum offiziellen Abendessen im Grand Hotel. Dort saßen das Königspaar, das Nobelkomitee sowie andere prominente Gäste auf den weinrot gepolsterten Stühlen unter schweren Kronleuchtern an Tischen mit gestärkten Decken. Nach dem Essen eilte Olsen hinaus in den kalten Osloer Abend, hinunter zum Bahnhofsvorplatz, um Medikamente zu kaufen.

„Das war ein seltsames Leben, da verschwand ich hinein in die wildeste Dunkelheit – diese Zeit wies eine merkwürdige Spannbreite auf", sagt er und fügt hinzu:

„Ich spüre, dass Morten mir mit unendlich vielen Dingen geholfen hat, aber auch ich habe ihm geholfen. Er half, als ich vollkommen aus dem Ruder lief, er hat den Entzug und solche Sachen bezahlt. Ich half ihm beim Schreiben, oft mehr, als ich selbst wollte."

Morten verweist auf einen weiteren Aspekt bei Olsen.

„Von allen Menschen, denen ich Geld geliehen habe, ist Ole Sverre einer der äußerst wenigen, die es zurückgezahlt haben. Ich habe auch keine besondere Rücksicht auf ihn genommen, das wäre unangemessen gewesen. Wir haben einander stets ebenbürtig behandelt."

Håvard Rem beschreibt diese Zeit Mitte der Neunzigerjahre in Oslo und die Aufnahme von Olsen in den Harket-Kreis so:

„Ole Sverre *verlangte*, dabei zu sein. Für gewöhnlich ist er eine zurückhaltende Person, aber er kam immer wieder zu uns, fest entschlossen, einen Beitrag zu leisten, ein Nein akzeptierte er nicht. Morten faszinierte schließlich Ole Sverres instinktive Art, mit der Welt und dem Leben umzugehen, er bezeichnete ihn oft als ‚das Tier'. Was mich betrifft, war Ole Sverre seit mehr als zehn Jahren ein enger Freund und Schreibkollege, zudem waren wir im selben Dorf aufgewachsen und kannten einander seit der Gesamtschule."

„Als unsere Zusammenarbeit mit Ole Sverre begann, hatte er einen ernsthaften Missbrauch entwickelt, ein Mix aus Alkohol und starken Medikamenten, der sich verschlimmerte. Die Kooperation wirkte auf ihn bis zu einem gewissen Grad disziplinierend und motivierend, zudem verwendete Morten viel Zeit und Mittel darauf, Ole Sverre in Behandlung zu kriegen."

Darauf entgegnet Ole Sverre:

„Dass ich kein Nein akzeptiert hätte, klingt meiner Meinung nach seltsam. Ich glaube, wenn einer von uns dreien in der Lage ist, ein Nein als ein Nein zu akzeptieren – dann bin ich das. Dass die Freundschaft zwischen Håvard und mir später einen Riss bekam, ist ganz anderen Dingen geschuldet als jenen, die mit Songtexten und Mortens Solokarriere zu tun haben."

Morten beschreibt die Unterschiede zwischen Rem und Olsen so:

„Ole Sverre ist ein grundlegend emotionaler Mensch, der ein offenes Verhältnis zu allem hat, was ihm am Herzen liegt, während Håvard ein grundlegend emotionaler Mensch ist, der sich in gewisser Weise aus Selbstschutz sehr zurückhält bei Dingen, die ihm am Herzen liegen. Beide sind blitzgescheit, was sich jedoch in zwei völlig unterschiedlichen Charakteren äußert."

Auch wenn der Umzug von England nach Norwegen nicht vor November 1995 erfolgte, war Morten in der Zeit rund um die Entstehung von *Wild Seed* bis zu seiner offiziellen Rückkehr in die Heimat, samt Familie, viel in Oslo. Wenn er nicht mit Ole Sverre oder Håvard arbeitete, saß er in Cafés und klimperte auf seiner Gitarre herum. Schrieb neue Melodien. Eines der Stammlokale war das Odeon im Hegdehaugsveien.

„Das war eine sehr schöne Zeit, und obwohl ich in dieser Phase sehr sichtbar war, wurde ich fast nie gestört. Vermutlich war es trotz meiner Bekanntheit nie intimer als in dieser Zeit."

Der Grund, warum er in Cafés saß, hat ein Stück weit damit zu tun, dass die Wohnungen, in denen Morten lebte, nie davon geprägt waren, dass dort ein Musiker hauste. Einzig die Gitarre, die Everly-Brothers-Gitarre, die er schon so lange besitzt, darf einziehen. Die wiederum hängt nicht für jeden sichtbar herum.

„Alle, mit denen ich arbeite, haben sich eine Höhle gebaut, oder mehrere Höhlen, wo sie in der Aura der Musik leben. Ich brauche das Entgegengesetzte, ich muss davon wegkommen. Bei mir stehen keine Spellemannpreise oder Trophäen umher, ich habe keine Ahnung, wo sie sind. Zudem geht es darum, dass in dem Haus auch andere wohnen, nicht nur ich. Ich habe nicht einmal ein Büro – ich will keins."

„Erzähl ein bisschen von dem, was dich in dieser Zeit bewegt hat. Es war ein Aufbruch, nicht nur musikalisch, du wurdest auch geschieden und hast viele neue Richtungen eingeschlagen."

„Mir wurde plötzlich bewusst, dass Frage und Antwort nicht von derselben Welt stammen. Eine Frage und eine Antwort sind mit ihren sehr unterschiedlichen Eigenschaften nicht nur verschiedener Natur.

Ihre Aufgabe ist die einer Brücke zwischen Geist und Materie. Fragen entstammen unserer geistigen oder spirituellen Natur, während Antworten praktische Hilfsmittel sind, damit wir im Leben etwas ausrichten können. Jede Handlung ist eine Antwort auf eine Frage – damit etwas geschehen kann. Die Antworten entstammen unserer physischen und materiellen Welt. Indem man die Frage hinter der Antwort loslässt, ist Gefahr im Verzug, man hört nicht mehr zu, weil man die Antwort hat. Der Grund, warum wir mit einigen Songs auf *Wild Seed* den Fundamentalismus angriffen, war der, dass sich der Fundamentalismus lauthals im Namen aller äußert, sich eigentlich aber nur an eine winzig kleine Minderheit richtet. Fundamentalisten ist gemeinsam, dass sie aufgehört haben, Fragen zu stellen. Ihre Antworten laufen via Autopilot. Das ist nicht der Weg für das geistige Wesen Mensch."

Dann greift Morten den Ursprung seiner Sololaufbahn auf. Kommt direkt zum Kern, sowohl persönlich als auch in Bezug auf die Band. Der Grund, warum er habe „im System komplett aufräumen" müssen, wie er es nennt:

„Der Prozess, der zu *Wild Seed* führte, war eine Folge des Erlebnisses, das ich im Maracanã in Rio hatte (Anm. d. Autors: a-ha spielten dort 1991 vor 195.000 Zuschauern). Das war ein Wendepunkt. Wie lieferten, und es war ein wirklich toller Abend, mir wurde jedoch klar, dass ich nicht ganz anwesend war. Das bedeutet nicht, dass ich schlecht ablieferte, aber mir wurde bewusst, dass ‚ich tat, was ich tat', und dass ich etwas verändern musste. Wir hätten viel mehr erleben können, unglaubliche Höhen, größer als das wäre es aber nicht geworden. Ich stand im Maracanã und wusste, dass ich *so* viel geben könnte, gleichzeitig drehte ich dennoch nicht richtig auf – so ist es bei mir immer gewesen. Worauf warte ich? Wann soll es kommen? Wir stehen hier einem weiteren großen Meilenstein gegenüber, aber welchen neuen Gipfel die Band auch erklimmt, es wird sich nicht von dem hier unterscheiden. Von hieraus kommst du nicht weiter. Ich sträubte mich auch gegen den ‚Superstar'. Ich mag das Wort nicht und habe keine Lust, die Verehrung auf diesem

Niveau anzuerkennen. Ich spiele das die ganze Zeit runter, so habe ich es schon immer gehalten. Ich normalisiere meine Rolle, während die da draußen sie verstärken wollen. Indem ich es verleugne, wohnt dem Ganzen gleichzeitig etwas Verlogenes inne. In diesem Moment begriff ich, dass ich loslassen muss. Gleichwohl wusste ich nicht, wo der Programmfehler lag, und das war eine ziemlich tiefschürfende Erkenntnis. Ich begriff, dass ich alles leeren musste, vom obersten Regalfach an, alles herausfallen und auf den Boden krachen lassen musste."

Morten begann mit einer Art Aufräumprozess, man könnte es als eine Erforschung des Seelenlebens beschreiben. Er musste herausfinden, ob es um seine Familie ging, die Eltern und die Geschwister, die Ehe, um andere Dinge.

„Ich begab mich in diesen Prozess mit einer Gewissheit, dass das, was echt war, das aushalten würde. Ich musste herausfinden, was und wer künftig nicht mehr Teil meines Lebens sein sollte und wer ein blinder Passagier war. Ich hörte beinahe auf zu reden, hörte auf zu verhindern, dass etwas schiefging, hörte auf, eine Übersteuerung der Prozesse zuzulassen, ich ließ sie sein, damit sie zeigten, wer sie waren. Ich hörte auf, eine Meinung zu äußern. Mitunter antwortete ich einsilbig, sagte zu etwas ‚ja' oder ‚nein', höchstens ‚danke'. Mehrere Monate lang. Dann fing ich an, mich ‚verehren' zu lassen – genau aus demselben Grund. Ich wollte nicht verhindern, dass Dinge geschahen. Dieser ganze Prozess war sehr merkwürdig, weil ich darin eine Welle der Wahrheit erlebte."

„Kannst du ein Beispiel geben für dein Verhältnis zu etwas oder jemandem nach diesem Prozess?"

„Zum Beispiel erlebte ich, dass Pål und Magne sich mir gegenüber anders verhielten, als sie es bis dahin getan hatten. Plötzlich hörten sie zu, weil ich mich einen Dreck um alles scherte, was ich zuvor nie getan hatte. Das bedeutet nicht, dass ich gleichgültig war, aber ich hatte keinerlei Wünsche, irgendwas betreffend. Ich wollte, dass die Dinge zeigten, was sie ohne mein Zutun waren."

„Was ist dir danach geblieben?"

„Ich trennte mich von allem *Bullshit.* Ich fing an, etwas Neues aufzubauen, etwas Ordentliches. Ich wusste, dass das zuhause Konsequenzen haben würde, zwischen Camilla und mir. Dass es vorbei war. Was andere betraf, so weiß ich nicht, wie viel sie davon mitbekommen – oder in Erinnerung behalten – haben. Aufgrund meiner veränderten Einstellung erlebte ich beispielsweise auch den Unterschied von Verliebtheit. Wie es sich entwickelte, nachdem ich angefangen hatte, etwas Neues aufzubauen. Ich begegnete den Kräften, die der Liebe innewohnen, wie heftig das ist. Und all das, diese ganze Veränderung, war der Prozess, der ganz konkret zu *Wild Seed* führte."

Er holt tief Luft.

In diesen Jahren waren auch Olsen und Harket häufig zusammen unterwegs, sowohl mit als auch ohne Håvard Rem, um neue Songs zu schreiben. Sie reisten nach Jamaika, nach Island, wo sie im Studio des Produzenten Valgeir Sigurdsson auf Björk stießen, aber auch nach Deutschland, Spanien und in die Karibik. Anfangs als Duo unterwegs, wurde schließlich eine Art Dreifaltigkeit daraus.

„Zu dritt zu reisen war in vielerlei Hinsicht anstrengender, weil ich zu einer Art Tante wurde, die Ordnung halten musste", sagt Morten.

„Erzähl ein bisschen von dem Unterschied, zuhause zu schreiben oder dafür beispielsweise nach Jamaika zu fliegen."

„Das hat eigentlich nichts zu sagen, du kannst auch auf einen Parkplatz in Enebakk fahren. Auch das kann wunderbar funktionieren. Das kreative Wesen kann überall erblühen, vielmehr geht es darum, die äußeren Faktoren beiseite zu räumen, den Alltag und ‚banale' Tätigkeiten. Wirst du in alle Richtungen gezogen, unterbricht das den Prozess."

„Wie geht deine Zusammenarbeit mit anderen vonstatten?"

„Ich entwickle schnell ein enormes Gespür und Energie für das, was ich sehe, und dann halte ich die Zügel in der Hand. Wer mit mir zusammen ist, ist entweder dabei oder springt oder fällt unterwegs runter. Auf diesem Terrain gibt es kein ‚liebe Mutter'. Und ich bin rücksichtslos. Nicht, weil ich mich nicht um andere kümmere, aber geht es um etwas Wichtiges, gelingt es mir nicht, wenn wir in der

Sofaecke sitzen und es uns gemütlich machen. In diesem Punkt bin ich ein Eigenbrötler, allerdings arbeite ich am liebsten mit anderen zusammen. Ich betrachte die Dinge gern zusammen mit jemandem in einer Gemeinschaft."

Zurück zu den Schreibtouren. Auf einer dieser Reisen, nach Warschau, befanden sich Ole Sverre und Morten vermutlich in dem, was Olsen als eine Art „unterirdische Höhle" beschreibt. Dort sah er Morten zum ersten Mal betrunken.

„Und das können nicht so viele von sich behaupten. Unter anderem habe ich vage Erinnerungen daran, dass wir auf Mitglieder dieser Band Babylon Zoo trafen (erinnerst du dich an das Lied ‚Spaceman' von 1996?). Zu einem späteren Zeitpunkt des Abends stand Morten plötzlich auf der Theke und versuchte, seine Socken zu versteigern. Seine Socken!", lacht Olsen.

„Und ob du es glaubst oder nicht, er ist sie auch losgeworden. Allerdings war der Erlös nicht sonderlich hoch."

Als Morten Ole Sverres Geschichte hört, lächelt er verschmitzt.

„Ole Sverre war vermutlich betrunkener als ich – mal wieder. Aber möglicherweise war ich ein bisschen berauscht. Betrunken sein bedeutet für mich deutlich berauscht zu sein."

„Ein bisschen beschwipst, vielleicht?"

„Ja, wie soll man diese Stufen bezeichnen? Ich war durchaus schon betrunken, das letzte Mal, woran ich mich erinnere, allerdings in New York zusammen mit Pål, Magne und Lauren. Entweder war das im Zusammenhang mit *East of the Sun, West of the Moon* oder *Memorial Beach*, ich weiß es nicht genau. Aber da war ich betrunken. Und das bin ich de facto fast nie gewesen, allerdings habe ich keine Vorbehalte dagegen, es gewesen zu sein. Ich weiß nur, dass es sehr selten der Fall war."

Ich werfe ein, dass der Alkoholkonsum kein essenzieller Teil der Erzählung über die Jahre 1993 bis 1998 sei. Morten aber lässt keine Frage ohne eine tiefgreifende, ergiebige Antwort im Raum stehen.

„Und in Japan war ich betrunken. Daran erinnere ich mich, da hatte ich den Punkt überschritten, an dem ich beschwipst oder angeheitert bin. Allerdings bin ich in der Tat nicht sehr spannend, wenn ich betrunken bin, es geht eher in Richtung Kuschelbär. Ich werde nett."

„Der scharfe Blick wird verschleiert?"

„Ja, es zieht den Stachel. Und ich werde müde. Aber richtig betrunken war ich in der Tat nur ein Mal."

„Ein Mal??"

„Ja, das war im Rahmen einer Form von Führung, oder Kollaboration, wenn man so will, der beiden Kandidaten, die noch betrunkener waren als ich – Bjørn Eidsvåg und Magne Furuholmen. Sie hatten einander versprochen: Sollten sie sich irgendwann mal treffen, dann würden sie einander unter den Tisch trinken. Und ich geriet zwischen die Fronten."

„Aua."

„Ja …"

„Wie steht es mit anderen Stoffen?"

„In der Jugend, während ich mich im christlichen Vereinsmilieu bewegte, verspürte ich eine Anziehungskraft, hin zu den Extremen, zu Leuten, die auf die schiefe Bahn gerieten. Ich wollte mehr wissen über das Leben auf der schiefen Bahn, ohne den Wunsch zu haben, selbst dieses Leben zu führen. Das ist meine Natur. Mich interessiert das Grundsätzliche, warum die Dinge so aussehen, wie sie aussehen. Allerdings war ich nie versucht, selbst Stoff zu nehmen, und habe, wie schon erwähnt, auch nie sonderlich viel getrunken. Das hat mich nicht interessiert oder fasziniert, weil ich es viel spannender finde, in meine eigenen Gedanken einzutauchen. Die Welt ist gleichzeitig so mystisch, fantastisch und interessant, sollte ich also anfangen, solche Neutronenbomben in einen derart extrem komplexen Mischer zu schütten … das hat mich einfach nicht interessiert."

„Aber zurück zum Anfang. Es stimmt, dass Ole Sverre und ich den Frontmann (Anm. d. Autors: Jas Mann) dieser Band getroffen haben. Und ich fragte ihn, ob er schon einmal versucht habe, seine Socken zu rauchen. Das war nicht der Fall, also bot ich ihm an, meine Socken zu rauchen. Das verunsicherte ihn. Seltsamerweise. Er war da bereits ziemlich *drauf*, aber vielleicht bekam er ein leichtes Gespür dafür, was dem Typen ihm gegenüber innewohnt ..."

Morten erzählt weiter, dass er vorsichtig gewesen sei mit dem Trinken, wenn er mit Ole Sverre unterwegs war. Er erinnert sich nicht daran, jemals mit ihm zusammen getrunken zu haben. Der Grund ist einfach:

„Das war doch eigentlich etwas, wo er rauswollte. Daher würde ich mit ihm zusammen eigentlich nie trinken. Lange Zeit hatte er sich im Rausch eingerichtet, in einem Zustand der Balance. Für ihn funktionierte es. Als wir uns kennenlernten, erlebte ich seine krakeeligen Bewegungsmuster – er wusste nie, ob er Zugang zu den Dingen hatte, die er brauchte."

Die Dinge, die der Autor vieler Harket-Solo- und a-ha-Songs der kommenden Jahre brauchte, waren Pillen, Bier und eine bestimmte Menge Kaffee. Sowie seine feste Sorte Tabak, Tiedemanns Rød.

„Und weil er nie wusste, ob es ihm gelingen würde, sich die nächste Runde zu beschaffen, war das Ganze unterschwellig mit viel Angst verbunden", vertieft Morten.

Anfänglich war Morten unsicher, wie er mit Olsens Jagd nach dem Rausch umgehen sollte, jedoch kam es ihm nicht in den Sinn, die Kooperation mit dem Poeten zu beenden. Die beiden hatten zu einer kreativen Zusammenarbeit gefunden, die von Dauer sein sollte, und kamen daher zu einer Art Lösung. Morten konnte definitiv nicht zum Bahnhofsvorplatz in Oslo gehen, um Medikamente für Olsen zu besorgen. Man stelle sich nur die Überschriften in den Zeitungen vor. Auch wollte er Olsen kein Geld geben, das direkt in den Drogenkonsum floss, allerdings war ihm an einer sicheren Bezahlung seines Partners gelegen, als Vorschuss für die Einnahmen aus den Rechten des Songwritings.

„Das entsprach einem üblichen Geschäftsvertrag, wobei ich den Vorschuss portionierte, wofür es zwar keine Obergrenze gab, aber das war kein Problem, da er im Grunde nur eine gewisse finanzielle Basis brauchte, um innerhalb des Rahmens zu funktionieren. Das waren keine sehr großen Summen. So musste er nicht zum Sozialamt und um Geld betteln. Im Hinblick auf die Arbeit änderte diese gewonnene Stabilität viel."

Ole Sverre und Morten begegneten sich über den Text, was jedoch das Musikalische anbelangte, waren die beiden weit voneinander entfernt. Olsen war bis dato kein ausgemachter a-ha-Fan gewesen.

„Am liebsten habe ich es still um mich herum und interessiere mich nicht so sehr für Musik", sagt er.

„Erzähl ein bisschen davon, wie ihr, Morten und du, gearbeitet habt."

„Anfangs schrieb ich ein bisschen so, wie ich wollte, nach und nach ging ich jedoch dazu über, es mehr auf ihn abzustimmen. Ich schrieb so, wie er es haben wollte, und über die Sachen, die ihn beschäftigen. Das hat Morten gesteuert."

Mortens Gedanken dazu:

„Es ist nicht sicher, ob Ole Sverre das weiß, aber jedes Mal, wenn er so schreibt, wie er *glaubt*, dass ich es haben will, funktioniert er am schlechtesten. Dann kommt es nicht von ihm, und es kommt definitiv nicht von mir."

Ole Sverre Olsens letztes Buch, *Den døde mannen*, erschien 1998. Seither ist es still um ihn. Es ist naheliegend zu denken, dass er seine Karriere geopfert hat, um Teil von Mortens Team zu werden. Zurück zu Ole Sverre:

„Nachdem ich clean wurde, habe ich mir nie die Finger danach geleckt, Teil von Mortens Mannschaft zu werden. Das ist eine vollkommen falsche Betrachtungsweise. Das Gegenteil ist oft der Fall. Ich musste auch viele anstrengende Seiten an Morten ertragen, all das Warten, das bei so öffentlichen Personen dazugehört – allerdings bin ich von Natur aus geduldig. Er hat mich nicht *mehr* geplagt, als man es von einem Weltstar erwarten kann", scherzt Olsen.

Schwenk zu Morten:

„Nein, ich habe es nicht so empfunden, dass Ole Sverre etwas opferte, denn er hatte seine Sachen, mit denen er sich abmühte, die in all den Jahren viel von seiner Energie geraubt haben. Er spürt durchaus, dass er wegen Alkohol und Drogen viel vergeudet hat. Zudem ist er sich schmerzlich bewusst, was für eine Begabung er hat, und es ist nicht so einfach, wenn man sie dann nicht entfalten kann."

Olsen:

„Ich *habe* über die Jahre hinweg viel vergeudet, aber jetzt bin ich wieder klar. Jetzt wird es Bücher geben", betont er via Telefon aus Arendal.

Wie bereits erwähnt, hat Mortens Auswahl seiner Kooperationspartner in Sachen Solokarriere vermutlich so manch einen stutzen lassen. 1995 war er in weiten Teilen der Musikwelt noch immer ein funkelnder Star, das war gut zehn Jahre nach „Take on Me". Warum also suchte Morten nicht die Verbindung zu größeren Namen? Olsen schrieb nicht einmal auf Englisch, als er Morten kennenlernte, und hatte bis dato lediglich eine Gedichtsammlung veröffentlicht.

„Ja, darüber habe ich auch nachgedacht. Auf *Wild Seed* hatte er dieses Team aus grundsoliden Musikern, die mit ihm zusammen die musikalische Landschaft erschufen. Mit der Zeit bekam ich das Gefühl, dass er mehr Aspekte des Prozesses selbst machen wollte, er wollte mehr Kontrolle haben. Und Morten Harket ist in erster Linie ja kein Produzent. Das erlebte ich unter anderem, als wir nach Island flogen und bei Valgeir Sigurdsson[3] Sachen aufnahmen, der wiederum ein Starproduzent ist. Dort entstanden richtig heftige Lieder, mehr ist aber irgendwie nicht draus geworden. Morten arbeitete oft mit unbekannten Leuten, und ich glaube, dass er vielleicht das Gefühl hatte, die Kontrolle an Valgeir abgeben zu müssen", berichtet Olsen.

Mortens Antwort darauf:

„Dafür gibt es nicht den geringsten Beleg, ich habe es nie gescheut, mit jemandem zusammenzuarbeiten. Das hat wieder damit zu tun, dass ich nicht an Karriere denke, das interessiert mich nicht und auch ‚Namen' interessieren mich nicht. Ich bin vielmehr von dem Gedanken eingenommen, überall Magie zu finden. Denn die lässt sich fast überall entdecken."

---

3 Sigurdsson arbeitete später sowohl mit Blurs Damon Albarn als auch mit Sigur Rós und Anohni (ehemals bekannt als Antony & The Johnsons) zusammen.

Ein anderer Aspekt beim Schritt in die Solokarriere war das Visuelle. Wie sollte sich die Loslösung von a-ha beispielsweise auf einem Cover äußern? Er ließ sich die Haare kurz schneiden, zog einen Rock an und trug eine alte Schreibmaschine durch die Gegend, während der Brite Julian Broad unter der Sonne Monte Carlos drauflosknipste. Die Kette um den Hals hatte er von einem Fan bekommen.

„Ich kann mir nichts Cooleres vorstellen, als einen Rock zu tragen. Das galt bereits bei den alten Römern als maskulin, und das hat sich seither nicht geändert. Frag nur die Schotten! Die Schreibmaschine signalisiert natürlich, dass das Schreiben begonnen hat. Das Ganze war symbolisch für den Prozess, in dem ich mich befand, und repräsentierte eine Befreiung von mir selbst."

„Und du hast die Weste wieder angezogen?"

„Ja, die Weste war dabei", lächelt er leicht gequält.

Die Welt außerhalb von Eden

Der 27. Oktober 1995[4] ist ein Freitag. Morten Harket sitzt im Studio von Radio Transamerica FM in Brasiliens bevölkerungsreichster Stadt São Paulo. Er spielt „Spanish Steps", „Hunting High and Low" sowie „A Kind of Christmas Card" und wird interviewt. Dann entschließt er sich, scheinbar intuitiv, ein Lied zu präsentieren, dass es nicht auf *Wild Seed* geschafft hat. Es heißt „Gospel from a Heathen".

Er haut heftig in die Saiten der Gitarre, die er im Übrigen von Phil Everly und Terry Slater bekommen hat. „Ich glaube wir hatten genug softe Songs", sagt Morten kurz und bündig. Lehnt sich nach vorn, verstärkt die Intensität. Die Stimmung bebt, und Morten feuert los, mit der Gitarre als Waffe und den Worten als Munition. Der Text ist ein Aufruf, eine Kampfansage. Er zieht ins Gefecht gegen Extremismus aller Art, christlichen, islamistischen sowie politischen Fundamentalismus, Rassismus und Fremdenangst. Es ist nicht der Sänger Harket, sondern der sozial engagierte Akteur, der an diesem Tag im brasilianischen Radio psalmodiert. *I'm not an atheist, but I'll be an atheist for you.* Wenig später heißt es: *I'm not a fascist, but I'll be a fascist for you.* In der Version, die Morten an diesem Tag für die Radiohörer singt, fehlen kraftvolle Zeilen wie: *I'll be a nigger for you / Skin head red neck clean cut hick / To rob you of the fear you've made your rule.*

Was die – womöglich überraschten – Radiohörer nicht wissen, ist, das „Gospel from a Heathen" eine ganze Weile mit von der Partie war. Viele Monate lang war es unablässig im Spannungsfeld zwischen

4 Einen Monat zuvor, am 27. September 1995, spielte Harket dasselbe Lied, als er Gast einer Sendung bei dem heute vergessenen norwegischen TV-Kanal ZTV war.

Håvard und Morten umhergeschwirrt. Dabei hat der Song eine ziemlich dramatische Vorgeschichte.

Bei den Strophen des Songs handelt es sich um Nachdichtungen von „Rhetorische Übung“ aus Håvard Rems Gedichtsammlung *Øvelser i grensesetting* (1993). Den Refrain, mit Zeilen wie *I gave you my hand, but you handed me a gun* … fügte Harket hinzu. Das Lied jedoch, das Morten zufolge das vielversprechendste auf *Wild Seed* war, wurde nie veröffentlicht.

Viele der in den *Wild Seed*-Prozess involvierten Personen erwähnen die Demoversion des Albums. Die verfügte über weitaus mehr politische Seitenhiebe und Kraft. „Die Demos waren viel gewagter“, sagt Kjetil Bjerkestrand. Neben „Gospel from a Heathen“ schwelten dort Lieder, die Sprengstoff in sich trugen. Das bestätigt auch Morten. Unter anderem war lange Zeit ein Song namens „Radio Jerusalem“ im Gespräch. Er handelte davon, dass Abraham Vater aller drei großen Weltreligionen ist und dass sich diese Botschaft verbreitete, wie über einen Radiokanal.

„Bis hin zur letzten Phase war das *Wild Seed*-Projekt viel härter als das Album, das die Leute kennen. Allen voran, weil die konfrontativsten Songs entfernt, aber auch, weil die anderen in der letzten Produktionsphase leichter verdaulich gemacht wurden. Für uns alle, die an der Platte kreativ mitgearbeitet haben, ist *Wild Seed* in der Ausdrucksform weniger ursprünglich und nicht mehr so konfrontativ, jedoch hat sie ihr geistiges Wesen und ihre Sehnsucht behalten. Ursprünglich hatte die Platte einen wilderen Ausdruck. Zum Beispiel waren ‚Gospel from a Heathen‘, zeitweise ‚Ape Angel‘ und nicht zuletzt ein Song namens ‚The World outside Waco‘ dabei. Ursprünglich hieß die Platte *The World outside Eden*, de facto bis zur Veröffentlichung. ‚The World outside Waco‘ war ein ganz zentrales Lied. Es handelte vom Massaker im texanischen Waco. Unterschwellig handelt das Lied davon, dass der Dritte Weltkrieg im Inneren entstehen wird. Ich greife diese Dinge jetzt in diesem Zusammenhang auf, vielleicht nicht, weil ich sie heute auf der Platte vermisse, sondern weil sie in dem Klima, rund um den ganzen Prozess mit dem Album, eine große

Rolle gespielt haben. Auch muss gesagt werden, dass aufgrund der politischen Konfrontation in zweien dieser Songs die Passgenauigkeit des Textes entscheidend gewesen wäre. Das war nicht der Fall, als sie aus dem Projekt herausgenommen wurden – es fehlte ihnen das kleine, entscheidende Etwas", erklärt Morten.

Seinen Anfang nahm das Massaker von Waco Anfang Februar 1992. Da rückte die ATF (die US-amerikanische Bundesbehörde für Alkohol, Tabak, Schusswaffen und Sprengstoffe) zu einer Durchsuchung auf dem Grundstück der religiösen Gruppe Branch Davidian an. Es bestand der Verdacht auf unerlaubten Besitz von Automatikwaffen. Dann aber eskalierte die Situation. Das hinzugerufene FBI umstellte das Grundstück namens Mount Carmel. Das Ganze entwickelte sich zu einem weltweiten Medienereignis, zugleich versammelten sich vor Ort unzählige Schaulustige. Es war der Beginn einer 50 Tage andauernden Belagerung, die auf tragische Weise endete. Am 19. April rief das FBI die Davidianer über den einzigen nach draußen noch existierenden Kommunikationskanal der Gruppe an, nachdem alle Telefonleitungen gekappt worden waren, und informierte darüber, dass sie mit Tränengas angreifen würden. Zu einem späteren Zeitpunkt des Tages brach in dem Gebäude Feuer aus, und binnen Stunden war es niedergebrannt. In den Ruinen lagen insgesamt 76 Tote, Frauen, Kinder und Männer. Unter den Toten war auch der Sektenführer David Koresh, der selbsternannte „Sohn Gottes".

In der Zeit nach den blutigen Szenen am Mount Carmel mussten die amerikanischen Behörden teils heftige Kritik für ihr Verhalten einstecken, zudem führte der amerikanische Kongress eine Untersuchung durch. Für das FBI war das Massaker lange wie ein Eitergeschwür. Der Bericht des unabhängigen Komitees schlussfolgerte, dass die Sekte, und speziell David Koresh, für all jene, die an diesem Tag verbrannten und starben, verantwortlich gemacht werden müsse. Håvard Rem erzählt:

„Als Morten und ich im Winter 1993/94 mit der Arbeit an *Wild Seed* begannen, hatten religiöser Fanatismus und Fundamentalismus das via Medien gelieferte Bild des letzten Jahres mitgeprägt. Die Fatwa gegen den Schriftsteller Salman Rushdie führte zu Gewalttaten, auch in Norwegen, und Waco wurde für uns zu einem Symbol von religiösem Fanatismus. Der Ortsname tauchte in einer frühen Version von ‚Gospel from a Heathen' auf: *You run the ghetto, it takes a nod, to keep it clean, this State of God, from Waco, Texas to the streets of Teheran.*"

Die beiden sahen in religiösem Fanatismus und Fundamentalismus eine gefährliche, nahezu faschistische Vision zur Errichtung einer vollkommen reinen Gesellschaft mit vollkommen reinen Menschen, eine Art Paradies, ein Eden.

„Und wie man aus diesem Eden mit Verachtung auf das sündige Leben außerhalb, in der modernen, westlichen Welt, blickte, versuchte ich in einem Text zu beschreiben, dessen Titel zwischen ‚The World outside Waco' und ‚The World outside Eden' wechselte", sagt Rem und fährt fort:

„‚The World outside Eden' war sogar mal Kandidat für den Albumtitel. Unserer Meinung nach war die Melodie eingängig und der Text zentral für das, was das Album vermitteln sollte. Soweit ich mich erinnere, war der Titel Ausgangspunkt für Mortens Entwurf des Umschlags der Platte, wofür er die Buchstaben umgeben von religiösen und ideologischen Symbolen der ganzen Welt zeichnete. Allerdings kann auch ‚Gospel from a Heathen' Ausgangspunkt für diese Skizzen gewesen sein."

„Die beiden Lieder hatten nämlich eine ähnliche Botschaft, und irgendwann ersetzte ‚Gospel from a Heathen' ‚The World outside Eden' als potenziellen Titelsong. Wahrscheinlich, weil die beiden in ‚Gospel' ein noch größeres kommerzielles Potenzial sahen", so Rem. „Während ‚The World outside Eden/Waco' eine Abrechnung mit religiösem und ideologischem Fundamentalismus ist, handelt ‚Gospel from a Heathen' mehr davon, sich von verfestigten Positionen loszureißen, davon, gegenteilige Standpunkte einzunehmen, um Extremisten zu provozieren, die Dinge aus einem anderen Winkel heraus zu betrachten", fügt er hinzu.

Während Harket und Rem in diesem Text-Kochtopf aus religiösem Fanatismus und Fundamentalismus herumrührten und die Demos an die Plattenfirma schickten, wurden sie eines Tages in die Räumlichkeiten von Warner in London gebeten. Es war nämlich ein besorgter Brief aus dem Warner-Hauptquartier in Burbank im Los Angeles County eingetroffen. Es waren nur noch ein paar Monate, bis das Album in einer Reihe von Ländern weltweit in den CD-Regalen stehen sollte. Morten berichtet von dem Treffen, das am 5. April 1995 in London stattfand:

„Was geschah, war eigentlich ziemlich verrückt. Die Platte war fertig, und plötzlich geriet der Song ‚The World outside Waco' auf die Tagesordnung. In diesem Text erkennt Håvard Signale in der Welt und stellt größere Zusammenhänge her – darin ist er sehr scharf. Wir fliegen nach London und treffen dort die Führungskräfte, diskutieren das Album und haben eigentlich eine Krisensitzung."

Bei der Besprechung anwesend war auch Mortens Manager Terry Slater. An die Details kann er sich heute allerdings nicht mehr erinnern. Håvard Rem ist hingegen einiges in Erinnerung geblieben:

„Ich meine mich zu erinnern, dass mir dieser Brief in Form eines Faxes präsentiert wurde. Meinem fotografischen Gedächtnis zufolge lautete eine Formulierung darin: ‚Es wird deine Karriere ruinieren'", so Håvard Rem.

Wieder zurück zu Morten:

„Sie fragen, warum das Album ‚The World outside Waco' heißen solle. Da sagt Håvard, dass das, was mit David Koresh geschehen sei, der Auftakt zu der Zukunft sei, der wir entgegengingen. Dann ergänzt er: ‚Die Dinge werden explodieren, und das wird sehr bald der Fall sein.'"

Ganz richtig. Zwei Wochen später knallt es in den USA, in Oklahoma. Es ist der 19. April 1995, als das Alfred P. Murrah Federal Building bombardiert wird und 168 Menschen ihr Leben verlieren. Der bis dato größte Terrorangriff auf amerikanischem Boden – vor dem 11. September. Auf den Tag genau zwei Jahre nach der Belagerung in Waco.

„Die Plattenfirma war zu Tode erschrocken. Das, was im Text des Liedes stand, geschah, noch bevor wir es veröffentlicht hatten. Und da erschien es schließlich auch in einem ganz anderen Licht. ‚Wer ist der Typ?', fragten sie unruhig und verwiesen auf Håvard. ‚In was werden wir hier hineingezogen?'"

In dem besorgten Brief aus dem Hauptquartier mit farbigem Warner-Logo oben in der Ecke wurde Harket gebeten, die Sicherheit seiner Familie zu bedenken. Zudem lehnte sich Warner weit aus dem Fenster, indem sie Morten baten zu bedenken, wohin ihn die Zusammenarbeit mit seinen Kooperationspartnern womöglich führe. Mit anderen Worten: War Håvard Rem eine kluge Wahl?

„Wir bewegten uns im Spannungsfeld zwischen muslimischem und jüdischem Glauben. Und *das* ist ein Minenfeld. Allerdings ist ‚Gospel from a Heathen' gedacht, alle fundamentalistischen Standpunkte zentral anzugreifen – als ein Aufruf stellvertretend für 99 Prozent der Weltbevölkerung, die sich in einer solchen Denkart nicht wiederfinden. Es ärgert mich, dass ich diesen Brief nicht aufgehoben habe", sagt Morten mit einem Lächeln. „Ich bin jedoch der Meinung, dass sich die Plattenfirma damals geirrt hat, sie waren viel zu sehr darauf fokussiert, wer ich davor war – bei a-ha – und hatten das Gefühl, ich würde mich in unüberschaubares Fahrwasser begeben, und Selbiges würde auch auf sie selbst zutreffen."

Nach der Besprechung war die Enttäuschung bei Rem und Harket groß. Die Speerspitze im Gedankengut des Albums musste neu bewertet und die Ambition, ein politisch profiliertes Album zu machen, abgemildert werden. Möglicherweise stand die Sicherheit der Familie auf dem Spiel. Rem war beim Einkaufen, als er von der endgültigen Entscheidung erfuhr:

„Ich erinnere mich noch immer an den Anruf von Morten, während ich mit den Kindern an der Kasse eines Supermarkts in Arendal stand, worin er von der Entscheidung berichtete, dass ‚Gospel from a Heathen' und ‚Ape Angel' nicht Teil des Albums sein sollten. Letztgenannter war eine Mischung aus einem Hit und einem Manifest. Er wurde aufgrund der Eröffnungszeile ‚I'm not clean' gestrichen, während bei ‚Gospel from a Heathen' das Wort ‚Nigger' der Grund war. Wir waren der Meinung, der Kontext rechtfertige die Wortwahl, die Plattenfirma meinte, dies würde Missverständnissen in puncto Xenophobie und Narkomanie Raum geben. Diese Uneinigkeit reflektierte zudem eine Uneinigkeit hinsichtlich der Richtung des Soloalbums und Mortens Solokarriere, wobei es unter anderem auch um die visuelle Verpackung und die Auswahl des Produzenten ging. Sollte Morten als eine Mischung aus Bono und dem jungen Cohen erscheinen oder als ein Cliff Richard der 1990er Jahre? Es kam zu ebenso vielen Kompromissen wie Vorschüssen, und einer davon war das Aufgeben zweier Herzenssongs", erzählt Rem und fügt hinzu:

„‚Gospel from a Heathen', nicht ‚A Kind of Christmas Card' betrachteten wir lange als Hit und Flaggschiff des *Wild Seed*-Albums, teils, weil es den schmissigsten und kommerziellsten Refrain hatte, teils, weil wir den Text als ein Manifest betrachteten, unsere beste Möglichkeit, der Welt unseren Standpunkt mitzuteilen."

Heute verteidigt Morten die Entscheidung, dass „Gospel from a Heathen" nicht mit aufs Album kam.

„Das war damals die richtige Entscheidung, denn es war nicht fertig. In textlicher Hinsicht bildete es keine Einheit und gelangte nie ganz ans Ziel. Aufgrund der heftigen Reaktionen von Warner auf das Demo gelang es uns nicht, es fertigzustellen. Das enttäuschte Håvard gewaltig, er war komplett am Boden. Er war eine Weile geknickt. Er liebte dieses Projekt und identifizierte sich damit. Als diese Sachen rausfielen, womöglich, weil wir sie zu früh präsentiert hatten, verlor ich ihn ein Stück weit. Dabei war ich es, der letztendlich die Entscheidung fällte. Wollte man ein Lied wie ‚Gospel from a Heathen' veröffentlichen, musste alles passen. Wäre mit dem Lied alles in Ordnung gewesen, hätte ich dafür gekämpft. Ich war es, der es mit seiner Stimme kommunizieren sollte. Ich hatte auch das Gefühl, dass er zu scharf und eifrig darauf bedacht war zu provozieren, auf die Konfrontation aus war. Hätte er sein tatsächliches Geschick und seinen brillanten politischen Kopf eingesetzt, hätte er das gesehen und wäre kooperativer gewesen, allerdings gefiel ihm das, was sich hier anbahnte, zu sehr."

„War er der Meinung, dass du eine feige und falsche Entscheidung getroffen hast, indem ‚Gospel from a Heathen' fallengelassen wurde?"

„Njaaa, das musst du eigentlich ihn fragen, aber ich weiß nicht, ob du eine klare Antwort bekommst – oder ob er sich selbst sicher ist. Ich glaube, dass er dafür vielleicht in den Krieg gezogen wäre, wenn alles bereit gewesen wäre. Dann wäre es auch eine andere Art von Entscheidung gewesen, meine Entscheidung fiel aufgrund der Qualität des Angriffs, und nicht aufgrund der Motivation oder des Belegs für den Angriff. Oder inwieweit wir die Eier hatten, das zu tun. Es hat keinen Sinn, um der Sache willen Mut zu demonstrieren."

Håvard Rem stimmt Morten zu.

„Er hat vollkommen recht damit, dass der Refrain des havarierten Flaggschiffs ‚Gospel from a Heathen' viele Änderungen durchlief und nie ganz glückte. Seine eigene Dummy-Zeile, ‚You're fighting the wind', war die erste Version, verlor jedoch an Autorität, als jemand sie als ‚Du kämpfst gegen einen Furz' auslegte. Wir unternahmen auch nicht ganz gelungene oder nur halbherzige Versuche, um für die Strophen neue Textlösungen zu finden, jedoch waren wir da von den Warnungen der Plattenfirma und des Managements motiviert, die in dem Brief direkt schrieben: ‚Dieser Song wird deine Karriere zerstören.' Ich fasste es als ein Ultimatum an Morten auf, ‚Gospel from a Heathen' und ‚Ape Angel' wegfallen zu lassen. Allerdings hatte er den direkten Kontakt zur Plattenfirma, wenn er also anderer Meinung ist, lohnt es sich, diese anzuhören. Außerdem ergab sich diese Situation zu einem so späten Zeitpunkt des Prozesses, dass es erforderlich war, pragmatisch zu sein. Selbstverständlich war ich wie vor den Kopf gestoßen, aber nicht mehr, als dass wir kurz darauf voll und ganz mit Veröffentlichung, Presse, Fernsehen und Auftritten zugange waren", erzählt er.

Rems Meinung nach hat Harket auch nicht feige agiert, als er das kontroverse Lied außen vor ließ.

„In diesem Prozess erlebte ich Morten nicht als feige. Ganz im Gegenteil finde ich, dass er mutig war. Im Hinblick auf die Plattform, die ihm für ein Solodebüt gegeben wurde, waren die Wahl der Textautoren und der Thematik der Songs mutig. Und gewagt, direkt gesagt riskant. Letztgenanntes sagte ich damals vielleicht nicht so deutlich. Schließlich war er es und nicht ich, der das Risiko einging. Mein Vorteil war es, auf internationalem Terrain zu agieren, während sein Vorteil in gewisser Hinsicht darauf begrenzt war, den Erfolg der Band zu wiederholen. Ich riskierte nichts weiter, als in dem kleinen Literaturmilieu Norwegens als kommerziell abgestempelt zu werden, während er riskierte, eine einzigartige Möglichkeit zu missbrauchen. Indem er aber so viel riskierte und sich so stark engagierte, konnte er auch bis zum Schluss kämpfen. Auch wenn nicht alles gelingen würde, konnte er auf seine Entscheidungen dennoch stolz sein. Und dann gelang es – künstlerisch in hohem Maße und in Norwegen auch kommerziell. Ein internationaler Erfolg hätte Wind für einen längeren Segeltörn aufgewirbelt."

Harket und Rem überlegten auch, diverse waschechte Legenden zu rekrutieren, um auf „Gospel from a Heathen" zu singen. Unter anderem gab es die Idee, dass Ray Charles die Zeile „I'm not a nigger, but I'll be a nigger for you" singen könnte. Im Hinblick auf die Zeile „I'm not a muslim, but I'll be a muslim for you" tauchte auch der Name Salman Rushdie in der Diskussion auf. Ebenso war einem der großen Vorbilder Rems eine Rolle zugedacht gewesen.

„Wir hätten für eine Strophe gern die Stimme von Leonard Cohen gehabt, und in Los Angeles hatte ich Gelegenheit, unter vier Augen mit ihm zu sprechen, ohne dass etwas daraus wurde. Cohen hatte zu diesem Zeitpunkt die Musikbranche schlicht und einfach hinter sich gelassen – bis auf Weiteres."

Wild Seed erscheint heute womöglich nicht wie ein Album mit einer drohenden politischen Schlagseite, dennoch beinhaltet die Platte faktisch noch immer Regimekritik, eine blutige Antikriegserklärung sowie einen Hit über Prostitution („A Kind of Christmas Card"). Mit „Gospel from a Heathen" ging Harket jedoch einen beträchtlichen Schritt weiter. *I'm not a muslim, but I'll be a muslim for you.* Via

Smartphone spiele ich Morten den Ausschnitt aus der Sendung im brasilianischen Radio vor. Er legt die Hände ans Kinn. Er hört lange zu, ohne etwas zu sagen. Dann:

„Das ist eine stark gefilterte Version, wo ich etwas Text auslasse. Das Lied gelangte nie ganz dorthin, wo es hin sollte, und wurde zu sehr zu einem *geistigen Produkt.* Irgendwann aber kommt es raus. Glaub mir."

„In dieser Zeit (93–98) nimmst du Politik, Religion und aktuelles Weltgeschehen in deine Musik auf. Das hast du sowohl davor als auch danach wenig gemacht – dann erst wieder auf dem Brother-*Album. Warum?"*

„Unterschwellig war das immer vorhanden, allerdings musste ich mich mit dem Ausbalancieren herumschlagen, damit, inwieweit ich predigen sollte. Predigen funktioniert nicht. Jedoch habe ich mich Jahr um Jahr mit dem Gedanken getragen – auf eine Gelegenheit gewartet. In der *Wild Seed*-Phase kam es an die Oberfläche", sagte Morten und fügt hinzu:

„Gegen Ende der Neunziger hatte ich mir Unmengen an Liedern in diesem Segment aufgebaut, dann aber geschieht das Unerwartete; a-ha kehren zurück und spielen 1998 auf dem Nobelkonzert. Infolgedessen schrieben Pål und Magne wieder Songs zusammen, worin ich eigentlich nicht involviert war. Hingegen war das Material, mit dem sie zurückkamen, sehr überzeugend, und so geriet ich in die Klemme. Es war eine Wahl zwischen ‚a-ha vergessen und meinem Herzen folgen', das sich zu diesem Zeitpunkt nicht bei a-ha befand, oder wieder mit Pål und Magne zu arbeiten. Hätte ich einen Karriereplan gehabt, wobei ich den Gedanken, einen solchen zu haben, nie mochte, hätte ich mich vielleicht anders entschieden."

„Erzähl ein bisschen mehr darüber, warum es gerade im Vorfeld von Wild Seed *so gut gepasst hat?"*

„Da brach es heraus, weil mir gleichzeitig alles egal war. Das war die Folge dessen, dass ich mich um nichts scherte. Das waren so fundamentale Sachen: Die Übergriffe, die wir in Osttimor geschehen ließen, wobei auch Norwegen eine Rolle spielte. Das war ein steiler Kursverfall all der Werte, für die Norwegen in meiner Kindheit und Jugend gestanden hat. Es gibt keinen prinzipiellen Unterschied zwischen der deutschen Invasion Norwegens und der indonesischen Invasion von Osttimor. Mein Aspekt ist, dass Norwegen und norwegische Politiker im Kielwasser der Invasion und der folgenden 25 Jahre mit Übergriffen alle Möglichkeiten hatten, einzusehen, was in Osttimor wirklich vonstattenging. Stattdessen entschieden wir uns, in eine andere Richtung zu schauen. Osttimor ist vielleicht weit weg, allerdings war es nicht zu weit weg, als Norwegen das für die Übergriffe verantwortliche Nachbarland wirtschaftlich beispielsweise durch Handelsverträge unterstützte."

„Wurde das Album persönlicher, nachdem die Ambitionen hinsichtlich einer politischen Platte abgeschwächt wurden?"

„Es war durchweg persönlich. Camilla und ich wurden in dieser Zeit geschieden, zum Beispiel. Das war etwas, das in mir passierte. Es war ein Aufbruch von meinem etablierten Ich, was ich als einen Ruf nach Veränderung erlebte."

Zurück zu „Gospel from a Heathen". Morten weigerte sich, das Lied komplett aufzugeben. Bei der im November 1995 in der Sentrum Scene in Oslo beginnenden *Wild Seed*-Tournee war es mit von der Partie.

„Morten wird auch einige der verbotenen Lieder spielen. Songs, die von der amerikanischen Plattenfirma nicht nur gestoppt, sondern mit vollem Einsatz zermalmt wurden", sagte Håvard Rem gegenüber der *VG*, als Vertreter der Zeitung die letzte Probe vor der Tourneepremiere besuchten.

In den folgenden Monaten wurde sowohl „Gospel from a Heathen" als auch „Ape Angel" mehrfach live gespielt. „The World outside Eden" hingegen blieb irgendwo unfertig liegen und wurde nie auf einem Morten-Harket-Konzert präsentiert.

„Es wäre seltsam gewesen, ‚Gospel from a Heathen' auf Tour nicht zu spielen, schließlich war es das Aushängeschild. Es war wichtiger als ‚A Kind of Christmas Card' und ist das schwarze Loch des *Wild Seed*-Albums", sagt Morten heute.

Nach 1996 wurde „Gospel from a Heathen“ beinahe zu einer Art Gespenst. Vollständige Aufnahmen des Songs sind nicht zu finden. 1996 war viele Jahre, bevor filmende Smartphones Konzertsäle erleuchteten, neun Jahr vor der Gründung von YouTube. Im Internet sind lediglich Ausschnitte aufzuspüren, darunter eine Aufnahme aus dem Radiostudio, das Harket 1995 in Brasilien besuchte und wo er, vornüber gebeugt, die Worte sagte: „Ich glaube, wir hatten genug softe Songs.“

„The World outside Eden"
(Text: Håvard Rem)

Blindfolded they'll shout
You won't know what it's about
There'll be nothing but doubt
Time's running out
For the world outside Eden

You'll confuse near from far
You won't know who you are
If you gaze at the stars
At the giggles and games
The fortune and fame
And you won't live to tell
About your life in that hell
Of a world outside Eden

It's just a latter-day Rome
There's no happy home
There's no faithful wife
There's no meaning of life
In the world outside Eden

Here's no room for retreat
No surrender, no defeat
It's too late to turn
'Cause soon it's gonna burn
Outside Eden

Begrabe mein Herz in Osttimor

Am 10. Mai 1993 landet Morten auf dem Flughafen in Nizza, der sich ganz am Ende der langgestreckten Strandlinie befindet, wo warme, runde Steine in den Dünungen des azurblauen Mittelmeers ruhen. Er fährt weiter nach Monte Carlo, wo a-ha zwei Tage später bei den World Music Awards zum Playback von „Dark is the Night" gute Miene machen sollen. Veranstaltungsort der Show ist der Monte Carlo Sporting Club. Kylie Minogue kündigt die Norweger an, und Michael Jackson in der ersten Reihe, mit Hut, Pilotensonnenbrille und einem Kind auf dem Schoß, wippt mit dem Fuß den Takt. Morten betritt in heller Jeansweste und brauner Lederhose die Bühne. Sowohl Fürst Albert als auch Jackson klatschen eifrig, nachdem der letzte Ton in den Saal und die Wohnzimmer der Fernsehzuschauer gedrungen ist. Aber es sind nicht „Dark is the Night", Michael Jackson oder der Fürst, die für Mortens weiteren Weg wichtig werden sollten. Während des Aufenthalts in Monte Carlo bekommt er in seinem Hotelzimmer nämlich Besuch. Eine kanadische Professorin klopft an seine Tür. In dem klassischen Luxushotel Hôtel Hermitage, an dessen Errichtung unter anderem Gustave Eiffel – besser bekannt als Erbauer des Eiffelturms – mitgewirkt hat. Die Frau reist umher und berichtet Menschen von der Situation des Volks in Osttimor, einem kleinen Land, das vom Nachbarstaat Indonesien besetzt und geknebelt wird.

„Es klopft nie jemand an meine Hotelzimmertür. So erreicht man mich nicht, weshalb ich dachte, es wäre ein Hotelangestellter oder so", sagt Morten.

Zur Aufklärung: Morten wohnt im Hotel selten unter seinem richtigen Namen.

„Man lernt ein paar Kniffe, um den Teil des Daseins zu bewahren, der an ein Privatleben erinnert, weshalb niemand einen Grund hat, an diese Tür zu klopfen, es sei denn infolge eines Irrtums. Und da öffne ich nicht, weil sie nicht mich suchen. Dieses Mal aber machte ich die Tür auf."

Davor steht nicht der Oberkellner, sondern eine erwachsene Frau, die offensichtlich kein übereifriger Fan ist, der die Sicherheitsschleusen überlistet hat.

Osttimor, das krokodilförmige Land, das den östlichen Teil der Insel Timor ausmacht, befindet sich zwischen Indonesien im Norden und Australien im Süden. Osttimor ist ein junges, ein bettelarmes, von einem Guerillakrieg verwüstetes Land. Das Volk lebt unter der Armutsgrenze, und das Bildungsniveau ist gering. Ab dem 19. Jahrhundert unterstand das Land Portugal, und abgesehen von den drei Jahren zwischen 1942 und 1945, als die Japaner die komplette Insel besetzt hatten, war Osttimor eine portugiesische Kolonie – bis 1975. Das Verhältnis zwischen den Timorern und Portugal war alles andere als rosig. Seit dem 16. Jahrhundert schienen sich die Portugiesen vor allem für die fruchtbaren Berghänge in dem kleinen Land zu interessieren, die von sogenanntem Sandelholzwald bedeckt waren. Der Geruch von Sandelholz ist stark und findet sich oft als Nuance in Parfüms, weshalb die Portugiesen Möglichkeiten sahen, in dem isolierten Land viel Geld zu verdienen. In den 1920er Jahren waren die Sandelholzwälder jedoch beinahe ausgerottet. Obwohl die Osttimorer bereits im 19. Jahrhundert versucht hatten, sich gegen die Kolonialherren aufzulehnen, kam erst 1974 Bewegung in die Sache. Die Militärregierung Portugals wurde abgesetzt. Das sorgte in Osttimor allerdings nicht für Harmonie und Ruhe, zahlreiche neue politische Parteien schossen wie Pilze aus dem Boden und wollten die Macht an sich reißen, woraufhin sich zwischen den beiden einflussreichsten Parteien Osttimors, der UDT (União Democrática Timorensa) und der Fretilin (Frente Revolucionária do Timor Leste Independente) ein kurzer Bürgerkrieg entwickelte, der im November 1975 endete. Daraufhin übernahm die Fretilin die Macht, und Osttimor wurde zu einem selbstständigen Staat erklärt. Die

Freude war jedoch von kurzer Dauer. Bereits einen Monat später fielen indonesische Streitkräfte in das Land ein. Die Annektierung wurde von den Vereinten Nationen nie anerkannt, und Indonesien wurde mehrfach aufgefordert, sich aus Osttimor zurückzuziehen – ohne Ergebnis. Indonesien behauptete hartnäckig, dass Osttimor als eine indonesische Provinz zu betrachten sei. In den folgenden 24 Jahren starben in einer langen und zermürbenden Serie von Übergriffen 200.000 Osttimorer. Die Vereinten Nationen forderten erneut Indonesiens Rückzug, das Land, das sich 1945 bereits Westtimor einverleibt hatte, ignorierte jedoch alle Beschlüsse und Resolutionen. Der amerikanische Autor, Philosoph und politische Aktivist Noam Chomsky schrieb im Sommer 1994 in einem Artikel im *Guardian*, dass es sich bei dem Übergriff Indonesiens auf Osttimor womöglich um den größten und grauenhaftesten Völkermord seit dem Zweiten Weltkrieg handele. Erst 1999 gab Indonesien die Annektierung Osttimors auf, jedoch sollten noch drei weitere Jahre vergehen, bis das Land selbstständig war.

Die Welle aus Engagement und aufkommendem Aktivismus für Osttimor, deren Teil Morten in den 1990er Jahren wurde, hatte ihren Nährboden in einem konkreten Ereignis, das sich am 12. November 1991 in der Hauptstadt Dili zutrug und als Santa-Cruz-Massaker oder Dili-Massaker bekannt wurde. Groteske Szenen hatte es in dem bettelarmen Land bereits früher zuhauf gegeben, der Unterschied dieses Mal war jedoch, dass sich drei westliche Journalisten inmitten der Geschehnisse befanden: die Amerikaner Allan Nairn und Amy Goodman sowie der britische Fernsehjournalist Max Stahl. Stahl, der im Laufe seiner Karriere sowohl Programmleiter für eine Kindersendung als auch Korrespondent im libanesischen Beirut war, fing alles mit der Kamera ein. Es waren diese blutigen Aufnahmen, die viele Menschen weltweit auf Osttimor aufmerksam machten. Über eine wacklige Skype-Verbindung von seiner Basis in Osttimor berichtet der nunmehr 64-jährige Stahl Folgendes:

„Ich war damals seit gut zweieinhalb Monaten in Osttimor. Das war zu einer Zeit, als sie kaum Leute hineinließen, weshalb ich mich als Tourist ausgab. Es gelang mir, eine Kamera mit rein zu bekommen." In dem Zimmer, in dem er mit, einem braunen Hemd bekleidet, sitzt, füllen Ordner und Bücher ein geräumiges Regal. Auf der anderen Seite hängt eine Weltkarte, und wie auf den meisten anderen Weltkarten liegt Osttimor leicht verschlafen im Meer in der rechten unteren Ecke – wie eine verlassene, einsame Schwalbe oder ein Krokodil. Durch sein geöffnetes Bürofenster ist ab und an ein hupendes Auto zu hören.

Stahl führt ein Leben auf Reisen, auf der Suche, mit seiner Kamera will er Geschichten erzählen – am häufigsten aus Kriegsgebieten. Er ist Sohn eines britischen Botschafters und Diplomaten und einer Schwedin, deren Vater wiederum von 1948 bis 1972 Direktor der Nobelstiftung war – Nils Ståhle. Stahl, der auf den Namen Christopher Wenner getauft ist, hat vielerorts auf der Welt gelebt. Aufgrund seiner Tätigkeit als „Dokumentator" wurde er, eigenen Aussagen zufolge, in Russland mit dem Tod bedroht und war in Beirut 18 Tage vermisst, bis er unversehrt wieder auftauchte.

„Faktisch waren es einige Fotografien aus Osttimor, die 1974 von der Kanadierin Elaine Briere aufgenommen wurden, die mein Interesse für das Land geweckt hatten. Ich wollte an einen Ort reisen, an dem zuvor noch nicht so viele gewesen waren, und dachte ursprünglich daran, einen Spielfilm zu machen. Allerdings begriff ich schnell, dass es sehr schwer werden würde, überhaupt einen Film von Osttimor zu machen. Die indonesischen Soldaten verfolgten mein Tun, wollten wissen, mit wem ich spräche, wohin ich ginge. Meine Anwesenheit stresste sie, zu der Zeit gab es dort kaum Ausländer."

Wir spulen vor zu dem verhängnisvollen Novembertag 1991. Zwei Wochen zuvor hatte ein junger Student – Sebastião Gomes – in Dili sein Leben verloren, von indonesischen Streitkräften ermordet, weil er sich am Befreiungskampf für Osttimor beteiligt hatte. Es wurde ein Gedenkmarsch für Gomes arrangiert, eine anfangs stille und friedliche Demonstration. Der gut zwei Kilometer lange Marsch verlief von der ältesten katholischen Kirche der Stadt, Motale, zu dem kleinen pittoresken Friedhof Santa Cruz. Der Himmel war zart blau, der Friedhof von weißen Steinmauern umgeben; die Grabsteine sind in dieser Gegend oft weiß oder hellblau. Als der Marsch bereits eine Weile lief, tauchten indonesische Streitkräfte auf, grün gekleidete Soldaten mit Maschinengewehren. Auf Stahls Videoclip, der später um die Welt gehen sollte, ist in den Gesichtern der Teilnehmer Verzweiflung zu sehen. Von der Ladefläche eines LKW eröffnen die Soldaten das Feuer, bevor sie herunterspringen und sich auf die Timorer zu bewegen. Die Menschen rennen und verstecken sich auf dem Friedhof von Santa Cruz. Um sie herum hagelt es Schüsse. Soldaten wedeln mit ihren Bajonetten. Stahl rollt sich zum Schutz hinter einem Grabstein zusammen. Auf einer der Aufnahmen sieht man einen Soldaten direkt in die Kamera schauen und mit einer strengen wedelnden Handbewegung signalisieren, dass Stahl die Kamera ausschalten solle. Er aber filmt weiter. Währenddessen zieht eine neue Salve von Schüssen an einer anderen Stelle des Friedhofs die Aufmerksamkeit des Soldaten auf sich. Stahl weiß: Sollte es ihm gelingen, diese Aufnahmen außer Landes zu bringen, würde die Welt zum ersten Mal sehen, wie die indonesischen Streitkräfte die Timorer massakrierten. Aufgrund der Gefahr, gefasst zu werden, erfolgten die Aufnahmen durchweg im Bereich unterhalb der normalen Augenhöhe, beinahe aus der Froschperspektive. Er geht nah an einen blutenden Jungen heran, dem mehrfach in den Bauch gestochen worden war. Das Blut klebt an seinem weißen Hemd, und die Augen rollen langsam nach oben. Ein anderer Mann wurde in den Fuß geschossen und hinkt durch den trockenen Schotter, der zwischen den Grabsteinen Staub aufwirbelt.

„Einige wurden beim Weglaufen erschossen, andere auf dem Friedhof. Es war wie in einer Kriegssituation, ich dachte, meine letzte Stunde wäre gekommen“, sagt Stahl.

Alle, die dort – und nicht bereits tot – waren, wurden in die kleine weiße Kapelle auf dem Friedhof gejagt. Dort drinnen lagen verletzte und zu Tode erschrockene Menschen und beteten für ihr Leben. Kurz bevor auch er in die Kapelle gedrängt wurde, machte sich Stahl fieberhaft daran, in dem trockenen Schotter bei seinem Versteck hinter dem Grabstein zu buddeln. Verzweifelt grub er mit den

Fingern ein ausreichend großes Loch, um darin zwei Videokassetten zu verstecken, die er in seiner Kamera hatte. Die sollten die Soldaten nicht bekommen. Er schaffte es, die Aufnahmen rechtzeitig zu vergraben. In der Kapelle wurde Stahl gefesselt und anschließend zum Verhör in ein Militärlager gebracht. Auf der Strecke des Gedenkmarsches sowie auf dem Friedhof lagen etwa 250 Tote. Daneben wurden über 500 Menschen in ein Militärkrankenhaus gebracht. Stahl wurde zehn Stunden lang verhört. Als der überaus dunkle Tag jedoch im Begriff war, zur Nacht zu werden, ließ man ihn frei. Da war es 23 Uhr. In der Dunkelheit schlich er sich auf den Friedhof zurück, machte den Stein ausfindig, hinter dem er sich versteckt hatte, und grub die beiden Kassetten wieder aus. Dann eilte er von dannen. Jetzt ging es an die Arbeit, die Aufnahmen außer Landes und zu den Fernsehstationen zu befördern.

„Ich musste an ein Fahrzeug kommen, ohne dass die Indonesier Wind davon bekamen. Nach zweieinhalb Monaten vor Ort hatte ich insgesamt 15 Bänder. Als Erstes kam ich in Kontakt mit einem Typen aus Japan, der zwei Kassetten mitnahm. Daneben nahm eine Niederländerin einige Tapes mit nach Hause. Den Rest packte ich ein, als ich Osttimor verließ. Ich reiste zuerst nach Bali und verhielt mich ruhig, um keine Aufmerksamkeit zu erregen."

Dann ging es für Stahl weiter nach Bangkok, von wo aus er die restlichen Aufnahmen an seinen Arbeitgeber schickte – Yorkshire Television in Leeds. Zu diesem Zeitpunkt verbreiteten sich die Bilder bereits weltweit.

Springen wir zwei Jahre nach vorn und zu der Frau, die an Mortens Hotelzimmer klopfte. Sie hieß Maureen Davies, später Maureen Martin, und war Juraprofessorin an der Carleton University im kanadischen Ottawa. Lange vor Stahls grausamen Bildern, bereits seit 1985, hatte es in Kanada seitens Gruppierungen Ansätze gegeben, auf die Situation in Osttimor aufmerksam zu machen, was jedoch wenig erfolgreich war. Davies war 1986 an der Gründung des East Timor Alert Network beteiligt gewesen. 1993 fuhr sie mit einem Ziel vor Augen nach Monte Carlo: Morten – einen Weltstar – ins Team zu holen. Die Kampagne brauchte ein Gesicht, und Auftrieb.

„Sie stand seit langem für Osttimor auf den Barrikaden und hatte es eigentlich aufgegeben, politisch korrekt vorzugehen. Dann kontaktierte sie solche wie mich. Sie musste versuchen, größere Aufmerksamkeit bei der Bevölkerung zu erregen, um wiederum Änderungen erzwingen zu können. Sie brauchte Prominente", erzählt Morten. „Ich erinnere mich sehr gut an die Szenerie, weil sie merkwürdig war. Merkwürdig, weil ich damit nicht so umging, wie ich es üblicherweise getan hätte. Dort steht eine Dame, ansprechend in ihrem Wesen, und es sollte sich herausstellen, dass ihr Anliegen mit ganz anderen Dingen zu tun hatte."

Der Versuch, die Aufmerksamkeit auf die Grausamkeiten in Osttimor zu lenken, gelingt Davies an diesem Abend. Morten schärft die Sinne, hört zu. Das Engagement frisst sich in Kopf und Herz. Das Gespräch dauert den ganzen Abend an, zudem bekommt Morten von der Kanadierin ein Buch. Es ist José Ramos-Hortas *Funu: The Unfinished Saga of East Timor* (1986). José Ramos-Horta war zu diesem Zeitpunkt der im Exil lebende Außenminister Osttimors.

„Dieses Buch löst in mir eine heftige Reaktion aus, auf einem zuvor nie gekannten Niveau. Zu diesem Zeitpunkt lasse ich alles fallen, womit ich beschäftigt bin. Selbstverständlich mache ich mit der linken Hand andere Sachen, die von allein laufen, jedoch ist es das, was ich von nun an für lange Zeit mache – zu 100 Prozent."

Morten ist nicht der erste Popstar, der sich in dieser Materie bewegt. Dass der INXS-Frontmann Michael Hutchence, der 1997 in einem Hotelzimmer in Sydney starb, ein heftiges und ausschweifendes Leben führte, ist wohlbekannt. Dass er ein politischer Aktivist war, zumindest im Stillen, ist eine weniger bekannte Seite des Australiers. Bereits in den Achtzigern sprach er in Interviews über Osttimor und tat in vielerlei Hinsicht ein Stück weit das, was Harket in den Neunzigern machte. Er versuchte, Personen mit Macht anzuwerben, Promifreunde, wie Bono, und wurde 1994 mit einem schwarzen T-Shirt mit der Aufschrift „Free" und der Flagge von

Osttimor darunter abgebildet. Auch andere Persönlichkeiten wie die britische Schauspielerin Julie Christie wurden rekrutiert.

Am Tag nach dem Besuch im Hotelzimmer rief Morten seinen Freund, den in Norwegen wohnhaften Isländer Sigurjon Einarsson an: Morten brennt darauf, sich für die Timorer zu engagieren, gegen die Ungerechtigkeit, und fragt, ob Einarsson mit an Bord sei. Ins Boot holen sie auch den in Norwegen lebenden deutschen Fernsehjournalisten und ehemaligen Pfarrer Jochen Schilde. Kurz nach Mortens Rückkehr nach Hause treffen sich die drei in Oslo im Theatercafé.

„Jochen hatte ich einige Jahre zuvor durch meinen Bruder Håkon kennengelernt. Ich wusste, dass er Aktivist ist. Er hatte unter anderem Waffenexporte von Deutschland nach Burma aufgedeckt. Und er trug dazu bei, Salman Rushdie aus seinem Versteck zu holen.[5] Er war es auch, der dafür sorgte, dass die Chinesin Chai Ling, die 1989 eine der Anführerinnen der Studentenproteste auf dem Platz des Himmlischen Friedens war, ihren Verlobten wiedersehen konnte – in der Wohnung von Bjørn Eidsvåg! Und mit mir als Gast. Das war völlig absurd“, sagt Harket und lächelt. Dann wechselt er seine Tonlage in einen norwegisch-deutschen Akzent.

„Jochen rief mich an und sagte: ‚Morten, das ist eine Blamage! Chai Ling kommt nach Norwegen, ist als Ehrengast zur Verleihung des Nobelpreises eingeladen, aber keiner von der Regierung will sie treffen. Sie wagen es nicht. Kannst du ihr Kavalier sein?‘“

Morten sagte zu, und in den Archivaufnahmen von NRK von der Preisverleihung sieht man ihn mit langem Mantel, Pferdeschwanz und einem dünnen Schal um den Hals, wie er in der frostigen Dezemberkälte auf der Treppe des Osloer Rathauses Ling schützt.

„Besonders erinnere ich mich daran, dass zur selben Zeit, als wir auf dem Rathausplatz aus dem Auto stiegen, Ministerpräsidentin Brundtland ankam, jedoch einen großen Bogen um uns machte. Es wirkte so, als wolle sie von den Kameras absolut nicht zusammen

5 1989 belegte der damalige Anführer des Iran, Ayatollah Khomeini, Rushdies Buch *Die Satanischen Verse* mit einem Bann (Fatwa) und verurteilte den Autor und Herausgeber zum Tode. Rushdie musste sich unter Polizeischutz verstecken.

mit Ling eingefangen werden. Aufgrund des Verhältnisses zu China, selbstverständlich."

Schildes Deutsch-Norwegisch schallt durchs Telefon, als ich ihn in seinem Zuhause auf der Insel Malmøya erreiche.

„Osttimor war in ganz Europa ein Un-Thema, sowohl in Deutschland als auch in Norwegen, überall", sagt er und merkt an: „Und es ist ein unglaublich schönes Fleckchen, ein verdammtes Tropenparadies."

Maureen Davies vom Hotelzimmer in Monte Carlo verschwindet ein Stück weit von der Bildfläche, aber Morten und Co. haben eine Ambition: Im Westen Aufmerksamkeit für Osttimor erzeugen. Morten verspürte die gleiche Überzeugung, die er anfangs mit a-ha hatte; er wusste lange vor der Abreise nach London, dass die Band ihren Durchbruch schaffen würde. Jetzt verspürte er das gleiche Gefühl; diese Übergriffe würden ein Ende haben, allerdings müsste jemand die Arbeit machen.

„Es ist beinahe so, als hätte ich in dem Moment beschlossen, dass das aufhören soll. Ich weiß nicht, von wo in mir das kommt, aber da bricht diese Veränderungskraft durch. Die Gewissheit, dass sich die Welt verändern lässt. Und das finde ich enorm interessant, denn das sagt etwas über uns Menschen. Selbstverständlich bin ich nicht der Einzige, dem es so geht. Ich betrachte mich nicht als hellsichtig, damit hat das nichts zu tun."

Morten macht sich ans Werk, engagiert sich. Er versucht, mit Machtmenschen in Kontakt zu kommen, mit Politikern verschiedener Ebenen. In Norwegen und im Ausland. Kurz gesagt: Lobbyismus. Die Aufgabe ist jedoch überwältigend. Der im April des Vorjahres ausgebrochene, blutige Bosnien-Krieg wütet und erlangt Aufmerksamkeit in den Medien. Osttimor ist zu weit weg, den meisten Menschen unbekannt – auch der Presse –, und die Politiker wollen die Angelegenheit schlicht und einfach nicht diskutieren. Eine Reihe von Maßnahmen wird in Erwägung gezogen.

„Relativ am Anfang des Ganzen kontaktierte ich Jochen, um mit ihm abzuklären, wie wir an ein großes Schiff gelangen könnten.

‚Wie groß soll es sein?‘, entgegnete er und holte einen schwarzen Terminkalender hervor. Die Idee war, dass das Schiff direkt vor der Küste Timors in internationalem Fahrwasser liegen würde, und von dort aus sollten, in Verbindung mit Demonstrationen Konzerte und Appelle als Live-Sendungen für das Fernsehen produziert und via Satellit weltweit ausgestrahlt werden, ergänzt durch Beiträge von Aktionsgruppen andernorts auf dem Globus. Also ein bisschen so wie ein globaler Piratensender“, sagt Morten.

Alsbald gründeten Morten, Jochen, die Frau des ehemaligen norwegischen Ministerpräsidenten Randi Bratteli sowie ein paar andere eine Gruppe, die für Osttimor arbeiten sollte. Jochen wies zeitig darauf hin, dass die beste Möglichkeit, die Welt dazu zu bringen, ihren Blick auf das krisengebeutelte Osttimor zu richten, darin bestünde, wenn das Land den Friedensnobelpreis bekäme. Morten seinerseits hatte früh die Achillesferse des Konflikts ausgemacht: seine Unbekanntheit, und dass es sich um einen verborgenen Konflikt handelte, den zu verschweigen auch die Mächtigen der Welt einen Beitrag geleistet hatten.

Während sich in dem Jahr – 1993 – die Juliwärme über das Land ausbreitet und die meisten Norweger an Sonne und Wassertemperaturen interessiert sind, übt Morten Druck auf Ministerpräsidentin Gro Harlem Brundtland aus. Mehrfach fährt er in den Medien Geschütze gegen sie auf. Als Erstes greift er die Lage von drei Flüchtlingen aus Osttimor auf. Florencio, José und Porfirio hatten sich im Juli acht Tage in der Schwedischen Botschaft im indonesischen Jakarta versteckt. Die drei wurden von der indonesischen Besatzungsmacht verfolgt. Schließlich gelang es ihnen, einen Brief aus der Botschaft zu schmuggeln. Darin stand: „Das Militär und die Schwedische Botschaft versuchen unablässig, uns zu zwingen, per Unterschrift Garantien anzuerkennen, die sie ohne unsere Beteiligung ausgearbeitet haben. Bitte helfen Sie uns, Indonesien sicher zu verlassen.“ Nach acht Tagen setzten die Schweden die drei, die sich sowohl physisch als auch psychisch in schlechter Verfassung befanden, vor die Tür. In der *VG* ließ Morten Folgendes verlauten: „Die drei kämpfen um ihr Leben. Sie repräsentieren ein Volk, das 18 Jahre mit einem scheinbar hoffnungslosen Kampf gegen eine brutale Übermacht erlebt hat. Die Schweden haben fatal versagt. Nun hoffe ich inständig, dass Gro Harlem Brundtland ihnen helfen kann." Im Herbst desselben Jahres – 1993 – landet José Ramos-Horta auf dem Bergener Flughafen und wird zur Handelshochschule im Gebiet Ytre Sandviken gefahren. Dort soll er eine Vorlesung über die Situation in seinem Geburtsland – Osttimor – halten und in Vertretung des timoresischen Volkes den Raftopreis entgegennehmen. Bis dato hatte Horta den Großteil seines Erwachsenenlebens darauf verwendet, für die Befreiung seines Heimatlandes von Unterdrückung zu kämpfen. Warum rollt der Ball gerade in Richtung Bergen und Norwegen? Dafür gibt es mehrere Gründe.

1989 zog der Grieche Yiannis Tavridis nach Norwegen. In seinem Gepäck hatte er unter anderem eine politische Zeitschrift. Diese enthielt einen größeren Artikel über den vergessenen Konflikt, der sein Interesse weckte. Als er sich auf die Suche nach mehr Informationen über Osttimor begab, stellte er fest, dass über das Land verschwindend wenig geschrieben wurde.

„Zu dieser Zeit war es wohl nur der eine oder andere Artikel in der *Klassekampen*", sagt Tavridis. „Als ich an der Universität in Bergen mein Studium der Vergleichenden Politikwissenschaft begann, wuchs mein Interesse an Osttimor. Der Hauptgrund für mein Engagement war ein Stück weit die Erinnerung an die türkische Invasion Zyperns in den Siebzigern. Da gab es deutliche Parallelen."

Späterhin nahm Tavridis Kontakt zu osttimoresischen Exilpolitikern der Befreiungspartei Fretilin in Portugal auf, informierte Menschen in Norwegen über die Situation Osttimors, hielt Vorträge für die Hilfsorganisation SAIH, suchte den Kontakt zu Lokalpolitikern und holte Menschen aus Osttimor und Indonesien nach Norwegen, um dort über die Lage zu sprechen.

Zusammen mit der Journalistin Elisabeth Eide und dem Sprachwissenschaftler Lars S. Vikør bildete er eine Zeit lang den Kern einer Gruppierung, die aktivistisch für Osttimor tätig war. Sie waren es, die Horta als Kandidaten für den Raftopreis ins Gespräch brachten. Später gehörte Tavridis zu den Gründern des sogenannten „Beirats für Osttimor". Zur ersten „Begegnung" zwischen Tavridis und Morten Harket kam es 1993 in einer Hotellobby auf Bryggen in Bergen.

„Das ist in der Tat eine ganz amüsante Geschichte. Das war an dem Tag, an dem auch der Raftopreis verliehen wurde, und ich saß mit Horta in der Hotellobby und interviewte ihn für die Zeitschrift, die wir zu dieser Zeit hatten – *X*. Plötzlich kommt ein Mann in die Lobby, und es wird ein bisschen laut, Horta unterbricht das Interview und spricht mit ihm. Ich hatte noch immer keine Ahnung, wer er war", erzählt Tavridis und lacht. „Ich kannte ein bisschen was von seiner Musik, begriff anfangs aber nicht, wer das war."

Hier muss eingeworfen werden, dass die erste Begegnung zwischen Horta und Morten ganz ähnlich verlief. Horta, der zu diesem Zeitpunkt relativ unbekannt war, stimmte einem Treffen mit Morten während einer Zwischenlandung in London zu. Horta glaubte zuerst, er solle einem Aktivisten begegnen. Im Laufe des Gesprächs auf britischem Boden kamen jedoch ständig Leute an ihren Tisch und wollten ein Autogramm von diesem Aktivisten.

„Ich erinnere mich, dass Morten anrief, als ich in Genf war. Ich wollte nach Sydney fliegen und hatte einen Zwischenstopp in London. Wir verabredeten, uns in Heathrow zu treffen. Er war sehr großzügig, ein großer Star, der nach Heathrow rausfuhr, um einen unbekannten Typen wie mich zu treffen", erzählt José Ramos-Horta.

Und Morten:

„Ich erinnere mich, dass er bei unserer ersten Begegnung ein bisschen wie ein Fragezeichen aussah – er wirkte leicht verwirrt. Man darf nicht vergessen, dass er bereits so viele Jahre Teil des Ganzen war, in seinem Kampf für Osttimor befand er sich an einem anderen Punkt, auch wenn wir auf derselben Seite standen. Ich brauchte auch etwas Zeit, um zu verstehen, dass Horta für die Leute in Timor ein Ausländer war. Während des Massakers war er nicht vor Ort gewesen, er war kurz zuvor abgereist – um die Welt zu alarmieren."

Zurück in Bergen – am 4. November 1993. Einige Stunden nach der Zusammenkunft in der Hotellobby fährt ein mit Anzug bekleideter Morten Harket zur Handelshochschule, um bei der Verleihung des Raftopreises an Horta, in Vertretung seines Volks, als Laudator aufzutreten. Im Saal der Hochschule sagte Morten an diesem Tag unter anderem: „Das ist ein Zeichen von Optimismus und ein Signal dafür, dass Veränderungen im Gange sind. Endlich gibt es in dieser Angelegenheit eine norwegische Initiative, zumal Norwegen bisher wenig Grund hatte, stolz auf seinen Einsatz zu sein.“ Mit den Händen auf dem Rednerpult ruhend, sagte Morten weiter, dass 200.000 Menschen liquidiert worden seien und dass Indonesien ungehemmt in Osttimor wüten könne. „Keiner hat einen Finger erhoben“, ließ er wissen, bevor Horta das Podium betrat. Zu einem späteren Zeitpunkt des Abends begaben sich Horta, Morten und der Rest des Raftopreis-Gefolges ins Bergener Theater, Den Nationale Scene, wo die eigentliche Preisverleihung stattfand, wobei Morten zusammen mit Egil Rafto den Preis an Horta überreichte.

„Der Raftopreis war der erste Durchbruch“, sagt Horta heute. Von dem Abend in Bergen erinnert er sich an Folgendes: „Ich entsinne mich, dass bei der eigentlichen Gala bestimmt 600 Menschen anwesend waren. Und ich erinnere mich, dass Morten eine Rede gehalten und gesungen hat.“

Wie die verschiedenen Gruppierungen in Norwegen nach der Verleihung des Raftopreises arbeiteten, weiß Tavridis zu berichten:

„Es gab zwei Pfeiler, die aktivistische Seite und die elitärere Front. Diese beiden Gruppen arbeiteten aber auch zusammen. Ich hatte viel Kontakt zu Morten, vor allem in den Jahren 94, 95 und 96.“

In diesen Jahren übte Morten, was Osttimor betrifft, in den Medien weiterhin Druck auf Gro Harlem Brundtland aus. Für September 1995 war eine Reise der norwegischen Ministerpräsidentin nach Indonesien geplant, wobei sie eine Gruppe von Führungskräften aus der Wirtschaft, darunter von Hydro und Statoil, begleiten sollte. Unter dem Meeresboden des Timorsees lagert nämlich schwarzes Gold. „Fahr nach Indonesien, Gro, aber sprich mit der Regierung des Landes nicht übers Geschäft, bevor du nicht eine klare Ansage gemacht hast, dass sie die Besetzung Osttimors aufgeben müssen", appellierte Morten im August in einem *VG*-Interview. Im selben Atemzug erinnerte er daran, dass infolge der indonesischen Besatzung rund 200.000 Menschen ermordet worden seien – was etwa einem Drittel der Bevölkerung entsprach.

Aber erst im Dezember 1996 kommt die Belohnung. Da sagt die Moderatorin des Nobelkonzerts in Oslo, Lise Fjeldstad, Folgendes zum Publikum vor Ort im Nationaltheater und an den heimischen Fernsehbildschirmen: „Von den Kämpfen der Timorer haben viele Menschen erst durch unseren nächsten Künstler erfahren." Dann präsentiert Morten Harket zusammen mit Tata Mai Tau, einer Gruppe von Sängern aus Osttimor, seinen Song „East Timor". Die ersten drei Sänger betreten mit Feuerschalen die Bühne, aus denen Flammen aufsteigen. Was das Publikum im Saal und zuhause vor den Fernsehgeräten nicht weiß, ist, dass eine dieser Schalen hinter der Bühne des Nationaltheaters Feuer gefangen und einen kleinen Brand ausgelöst hatte. Nachdem sich die Dramatik jedoch gelegt hatte, konnten Morten, Sigurjon, Yiannis und die anderen, die für Osttimor gekämpft hatten, endlich feiern, dass sie es geschafft hatten; der mutige Friedensbischof Carlos Filipe Ximenes Belo und der als unermüdlicher Diplomat geltende José Ramos-Horta waren mit dem Friedensnobelpreis ausgezeichnet worden.

Was also war in diesen drei Jahren dazwischen eigentlich geschehen? Über das Wissen um Osttimor im Norwegen der Neunzigerjahre sagt Horta Folgendes:

„Zu dieser Zeit gab es in Norwegen sehr wenig Kenntnis über Osttimor. In der Anfangsphase gelang es mir nicht, auch nur einen einzigen prominenten Politiker zu treffen, jedoch war ich sehr gerührt, als ich die Nachricht erhielt, dass Bischof Gunnar Stålsett, der damals Mitglied des Nobelkomitees war, mich treffen wollte."

Der Weg zum Friedensnobelpreis war lang. Für Sigurjon und Morten war er unter anderem mit einem Flug nach Island verbunden. Wir schreiben Anfang 1994. Um jemanden für den Friedensnobelpreis zu nominieren, muss man Abgeordnete finden, die den beziehungsweise die Kandidaten nominieren können. In Norwegen standen Sigurjon und Morten vor vielen verschlossenen Türen. Brundtland befand sich in der Schlussphase ihrer dritten Amtszeit als Ministerpräsidentin, und Bjørn Tore Godal war Außenminister. In Island nahmen Sigurjon und Morten Kontakt zur Frauenpartei auf. Die Isländer hatten bei den Vereinten Nationen Osttimor nämlich immer unterstützt. Inselstaaten halten zusammen. Kristín Ástgeirsdóttir, die viele Jahre später Leiterin des isländischen Gleichstellungszentrums werden sollte, empfing Morten und Sigurjon in ihrem Büro in der Austurstræti 14, mitten im Zentrum von Reykjavik. Hilfreich war selbstverständlich auch, dass der Bruder von Ástgeirsdóttir mit Sigurjons Schwester verheiratet war. Nach dem Treffen sandte die durch sie repräsentierte Frauenpartei eine Resolution an das isländische Parlament, worin der Außenminister aufgefordert wurde, Osttimor sowohl bei den Vereinten Nationen als auch an anderen Stellen zu unterstützen. Drei der insgesamt fünf Mitglieder der Frauenpartei schrieben 1994 auch einen Brief an das Nobelkomitee mit der Aufforderung: Gebt Horta den Preis!

„Es war in der Partei, oder der Allianz, wie wir es nannten, verankert, den Freiheitskampf anderer kleinerer Inselnationen zu unterstützen und nicht zuletzt: immer für Menschenrechte zu kämpfen“, erzählt Ástgeirsdóttir.

Sie hatte mehrere gute Gründe, sich für Osttimor einzusetzen, nicht nur, um dem Anliegen eines Popstars und eines Bekannten der Familie zum Durchbruch zu verhelfen. In diesem Zeitraum war sie auch Mitglied des Europarates und war 1992 mit ihrem Komitee nach Portugal gereist, um in Lissabon ein Zentrum für Flüchtlinge aus Osttimor zu besuchen. Das hatte Eindruck auf Ástgeirsdóttir gemacht. Viele der Timorer, denen sie dort begegnete, hatten viel Zeit in indonesischen Gefängnissen verbracht.

„Als Morten und Sigurjon erstmals Kontakt zu mir aufnahmen, wusste ich somit bereits einiges über die Situation in dem Land“, so Ástgeirsdóttir.

„Indonesien hatte Macht und Einfluss in Europa, und viele Politiker hatten Angst, in die Sache hineingezogen zu werden. Sie meinten, Handelsverträge und Investitionen könnten auf dem Spiel stehen. Wir durften in den Ministerien mit Beamten sprechen, die den Treffen aus Gründen der Höflichkeit zugestimmt hatten, zusammen mit Horta gingen wir von Termin zu Termin, jedoch gab es keinen, der wirklich willens war, für und mit uns zu kämpfen. Auch deshalb wandten wir uns an Island, nachdem Island auch Osttimors ziemlich hoffnungslosen Kampf bei den Vereinten Nationen unterstützt hatte, wo Horta Repräsentant war", erzählt Sigurjon.

„Bis zu welcher Ebene des politischen Norwegens seid ihr vorgedrungen?"

„Wir kamen in Kontakt mit dem ehemaligen Parlamentsabgeordneten und Leiter der Kristelig Folkeparti, Kåre Kristiansen. Von 1991 bis 1994 saß er im Nobelkomitee, da jedoch als Vertreter der FrP. Kåre hörte uns an, und wir wissen, dass er bei seinen Leuten ein gutes Wort für uns und die Sache eingelegt hat. Einige Tage vor der Bekanntgabe des Friedensnobelpreisträgers von 1995 gab Kåre uns Bescheid, dass Horta auf der Top-5-Liste stehe, wozu er eigentlich keine Erlaubnis hatte."

Der Insidertipp von Kristiansen, dem Israel-Freund und Abtreibungsgegner, der sich im Jahr zuvor – 1994 – aus Protest gegen die Verleihung des Friedensnobelpreises an Jassir Arafat aus dem Nobelkomitee zurückgezogen hatte, führte dazu, dass sich Morten und Sigurjon ins Zeug legten und Horta 1995 nach Oslo einfliegen ließen. Auch der Norwegische Rundfunk NRK hatte einen Tipp hinsichtlich einer möglichen Preisvergabe an Horta und Osttimor erhalten und lud Morten, Horta und Sigurjon früh genug vor Bekanntgabe des Preisträgers durch das Nobelinstitut aufs Studiogelände in Marienlyst ein, um den Augenblick der Freude mit der Kamera einzufangen. Die Luft bebte regelrecht vor Spannung. Aber, nein. Es gab an diesem Tag keine von Horta angeführten Szenen der Freude. Der Leiter des Nobelkomitees, Francis Sejersted, präsentierte die sogenannte Pugwash-Bewegung aus Kanada, eine für kernphysische Abrüstung arbeitende Forschergruppe, und deren

Leiter, den gebürtigen Polen mit britischem Pass Józef Rotblat als Preisträger.

„Es hat damals nicht geklappt, zu unserer und zu Hortas großen Enttäuschung. Er hatte zuvor bereits so viele Enttäuschungen erlebt und trug es mit Fassung, jedoch konnten wir die Enttäuschung in seinen Augen sehen. Da er mit Blick auf die Sache, für die er kämpfte, 1995 so nah dran war zu gewinnen, war Horta der Meinung, die Schlacht sei verloren. Aber wir gaben nicht auf, wir änderten die Strategie ein wenig, faktisch nach Tipps von Kåre Kristiansen. ‚Nominiert Horta und Bischof Belo zusammen für das, was sie beide, jeder auf seine Weise, für Frieden und Selbstständigkeit in Osttimor getan haben', sagte Kåre zu uns", berichtet Sigurjon.

Sie wandten sich wieder an Island, wo Ástgeirsdóttir einer erneuten Nominierung zustimmte. Vor ihnen lagen mehrere Monate Lobbyarbeit. Im Februar 1996, am Tag vor Ablauf der Nominierungsfrist, erhielt Sigurjon eine E-Mail von Ástgeirsdóttir. Sie hatten eine neue Nominierung eingesandt, dieses Mal für Horta und Bischof Belo. Damit ging der Kampf weiter, bis acht Monate später, im Oktober 1996 ein neuer Gewinner präsentiert werden sollte. Sigurjon und Morten intensivierten ihr Vorhaben bezüglich einer Dokumentation über den Osttimor-Konflikt, die laut Plan auch eine Sequenz darüber enthalten sollte, wie wenig sich norwegische Politiker um diese Angelegenheit kümmerten. Zudem flogen sie nach Portugal, um dort Exil-Timorer zu interviewen. Während der Arbeit kamen sie in Kontakt mit Max Stahl.

„In der Zeit von 1992 bis 1996 arbeitete auch er an einem Dokumentarfilm über Osttimor. Um nicht zwei Filme zu machen, entschieden wir, uns zusammenzutun und einen Film zu produzieren. Er wurde im Herbst 1996 fertig und hieß ‚Sometimes I must Speak out Strongly', benannt nach einem Satz, den Bischof Belo in einem Interview im Film sagt. Max Stahl war Regisseur, ich war Produzent", erzählt Sigurjon.

Zusammen mit dem 2017 verstorbenen Poeten Henning Kramer Dahl und Geir Kolbu schrieb Morten den Titelsong zu dem Film,

„East Timor“, der sich auch auf dem Album *Wild Seed* befindet. Fertiggestellt wurde der Film im Oktober 1996 in einem kleinen Schneideraum in Oslo, und während sie damit beschäftigt waren, beschloss Max Stahl, zum Nobelinstitut im Parkveien zu gehen, um bei der Bekanntgabe des Preisträgers für dieses Jahr anwesend zu sein. Nach dem Rückschlag im Vorjahr war niemand sonderlich optimistisch, weshalb Horta dieses Mal auch zuhause blieb. Die Enttäuschung wollte er nicht noch einmal erleben. Während Stahl den Parkveien hinuntereilte, befand sich Morten aufgrund einer Impfung im Zusammenhang mit einer Reise nach Sri Lanka im Ullevål Krankenhaus. Viertel vor elf rief Max aus dem Nobelinstitut Sigurjon an. Er flüsterte regelrecht ins Telefon: „Wir bekommen den Preis – Horta und Belo bekommen den Preis!“ Im Schneideraum brach ohrenbetäubender Jubel aus.

„In diesem Jahr wagten wir nicht, auf etwas zu hoffen, daher bin ich extrem erleichtert, dass es dennoch geschehen ist“, sagte Morten einige Stunden später gegenüber dem *Dagbladet*.

„Das ist ein politischer Preis für die eine der beiden an einem Kampf beteiligten Parteien. Das ist unmissverständlich: Wir verurteilen die groteske und barbarische Politik Indonesiens“, fügte er hinzu.

Der Friedensnobelpreis in diesem Jahr war kontrovers – es gab nicht viele Menschen auf der Welt, die sonderlich viel über Osttimor, Horta und Belo wussten, weshalb es auch den Fernsehsendern weltweit an diesem Tag an Material fehlte, das sie senden konnten. Daher stellten Sigurjon und Max Stahl CNN Stoff aus ihrem in Arbeit befindlichen Film zur Verfügung, der von dort aus wiederum an interessierte Sender verteilt wurde.

Gut zwei Monate später, an den Tagen rund um die Verleihung des Friedensnobelpreises im Dezember, herrschte im Osttimor-Lager große Freude. Neben Horta und Belo kamen auch die drei Mitglieder der Frauenpartei aus Island nach Oslo. Zusammen mit Morten und Sigurjon feierten sie am Vorabend der Preisverleihung mit einem guten Abendessen im Theatercafé. Morten und Sigurjon im steifen Smoking. Angestoßen wurde mit Champagner und Bier. Journalisten und Gratulanten eilten zum Tisch, um Kommentare und Bilder einzufangen. Bereits vorab hatten die Isländer, eingepackt in ihre warmen Mäntel, vor dem Osloer Rathaus in die Kameras der Fotografen gelächelt – das Foto erschien am nächsten Tag im isländischen *Morgunblaðið*. Nach dem Festessen zog die gesamte Osttimor-Gesandtschaft weiter ins Grand Hotel, um sich in einem der Zimmer des Hauses den Dokumentarfilm „Sometimes I must Speak out Strongly" von Sigurjon und Max Stahl anzusehen. Der Auftrag war in vielerlei Hinsicht ausgeführt. Was aber macht es mit einem hart arbeitenden Aktivisten, wenn er seine Arbeit mit dem Friedensnobelpreis krönen kann? Was macht das mit dem Menschen? Horta, der elf Jahre später Präsident seines Heimatlandes werden sollte, erzählt:

„Der Friedensnobelpreis öffnet Türen, aber selbstverständlich hängt es davon ab, wie man weiterhin für Freiheit, Demokratie und Frieden arbeitet. Als Person hat mich der Preis nicht verändert, ich bin noch immer derselbe: für alle erreichbar, das war ich auch während meiner Zeit als Präsident. In der Regel fuhr ich mein Auto immer selbst, hatte keinen Wagenkonvoi mit Polizeisirenen und ähnliches. Dank des Preises erlangte ich in höherem Maße Kontakt zu den Mächtigen der Welt sowie größeren Einfluss, aber auch mehr Gewicht im Hinblick auf mein Publikum. Die Macht liegt nicht isoliert betrachtet im Preis, sondern in der Substanz sowie im Charisma, der Redegewandtheit und harten Arbeit seines Trägers", so Horta.

„Erzählen Sie ein bisschen von Ihrer Arbeit für Ihr Land in diesen Jahren."

„Meine Kampagne war allen voran bei den Vereinten Nationen in New York und Genf verankert, aber auch auf den amerikanischen Kongress und das Europaparlament ausgerichtet, zudem war ich in Kampagnen für Osttimor in Frankreich, Großbritannien, Japan, Australien, Neuseeland und vielen anderen Ländern involviert. Ein besonders wichtiges Land in dieser Zeit war Portugal, wo die Regierung, alle politischen Parteien, die Gesellschaft generell und die Kirchen sehr aktiv waren. Von 1991 bis 2002 stellte Osttimor für beinahe alle in Portugal ein gemeinsames Anliegen dar."

Wie sehen die anderen Involierten Mortens Rolle in der Osttimor-Sache in den heikelsten Jahren? Als einen weiteren Prominenten, der ein paar Wohltätigkeitspunkte einheimsen wollte, oder als jemanden, der mit seinem Engagement etwas Essenzielles erreicht hat? In seinem Büro an der University of New South Wales im australischen Canberra sitzt Professor Clinton Fernandes. Er hat sich mehrere Jahrzehnte lang eingehend mit der Osttimor-Materie beschäftigt und 2011 das Buch *The Independence of East Timor* herausgegeben. Morten lernte er erst einige Jahre nach der intensivsten Lobbyarbeit kennen.

„Man darf Morten Harkets Rolle in der Kampagne nicht unterschätzen. Er war wichtig, hat einen großen Namen und sprach bei nahezu jedem Anlass über Osttimor. Seine Großzügigkeit kann man nicht als gegeben betrachten, sie trug auch dazu bei, dass Horta und Osttimor erst den Raftopreis und anschließend den Nobelpreis erhielten. Ebenso wichtig für die Osttimor-Frage in Norwegen war auch ein anderes Netzwerk, das in Bergen entstanden war. Den Kern der Gruppe bildeten anfangs Yiannis Tavridis und Elisabeth Eide“, berichtet Fernandes telefonisch aus Australien.

Der Professor für internationale Politik erzählt auch von einer Beobachtung im Zusammenhang mit Mortens Engagement:

„Viele Prominente interessieren sich dafür, mit Staatsoberhäuptern zu sprechen, mit den Mächtigen über eine Situation zu sprechen. Bono ist ein Beispiel dafür. Morten interessierte das nicht sonderlich, er sprach direkt mit den Aktivisten, mit der Basis der Kampagne. Das ist eine Sache, die man einfach bewundern muss.“

Yiannis Tavridis sagt Folgendes:

„Ich bin auf sehr vielen verschiedenen Ebenen vielen zynischen Menschen begegnet, und Morten gehört nicht dazu. Morten ist ein toller Mensch. Er beteiligte sich an der Kampagne, weil er interessiert war, und er trat für beide Seiten auf – sowohl für die aktivistische als auch das Rafto-Milieu, dessen Arbeit auf das politische Umfeld ausgerichtet war. Ich betrachte sie nicht als separate Gruppen, sondern als zwei Fronten quer der politischen Achse. Er war ein großartiger Mitstreiter, er war nicht der Stratege dahinter, aber er war zugänglich, und wir nutzten ihn für alles, was es wert war – weil er es wollte."

Wie steht es mit Kristín Ástgeirsdóttir in Island? Wie empfand sie Mortens Engagement?

„Morten spielte eine wichtige Rolle, ganz klar. Er setzte seinen Prominentenstatus ein, um Begegnungen mit allen möglichen Leuten zu erreichen – um mit ihnen über Osttimor zu sprechen. Allein dass er hierher in mein Büro nach Reykjavik gekommen ist, sagt etwas darüber, wie wichtig ihm die Sache war."

Jochen Schilde berichtet, dass Morten Zeuge dessen habe sein wollen, was in Osttimor geschah, und dass er mit seinem Engagement weder ökonomische noch PR-Interessen verfolgt habe:

„Bedenke, dass Osttimor eine winzig kleine Insel ist. Ergriff man für sie Partei, dann kritisierte man gleichzeitig jene, die mit Indonesien zu tun hatten, wie Norwegen, Deutschland und England. Das war Morten ein aufrichtiges Anliegen. Er trat dabei nicht als der große Prediger auf, Osttimor war ihm eine Herzensangelegenheit."

Bevor die Skype-Verbindung nach Osttimor ins Stocken gerät und letztendlich ganz zusammenbricht, erzählt Max Stahl ein wenig über Mortens Rolle:

„Morten Harkets Popularität und Position wurden zu einer Art Megafon für das, wofür viele Menschen und verschiedene Initiativen kämpften. Das war wichtig. Es war keine leichte Aufgabe, zu dieser Zeit Menschen in Norwegen zu motivieren, ihren Blick nach Osttimor zu richten."

José Ramos-Horta fasst es so zusammen:

„Morten und Sigurjon arbeiteten sehr hart, um Druck auf die politische Elite Norwegens auszuüben, dabei gelang es ihnen auch, deren gleichgültige Haltung umzukehren."

Seit jeher engagieren sich Künstler bei Krisen und Kriegen. Morten hat geredet, an Demonstrationen teilgenommen, ist mit ärmellosem Shirt und Gitarrenkoffer in der Hand die Gangway auf dem Flughafen in Dili herunterspaziert, hat in Korallenriffen geschnorchelt und im Rahmen des Konzerts anlässlich der Verleihung des Friedensnobelpreises vor Millionen von Fernsehzuschauern weltweit

„Bury my Heart on East Timor“ gesungen. Wie tief ist er seiner Meinung nach in die Materie eingedrungen?

„Es gab große Unterschiede dahingehend, wie weit die Einzelnen, diejenigen, die der Kampagne ihren Namen liehen, zu gehen bereit waren. Für mich ging es darum, sich nicht nur an eine Initiative dranzuhängen, die andere orchestriert hatten, hier mussten wir auf irgendeiner Ebene etwas durch zivilen Ungehorsam tun, und diese Ebene war vorab nicht geklärt. Osttimor wurde vom System nicht aufgefangen, es wurde nicht als ein Problem betrachtet, das es anzupacken galt. Also muss man da anfangen. Man kann nicht zum System gehen, sondern zieht gegen das System in den Krieg. Und was das betrifft, besaß ich enormen Ehrgeiz, das war ein moralischer Imperativ, der alles andere überstieg. Hier agierte Norwegen in direktem Widerspruch zu dem, wie uns beigebracht worden war, über uns selbst zu denken, das Norwegen, in dem ich aufgewachsen bin, stand in direktem Widerspruch zu den Werten wie Gerechtigkeit und Gleichheit, die wir gern mit Norwegen als Nation verbinden. Es fehlte an Willen und Verständnis für eine Situation, die für Norweger, die selbst erlebt hatten, wie ihr Land vor einigen Jahrzehnten besetzt worden war, einen enormen Wiedererkennungseffekt hätte haben müssen – in der Tat gibt es zwischen Norwegen und Osttimor viele Gemeinsamkeiten.“

Aber obwohl er in dem Hotel in Monte Carlo von der kanadischen Professorin als ein Gesicht und ein Name rekrutiert wurde, bestand für Morten de facto nie die Absicht, den Kampf für Osttimor anzuführen. Vielmehr war das Gegenteil der Fall. Hier ist die Erklärung:

„Für mich war es wichtig zu versuchen, so unsichtbar wie möglich zu sein und gleichzeitig den Weg zu ebnen, denn meine Person in das Ganze einzumischen, hätte nur für Unruhe gesorgt, hätte die Sache gestört. Ich nahm dort draußen starke Kräfte wahr, die den Kampf personifizieren wollten.“

„Du warst in Kontakt mit Bellona und hast dich für eine Reihe anderer Sachen engagiert, auf Osttimor aber hast du dich wirklich richtig eingelassen. Findet sich in dir latent ein richtiger Kampfeswille?“

„Ja, den habe ich wohl in mir. Vor a-ha wurde ich aufgrund meines Engagements aus einer Band geworfen."

„So heftig. Erzähl."

„Eines Abends sah ich im Fernsehen etwas über eine Hungerkatastrophe in Afrika, fuhr direkt zum Treffpunkt der Band und hielt vor den anderen eine flammende Rede."

„Warum sollten wir hier oben im behaglichen Norden sitzen und Musik machen?", posaunte der junge Harket heraus.

Er schaltete noch einen Gang höher. Bereits am nächsten Morgen – es war kurz vor Weihnachten 1979 – sammelte Morten die anderen Bandmitglieder ein. Das Geschehen ist auch im Buch *Så blåser det på jorden – a-ha i nærbilder* (1986) beschrieben. Darin erzählt eines der anderen Bandmitglieder, Dag Lien, Folgendes:

„Eines Abends kam Morten hoch nach Sem und zog ein Zeitungsfoto aus der Tasche. Es zeigte ein ausgehungertes Kind, mit aufgeblähtem Bauch und hervorstehenden Augen. Während er zu uns sprach, dass wir etwas tun müssten, war Morten von einer religiösen Aura umgeben. Alle waren sofort dabei: Wie konnten wir Kunst erschaffen, wir, die wir uns keinem Leid ausgesetzt hatten? So dachten wir." Am nächsten Morgen gingen sie erst zum Zentralamt für Entwicklungszusammenarbeit NORAD, dann zum Außenministerium und anschließend zur Kirchlichen Nothilfe. Sie wollten, dass man sie unmittelbar nach Afrika schickte. Sie wollten helfen. Und es gab keine Zeit zu verlieren.

„Dort standen wir, praktisch mit Gummistiefeln an den Füßen und Spaten in der Hand. ‚So funktioniert das nicht', bekamen wir zur Antwort. Alle sagten, sie würden unser Engagement schätzen, bei der Kirchlichen Nothilfe reagierte man jedoch relativ scharf: ‚Ihr würdet dort unten zu viel essen. Die Arbeit, die ihr physisch ausrichten könnt, machen andere viel billiger – und sie essen auch weniger. Macht die Schule fertig, macht eine Ausbildung und werdet Ärzte oder Krankenpfleger. Dann brauchen wir euch'", erzählt Morten.

Nach der missglückten Runde bei den Hilfsorganisationen der Hauptstadt wurde Harkets Bandmitgliedern langsam bewusst: Wollten sie das eigentlich? Nach Afrika? Oder wollten sie Musik machen?

„Sie waren nicht in der Lage, mit meiner Überredung umzugehen, sie hatten kein funktionierendes Äquivalent und sorgten sich wegen meiner Manipulationskraft. Das war das Ende der Band. Und das verstehe ich gut."

Welchen Resonanzboden aber hatte ein Osttimor-Engagement für Mortens Musik? Ist etwas von dem Engagement in die Musik übertragbar? Ein Lied? *That's it?* Morten antwortet:

„Es gibt mehrere Lieder, die vom selben Thema handeln, gerade jetzt fällt mir eine Zeile ein, die in dem aufgeputschten Zustand auftauchte, in dem ich mich befand: ‚So thank you all for all the fun, and fuck you all till kingdom come.' Das war in gewisser Hinsicht meine Zusammenfassung. Vielleicht erscheint es irgendwann, in irgendeiner Form. Ich erinnere mich jedoch daran, dass ich mich enorm damit abmühte, herauszufinden, was zu vermitteln möglich war. Denn je härter du vorgehst, desto mehr marginalisierst du den Effekt, den du erzielst. Du weichst zu weit ab, und den Leuten gelingt es nicht, den Anschluss zu finden."

Der Song „East Timor" entstand infolge eines Anrufs von Morten 1993 bei Geir Kolbu, einem alten Freund, den er auf dem Gymnasium in Asker kennengelernt hatte. Morten kaufte Magne Furuholmen ein Keyboard ab und gab es Kolbu. Auf dem Instrument schrieb dieser die Melodie zu „East Timor", bevor Mortens Bruder Håkon vorschlug, Kontakt zu dem Poeten Henning Kramer Dahl aufzunehmen.

„Er verfasste seine Worte über Timor in Gedichtform, und dann schrieb auch ich ein paar Zeilen, bevor Kjetil Bjerkestrand für das Arrangement des Ganzen sorgte. Das Lied entstand früh, bereits 93. Henning schrieb einige treffende Zeilen über das Gift der Gleichgültigkeit, worum es in dem Lied geht: Gleichgültigkeit", sagt Morten und zitiert den 2016 verstorbenen jüdischen Schriftsteller und Humanisten Elie Wiesel: „Das Gegenteil von Liebe ist nicht Hass. Das Gegenteil von Liebe ist Gleichgültigkeit."

A Kind of Christmas Card

Der, neben „Brother", erfolgreichste Song des Solokünstlers Morten Harket ist der empfindsame Titel über ein junges Mädchen, das nach Los Angeles geht, um sich dort als Schauspielerin zu versuchen. Im Herbst 1995 führte er neun Wochen die *VG*-Charts an. Insgesamt war er 19 Wochen lang in den norwegischen Charts. Eindeutig waren auch die Rezensionen. „… ein selbstsicherer Popsong, der ein Hit werden *muss*", schrieb der Rezensent der *VG* und vergab sechs von sechs möglichen Punkten. Viele Norweger stimmten in diesem Herbst ein, wenn es aus dem Autoradio tönte: „Toniiiiiiiiiight, I'm burning out again." Auf die B-Seite der Singleveröffentlichung von „A Kind of Christmas Card" packte Morten den Sam-Cooke-Song „A Change is Gonna Come" (1963), um ein weiteres Mal zu unterstreichen, dass die Hörer es mit einem neuen Morten zu tun hatten.

Die in „A Kind of Christmas Card" erzählte Geschichte beruht auf wahren Geschehnissen. Erinnern Sie sich an die Anfangszeilen: „All you folks back home / I'll never tell you this. You're not supposed to know / Where your daughter is"? Der Traum von der Schauspielerei geht in die Brüche, und das junge Mädchen landet schließlich in der Pornoindustrie.

Die Melodie schrieb Morten im Lille Frøen hovedgård in Oslo, wo er eine Zeit lang wohnte, direkt nach der Rückkehr aus Trondheim, wo er die Locomotives getroffen hatte. Im selben Atemzug entstand die markante Zeile „I'm burning out again". Als Håvard Rem sie hörte, wollte er unbedingt den restlichen Text beisteuern, der wiederum in einem Hotelzimmer in Los Angeles entstand. Rem versucht, sich in diese Zeit zurückzuversetzen:

„Während einer dieser Schreib- und Branchenaufenthalte, die Morten und ich 1994 und 1995 in Los Angeles hatten, als L.A. für Weihnachten geschmückt war, wie nur die Amerikaner es können, gab es an einem Abend ein Expat-Treffen mit Norwegern, die ihren festen Wohnsitz in der Stadt hatten. Sie alle waren dorthin gekommen, um in Hollywood ihr Glück als Schauspieler zu suchen, keiner von ihnen hatte damit Erfolg gehabt, und sie alle verdienten ihren Lebensunterhalt nunmehr auf andere Weise. Darunter war auch eine junge Frau, die in Kalifornien im Schulwesen arbeitete. Ursprünglich war sie mit einer Freundin nach L.A. gekommen, beide stammten aus Norwegen, und während die eine also eine Stelle als Lehrerin annahm, erhielt die andere schließlich Schauspieljobs in sogenannten Erwachsenenfilmen. Infolge dieser herausfordernden Tätigkeit hatte sie angefangen, Drogen zu nehmen. Die Frau, mit der ich sprach, hatte die Situation schließlich als so tragisch empfunden, dass sie Kontakt zum norwegischen Konsulat aufnahm und Hilfe bekam, um die Freundin in ein Flugzeug zurück nach Norwegen zu setzen."

Die Geschichte blieb dem Poeten aus Südnorwegen im Gedächtnis. Zurück im Hotel setzte er sich noch am selben Abend an den Text. Dabei versuchte er sich vorzustellen, wie das norwegische Mädchen die Weihnachtsstimmung in L.A. erlebt haben mochte, zu einer Zeit, als ihre Lage am dramatischsten war, bevor sie nach Hause geschickt wurde. Ganz konkret, wie es für sie gewesen sein mochte, eine Weihnachtskarte an ihre Eltern in Norwegen zu schreiben: „It's afternoon on Sunset Boulevard. I've got a stolen moment trying hard / To write a kind of Christmas card … But I am burning out again."

„Der Text wurde ausgehend von einem bereits existierenden Riff, dem Refrain des Songs, geschrieben. Der Text ist gewissermaßen eine modernisierte Version des Bänkelliedes über den Seemann, der in einem fremden Land zugrunde geht, während er schmerzlich an die sichere Umarmung der Mutter denkt", erzählt Rem.

Als Songwriter von „A Kind of Christmas Card", noch immer einem der einträglichsten Lieder seines Solokatalogs, sind nur Morten und Håvard Rem benannt. Das Gitarrenriff jedoch, das leicht zu summende Thema, das den Song eröffnet und mehrfach wiederholt wird, stammt von Frode Alnæs. Bisher war kaum bekannt, dass Frode Alnæs, den man von der Band Dance With a Stranger kennt, dafür verantwortlich zeichnete.

„Ja, in der Tat war ich es, der den ersten *Hook* des Songs erschuf – die Intro-Streicher-Zeile, die in vielerlei Hinsicht zum Erkennungszeichen des Liedes wurde. Ich erarbeitete sie im Studio auf der Gitarre, anschließend wurde sie für Streicher umgeschrieben. Ich glaube, Morten wollte, dass ich Rechte an dem Song bekam, aber ich lehnte ab. Vermutlich gehört das zu meinem Markenzeichen, für Songs, an denen ich arbeite, solche Zeilen zu erschaffen. Ich war Studiomusiker", erzählt Alnæs.

„Hast du im Nachhinein gedacht, es wäre gut gewesen, einer Beteiligung an den Rechten für ‚A Kind of Christmas Card' zuzustimmen?"

„I'm a lover, not a fighter. Nein, das wäre mir nicht in den Sinn gekommen. Wir waren dort, um zu arbeiten und gute Ideen zu entwickeln", erzählt er. Morten dazu:

„Ich wusste bis zum Erscheinen der Platte de facto nicht, dass der Part von ihm kam. Er war nämlich im Studio entstanden, als ich nicht dort war. Ich glaubte immer, er sei von Kjetil, weil das seine Aufgabe war, was auch so angegeben ist, bevor ich erfuhr, dass Frode es war. In diesem Bereich ist es eine haarfeine Gratwanderung zwischen dem, was Arrangement, und dem, was in der Tat Songwriting ist. Und fragst du mich nach genau diesem Fall, würde ich sagen, es handelt sich um Songwriting. Es ist gleichwohl etwas, das nicht von Anfang an Teil des Songs war, es entstand als Reaktion auf das Vorhandene, weist gleichzeitig aber eine so deutliche Signatur auf, dass es sich für mich um Songwriting handelt. Das habe ich, was Frode betrifft, erst im Nachhinein erfahren."

Kjetil Bjerkestrand, dem im Studio die Rolle des Bandleaders oblag, war, nebst Alnæs und Morten, selbstverständlich auch während der Aufnahmen zu *Wild Seed* im Nidaros Studio anwesend. Mit „A Kind of Christmas Card" verbindet er eine ganz klare Erinnerung.

„Nachdem wir eine frühe Version eingespielt hatten, wussten wir nicht recht, welche Richtung wir ihm geben sollten. Da erinnere ich mich deutlich, dass Per Lindvall hinter dem Schlagzeug sagte: ‚Du wirst sehen, das hier wird der Hit'“, berichtet er.

Bjerkestrand erstellte zum selben Thema ein kleines Akkordarrangement, und zum Schluss kam die spröde Violine im Zwischenspiel hinzu. Ursprünglich wurde sie mit einer uralten Hammondorgel als *Keyboard* eingespielt, was zur Sättigung des Klangbildes beitrug und es rockiger machte. Nessjø schlug vor, sie durch einen Flügel zu ersetzen, als dunklen, mächtigen Ausgangspunkt. Die beiden bauten das Ganze auf, komprimierten den Flügel nahezu ins Extreme, und genau dieser Klang liefert den Resonanzboden für den Gesang der Strophen und eröffnet nicht zuletzt Raum für Mortens Text und Stimme. Diverse Leute in Mortens Team begriffen nun, mit was für einem Lied sie es hier zu tun hatten.

Als „A Kind of Christmas Card“ Ende Juli 1995 in Norwegen veröffentlicht wurde, gaben viele an, dass sich Mortens Stimme verändert habe. Was war aus der glockenklaren Stimme der frühen a-ha-Alben geworden? Geblieben war eine mitunter an ein Reibeisen erinnernde Stimme, die Geschichten anders als bei a-ha vermittelte.

„Ja, es erwuchs ein anderer Gesang“, sagt Morten.

„Zu dieser Zeit hatte ich den ganzen Tag die Gitarre bei mir. Oft schlief ich nachts mit ihr auf dem Schoß ein, wachte irgendwo auf und machte im Halbschlaf weiter. Ich befand mich an einem Punkt, wo mir das egal war.“

„Auch bei a-ha habe ich natürlich und impulsiv auf das jeweilige Material reagiert, was zusammen mit dem Klangbild der Band a-ha seinen Charakter verlieh. Aber so was hat Konsequenzen, ich kann nicht einen ganzen Abend lang ‚Stay on These Roads' singen und gleichzeitig eine grobe, wettergegerbte Stimme haben. Zu diesem Zeitpunkt war ich es leid, auf die Stimme achtgeben zu müssen, weil wir mit a-ha ständig Konzerte gaben. Dazu muss gesagt werden: Weder Pål noch Magne waren jemals besonders daran interessiert, dass ich mich an einen speziellen Gesang hielt, vielmehr war das

Gegenteil der Fall, aber ist die Karte einmal gespielt, dann liegt sie offen. Jetzt hatte ich das Bedürfnis, davon wegzukommen, weshalb ich es der naturgemäßen Stimme überließ, mich in diesem Moment zu repräsentieren. Ich hatte so eine Art Stimme bereits früher, vor a-ha, in meiner Blues-Zeit. Auch damals bewegte ich mich zwischen den Extremen meiner Stimme, aus Neugierde. Da war die Heiserkeit mitunter noch heftiger als auf *Wild Seed*."

Chris Neil, der Produzent aus England, vergleicht eine Gesangsleistung mit der Arbeit eines Schauspielers:

„Man muss in die Rolle hineinschlüpfen, in die Stimmung des Songs, um sie zu vermitteln. Jedes Lied ist ein eigenes Werk."

Neils Meinung nach waren seine größte Stärke immer die Sänger und die Art und Weise, diese zu produzieren. Dass er mit Céline Dion gearbeitet hat, wurde bereits erwähnt. Cher und Rod Stewart gehören ebenso dazu.

„Mortens Stimme hat einen Stempel, sie ist einzigartig, und hier bekam er eine weitere Möglichkeit, damit zu tun, was er wollte – er war wieder frei, und heraus kam eine andere Stimme. Das war ein unglaublich interessanter Prozess. In vielen Liedern grub er tief in der Materie und sang auf eine beinahe aggressive, fast konfrontative Art und Weise."

Kjetil Bjerkestrand kommentiert die raue, kratzige Stimme auf „A Kind of Christmas Card" wie folgt:

„Wir nahmen ein Demo auf, und er sang schlicht und einfach so! Plötzlich. Ein großer Teil dieser Demoaufnahme floss in die Endversion ein. Er erzählte den Text beinahe, auch, weil er neu erlebt und stark war. Meiner Meinung nach wurde Morten mit seinen Solosachen zu einem viel stärkeren Geschichtenerzähler. Bei a-ha war das Klangbild häufig gesättigter, selbstverständlich, da sie zu dritt sind. Auf den Soloalben wurde er mehr wie seine Vorbilder, wie Cohen und Dylan, obwohl er noch immer schön singt. Der Text wurde für ihn jedoch immer wichtiger. Deshalb schuf ich Arrangements, die dem Geschichtenerzähler Morten Raum gaben. Das ist meiner Meinung nach eine sehr schöne Seite an ihm, und wir haben darüber gesprochen, eines Tages, wenn er die hellen Töne nicht mehr singen könne – was hoffentlich noch lange hin ist – ein Projekt aufzugreifen, mit dem wir uns bereits ein bisschen beschäftigt haben."

Besagtes Projekt fand 2009 in der Kirkelandet Kirche in Kristiansund statt. Dabei traten die beiden zusammen mit einem Schlagzeuger und einem Streichquartett auf – ein Konzert in „abgeschwächter" Form, bei dem erneut der Geschichtenerzähler Harket im Fokus stand. Auf dem Programm standen unter anderem Material von *Poetenes Evangelium*, Psalmen wie „O bli hos meg" (Abide with me) sowie Lieder von *Wild Seed*.

„Haha. Ich glaube, die Tür schließt sich gleichzeitig für helle wie auch für dunkle Töne", entgegnet Morten. Im Hinblick auf „A Kind of Christmas Card" glauben viele, es handele sich um ein Weihnachtslied, eingehüllt in Weihnachtsmänner, Glühwein und herabfallende Schneeflocken. Als die Single 1995 in Deutschland veröffentlicht werden sollte, bestand die deutsche Abteilung von Warner darauf, dass das Lied einen anderen Namen bekomme. Sie könnten im Juli kein Weihnachtslied veröffentlichen – das würde zu Missverständnissen führen. Daher wurde es in „Burning out Again (A Kind of Christmas Card)" umgetauft.

Kurz vor Weihnachten 2018 war ich in Bergen bei einer Feier, auf der eine etwas lahme Coverband den Gästen ein Potpourri der beliebtesten Weihnachtslieder der Populärkultur präsentierte, wie „Have Yourself a Merry Little Christmas". Als der Abend etwa halb rum war, tauchte „A Kind of Christmas Card" auf, und der Sänger, in schicker Anzugjacke, gab mit geschlossenen Augen und sanfter Stimme „In my little bedroom, Mama, on my knees that's where I am at down in Los Angeles" zum Besten. Neben ihm stand ein sichtlich vergnügter Gitarrist und lächelte breit in den festlich geschmückten Saal. „A Kind of Christmas Card" ist auch auf einer Reihe von Weihnachtssamplern vertreten.

„Ja, das ist seltsam. Einige versetzt es in Weihnachtsstimmung", lächelt Morten.

Auswüchse

Einer derjenigen, die begriffen, dass etwas im Gange war, als Morten sich entschied, Solopfade einzuschlagen, war Fred Engh. Er war zu dieser Zeit Marketingchef bei Warner Music in Norwegen und kannte Morten seit den Glanztagen in den Achtzigern. Anfang 1995 suchte Morten, mit einem Tape in der Tasche, Engh in seinem Büro in Oslo im Sandakerveien auf.

„Er spielte mir ein paar Lieder vor, woraufhin ich zu ihm sagte: ‚Das ist sehr gut, Morten, es sollte uns gelingen, davon 75.000 bis 100.000 Alben zu verkaufen'", erzählt Engh.

Am 4. September desselben Jahres wurde *Wild Seed* veröffentlicht, in der englischen Abteilung von Warner Music. Die Rezensionen in Norwegen waren sehr gut. Mit folgender Beschreibung vergab die *VG* fünf von sechs möglichen Punkten: „Eine beeindruckende bestandene Gesellenprüfung!" Viele waren von dem Album überrascht, das hatten sie von Harket nicht erwartet. Der Rezensent der *Altaposten* schrieb: „Unglücklicherweise habe ich Morten Harket unterschätzt. Dass er mehr auf dem Kasten hat als pure Stimmpracht, lag mir aufrichtig gesagt fern."

In Norwegen sorgte Warner für einen vollgestopften Kalender mit Presseterminen, inklusive Signierstunde im Einkaufszentrum Oslo City, sowie einer Reihe von Fernsehauftritten. Kurze Zeit später waren allein in Norwegen 80.000 CDs von *Wild Seed* verkauft. Allein im ersten Jahr nach Veröffentlichung, als das Album also noch „neu" war, ging es insgesamt 175.000 Mal über den Ladentisch. Über die Jahre hinweg hat es laut Fred Engh zweifellos die Marke von 200.000 verkauften Exemplaren überschritten und kann somit als enormer Verkaufserfolg charakterisiert werden.

„Die positiven Reaktionen auf das Album waren für mich eine fantastische Bestätigung. Letztendlich sind es im Wesentlichen die Leute da draußen, die entscheiden, ob du als professioneller Künstler bestehst. Allerdings hatte ich, für mich als Künstler, die wichtigste Schlacht bereits vor der Veröffentlichung gewonnen. Gänzlich ohne Lenkung meinerseits hatte ich das gnadenlose A&R-Klima in einer der größten Plattenfirmen der Welt entscheiden lassen – entscheiden, ob sie die Platte vollendeten, für die wir einen Vertrag unterzeichnet hatten, oder ob die Ausreißerplatte, *Wild Seed*, diesen Platz einnehmen sollte."

Eingerahmt wurde der Erfolg des Albums in Norwegen von insgesamt vier Spellemannpreisen für *Wild Seed*. Außerhalb der Landesgrenzen war die Geschichte des Albums, das sich 1995 und 1996 für 32 Wochen in den *VG*-Charts, sechs davon an der Spitze, befand, jedoch eine vollkommen andere. Nur wenige Wochen nach der Veröffentlichung in Norwegen zweifelte Morten an der Auslandsstrategie von Warner. Er und sein damaliger Manager Terry Slater registrierten, dass Warner International anfangs bereit war, ihn international zu lancieren, jetzt aber plötzlich seltsam agierte. Das Album stand bereit, um in zahlreichen Ländern veröffentlicht zu werden, geplante Kampagnen liefen an, aber dennoch schien etwas schiefzulaufen. Und das bewahrheitete sich dann auch. In Europa wurde *Wild Seed* als CD und Kassette herausgegeben, in Japan nur als CD, während sich Warner in Chile *nur* mit der Kassette begnügte. In Südkorea erschien das Album mit Bonustitel – mehr über den Song später. Herausgegeben wurde es im Übrigen auch in Malaysia und Taiwan. Bootlegs des Albums wurden zudem in Russland und der Ukraine veröffentlicht.

„Ich habe derzeit einige Besprechungen mit meiner Plattenfirma im Ausland. Ich will eine Veränderung – und die kommt bald", sagte Morten Anfang 1996 in einem Interview mit dem *Dagbladet*. Einen Monat später veröffentlichte die *VG* einen Artikel unter der Überschrift: „Toter Markt für Harket." Da zeigte er sich noch entschlossener.

„Ich will weg von Warner, das macht keinen Sinn. Das System um mich herum funktioniert nicht. Die Leute, die da waren, als ich ‚unterschrieb', sind nicht mehr da. Aktuell passiert viel politischer Unsinn. Bald kommt es zu einem Aufruhr", warnte er. Im selben Artikel äußerte sich ein Vertreter von Warner in London, dem die Betreuung von Verkauf und Marketing für *Wild Seed* oblag, mit folgenden Worten: „Mit dem Album passiert nirgendwo etwas."

Was also geschah eigentlich bei Warner, dass man nicht auf Morten setzte? Eine Ursache ist möglicherweise, dass in diesen Jahren bei Warner auf höchster Ebene ein zäher und bitterer Machtkampf ausgetragen wurde. Auf der einen Seite war der Vorstandsvorsitzende Robert J. Morgado, und ihm gegenüber standen unter anderem die Branchenveteranen Bob Krasnow und Mo Ostin. Krasnow war als Erster weg, und als Ostin, eine Legende in der amerikanischen Plattenindustrie, durch die Warner-Pforten entschwand, jagte das Schockwellen durch die gesamte Branche. Künstler, Kollegen und Konkurrenten schüttelten die Köpfe. Kurze Zeit später verließ auch Ostins enger Vertrauter Lenny Waronker das Unternehmen, woraufhin viele der von Ostin und Waronker zu Warner geholten Künstler keine neuen Verträge erhielten und vor die Tür gesetzt wurden. Auch auf Morten hatte der interne Krach bei Warner schnell Auswirkungen. Erster Halt einer umfassenden internationalen Promotour für die Single „A Kind of Christmas Card" und das Album *Wild Seed* war Mexiko. Morten flog bereits zum Monatswechsel August-September 1995 dorthin. Dabei waren seine Erwartungen, was Mexiko betraf, nicht groß; im Gegensatz zu Argentinien und speziell Brasilien, wo sich a-ha seit ihrem ersten Besuch 1989 enormer Popularität erfreuten, hatte die Band nie in Mexiko gespielt.

„Ich dachte wohl, es würde ein bisschen à la: ‚Komm ich heut nicht, komm ich morgen.' Dann aber wurde ich regelrecht außer Gefecht gesetzt von einer der am besten organisierten und am besten abgestimmten Promorunden, die ich jemals hatte. Die Rückmeldungen an die Warner Zentrale führten dazu, dass ich in Lateinamerika für sie zu einem sogenannten ‚priority act' wurde. Das war super wichtig, ein enormer Schub für das Projekt. Da wird Druck von zentraler Stelle ausgeübt."

Im Herbst war er dann unter anderem in England, Finnland und Schweden unterwegs, um die Platte zu pushen. Mit dem warmen Rückenwind aus Mexiko ging es für Harket in die Länder, in denen sich a-ha bereits einer bedeutenden Stellung erfreuten, wie Deutschland und Brasilien. Zuerst nach Deutschland, der vielleicht sichersten Bank. Auftakt der viertägigen Promotour war eine Pressekonferenz in einem Hamburger Hotel. Aber dann ...

„Dort stand ich vor einer komplett anderen Herausforderung, in einem Land, wo a-ha eine sehr starke Position innehatten. Die Deutschen waren sichtlich beunruhigt darüber, dass ein Soloalbum von Morten Harket erschien, weil sie es als eine Bedrohung für a-ha auffassten. Und davon wollten sie nichts wissen. Für sie waren es Tick, Trick und Track, und wer von den dreien nun auch immer ich war, so wollten sie nicht, dass er sein eigenes Süppchen kochte. Dort erlebte ich die verworrenste und am wenigsten zielgerichtete Promotion meiner bisherigen Karriere."

Der nächste Halt war Brasilien, mit den großen Möglichkeiten, die das beinhaltete, nicht zuletzt, weil die Warner Zentrale in Kalifornien Morten zur „Latin American priority" erklärt hatte. Aber erst hier erkennt Morten, dass etwas fundamental schiefläuft. Signierstunden in Einkaufszenten in Rio und São Paulo sowie haufenweise Interviews, Fernseh- und Radiotermine stehen auf dem Plan. Die Promorunde im Land der Samba beschreibt Morten als „vollkommen verrückt".

„Eine Woche, bevor ich nach Brasilien kam, wurde dem zuständigen Marketingchef von Warner gekündigt, und es herrschte das totale Chaos. Die Kampagne war sinnlos und völlig führungslos."

Deshalb gab es in Brasilien auffallend viele Fernsehmoderatoren, die am liebsten wollten, dass Morten a-ha-Songs sang. Ein Beispiel war Fernsehlegende und Brummbär Raul Gil, der Morten in seine Show beim Sender SBT einlud. Nachdem Morten „A Kind of Christmas Card" gesungen hatte, ließ Gil durch einen kichernden

Dolmetscher anfragen, ob Morten nicht einfach „ein bisschen a-ha, egal welches Lied“ singen könne. „Dazu brauche ich die beiden anderen …“, lächelte Morten leicht gequält. „Neeiin … komm schon.“ „Zumindest brauche ich meine Gitarre“, entgegnete Morten. Gil hatte indes keine Zeit, dass sich backstage jemand auf die Suche danach begab, und kommandierte stattdessen die Hausband zu spielen. Eine peinlichere, aufgezwungenere Version von „Take on Me“ ist kaum aufzutreiben.

Morten erzählt, wie ein Tag dieser Promotour in Brasilien aussehen konnte:

„Eines Tages wurde ich auf einer riesigen, wackligen Holzbühne hoch oben über einer Art Vergnügungspark irgendwo in der Umgebung von Rio platziert. Das Konzert sollte live im Radio übertragen werden, und dann wollten die Veranstalter, dass ich mit *Playback* auftrat. Ich begriff nichts. Warum im Radio Playback spielen?! Dann kam ein Typ und stellte auf einen kleinen Tisch neben mir einen CD-Player, der aufgrund der Resonanz der Holzbühne auf und ab hüpfte. Das dröhnte durch die Lautsprecher des Parks. Mir wurde gesagt, dass rund 60.000 Menschen vor Ort seien. Das stimmt wahrscheinlich nicht, aber es waren sehr viele unterwegs. Bisweilen passieren schon seltsame Dinge.“

In England präsentierte sich der Himmel um eine Nuance heller, obwohl es auch dort sehr zäh lief. Morten empfand die Promotion – bestenfalls – als halbherzig. Die Single „A Kind of Christmas Card“ gelangte lediglich auf Platz 53 der englischen Charts, während „Spanish Steps“ nicht einmal den Einstieg in die Charts schaffte. Das Album seinerseits zog für eine magere Woche in die Top 100 ein, auf einem bescheidenen 89. Platz, bevor es wieder rausflog. Wenig später zog sich Harket aus dem Vertrag mit Warner zurück, obwohl die Plattenfirma die Option für weitere Alben hatte.

„Mir war definitiv klar, dass ich nicht wollte, dass sie in dieser Weise Mittel auf mich verwendeten, ich wollte diese Platte nicht mit dem sinnlosen Einsatz von Mitteln verleumden, und ich wollte meinen Namen nicht damit belasten. Irgendwas stimmte offensichtlich nicht, und es war so, als würde man einem Zug hinterherlaufen, der bereits abgefahren ist. Ich verfügte nicht über die juristische Freiheit, mich ohne Weiteres zurückzuziehen, sie hatten die Option auf weitere Alben, mein moralisches Recht jedoch war offensichtlich. Meinem Empfinden nach waren sich diverse Personen im Warner-System über die Situation im Klaren und verstanden meinen Entschluss."

„Hat das schwache Engagement seitens der Plattenfirma für Wild Seed *im Ausland mitunter etwas mit Andrew Wickham zu tun? Damit, dass er die Platte nicht unterstützte, weil er nicht das Album bekommen hatte, das er ursprünglich haben wollte?"*

„Nein. Es bestand echtes Interesse an der Platte. Das weiß ich, weil ich den Prozess bereits mit a-ha mehrfach durchlaufen hatte. Ich war zu diesem Zeitpunkt bereits ein erfahrener Künstler. Ich hatte schon weltweit in riesigen Arenen auf der Bühne gestanden, davon hatte ich also in der Tat Ahnung. Ich sah, was passierte, und verstand die Signale. Bei diesem Album erlebte ich einen größeren Enthusiasmus, als es häufig bei a-ha der Fall gewesen war – wenn wir von *Hunting High and Low* mal absehen. Das liegt darin begründet, dass a-ha für die Plattenfirmen nie eine einfache Herausforderung waren."

„So verhielt es sich damals. Welche Stellung nimmt Wild Seed *heute für dich ein?"*

„In einer längeren zeitlichen Perspektive betrachtet, war das ein wichtiges Album für mich, und das ist es auch heute noch. Durchaus nicht alle haben das Album sofort verstanden, als es erschien – denn das war etwas vollkommen anderes von meiner Seite. Daran habe ich damals nicht groß gedacht, was ich jedoch im Nachhinein tat. Es ist eine Platte mit weitreichenden Auswirkungen, auf die ich sehr viele positive Reaktionen erhalten habe, sowohl im Ausland als auch zuhause. Es hat erwiesenermaßen ein Fundament, auf dem es fußen kann, seinem Wesen nach ist es ein internationales Album. Manch einer empfindet es auch als ein spirituelles Album, Mönche in Tibet zum Beispiel. Heute repräsentiert das Album einen Zustand, in dem ich frei bin, ohne andere Verpflichtungen. Künstlerisch betrachtet, ist das der beste Ort, an dem man sein kann, unter freiem Himmel."

„In einem Interview mit der VG *aus dieser Zeit hast du gesagt: Solltest du dich nicht aus dem Vertrag mit Warner zurückziehen können, dann würdest du mit der Musik aufhören und deine Zeit lieber darauf verwenden, mit deinen Söhnen angeln zu gehen. Wie real war das eigentlich?"*

„Das war sehr real. Dann hätte ich mit all dem aufgehört. Ich kann nichts machen, was nicht von der richtigen Stelle kommt. Wenn ich nicht an das glaube, was ich tue, habe ich wenig beizutragen."

In dieser Umbruchszeit, zwischen dem Ende der ersten a-ha-Phase, die bis 1994 dahindümpelte, und Mortens Solodebüt 1995, entwickelte sich rund um a-ha auch etwas, das von außen betrachtet mitunter dramatisch wirkte. Über das von Konflikten erfüllte Innenleben von a-ha ist bereits viel und ausgiebig geschrieben worden. Auf dem ersten Album von Savoy findet sich ein Lied namens „Daylights Wasting". Der Text handelt von einer Band, wobei der Ich-Erzähler das Gefühl hat, dass ihm der Sänger der Gruppe in den Rücken gefallen ist. Am 3. März 1996 präsentierte die *VG* auf ihrer Titelseite unter der Überschrift „Kompletter Bruch mit Harket" ein zerrissenes Foto von Morten und Pål. Im Interview sagte Pål: „Das ist kein PR-Gag, dass Morten und ich uneins sind." Im Buch *Tears from a stone* (2018) sagte Pål über den Song Folgendes: „Ich fühlte mich fallengelassen. Ich habe an neuen a-ha-Demos gearbeitet, allerdings sagte mir keiner, dass das Ganze keinen Sinn habe. Diese Frustration agiert im Hintergrund dieses Songs. Gleichzeitig liegt aber auch viel Fiktion in dem Text."

Mortens Sicht auf die Angelegenheit ist eine gänzlich andere.

„Im Nachhinein habe ich erlebt, dass Pål der Meinung ist, niemand habe ihm erzählt, dass sich die Band in Auflösung befand, eine Erklärung, die ich ihm nur schwer abkaufen kann. Er hat immer getan, was zum Teufel er auch wollte, ungeachtet dessen, was Magne und ich möglicherweise meinten – und das hatte schließlich Konsequenzen. Meinem Empfinden nach stand ich auf *Memorial Beach* Påls Entwicklung im Wege. Er versuchte in immer höherem Maße, meinen Gesang im Detail zu steuern. Das war sein Projekt geworden, er lehnte beispielsweise Tournee-Möglichkeiten ab, die zudem den

Lebensunterhalt unseres Managers ausmachten. Er war in dieser Zeit von viel Negativität umgeben, er wollte weg von der Band – wir hatten in vielerlei Hinsicht aufgehört, eine Band zu sein. Auf der Suche nach dem Weg, der vom Wesen a-has wegführte, drehte sich Pål im Kreis. Er suchte nicht innerhalb der Band, um das herauszuholen, was uns allen innewohnt. Er wollte, kurz gesagt, ein anderer sein, und das ist durchaus in Ordnung, das *ist* ein notwendiger Teil des künstlerischen Prozesses, mit dem Gefühl war er nicht allein, jedoch hob er nicht einmal den Blick, um die musikalische Einheit zu finden, die wir drei in der Lage sind zu demonstrieren."

„Pål sagte, er habe es regelrecht wie einen Verrat empfunden, dass ich die Band hintergangen und *Wild Seed* gemacht hätte. So was zu hören, ist äußerst merkwürdig, und direkt hat er mir das nie gesagt. Ich war es nicht, der sich von der Band zurückgezogen hat – es *gab* keine Band mehr. Sie war dermaßen tot, dass es mich wundert zu hören, was Pål sagt, mir war nie bewusst, dass dies etwas war, wovon man sich abmelden müsste. Was ich machte, war für Pål uninteressant. Mir ist auch fremd, dass Pål der Meinung war, dass wir uneins seien. Er war vielleicht uneins mit mir, was aber nicht auf Gegenseitigkeit beruhte."

Als sich Mortens Soloambitionen noch ganz am Anfang befanden, waren a-ha, seiner Meinung nach, in der Abwicklung begriffen. Das fünfte Album der Band, *Memorial Beach*, erschien im Juni 1993, und bis zum letzten a-ha-Konzert ein Jahr später in St. Petersburg existierten diese beiden Karrieren nebeneinander – allerdings in zwei verschiedenen Universen.

„Wir waren alle drei erschöpft, und ich hatte meine Rolle als Frontmann gründlich satt. Ich zog mich leise raus, weil ich die enorme Unzufriedenheit in der Band erkannte. Wahr ist, dass wir uns als Band zutiefst missverstanden fühlten. Nicht zu wissen, was wir wollten, zehrte auch an der Plattenfirma, nichtsdestotrotz wurde die Band von innen heraus ausgehöhlt, beeinflusst durch die endlosen Darstellungen als blank polierte Teenieband. Meiner Meinung nach gereichte ein Aspekt der Reaktion von Pål und Magne darauf der

Band zum Nachteil. Es wurden eindeutig Vorstöße unternommen, sich an cooleren Bands zu orientieren, anstatt auf die reale Stärke zu setzen, die der a-ha eigenen Natur innewohnt. Uns stand die ganze Zeit über *alles* zur Verfügung. Wir versuchten, uns die Autorität anderer überzustülpen, obwohl sich in uns selbst eine Goldader fand. Man kann immer auf einer Autobahn fahren, die andere angelegt haben, jedoch müssen wir unseren eigenen Weg finden, und das haben wir auch getan. Das sollte sich viele Jahre später zeigen, zu dieser Zeit aber hatte die Band ihren Glauben verloren. Magne setzte eine Weile sein Vertrauen in die Band, was Pål nicht tat. Er wollte etwas anderes und verwendete viel Zeit und Geld darauf. Und zu dieser Zeit hatte ich aufrichtig den Wunsch, dass ihm gelingen sollte, was er wollte, mir war aber auch klar, dass er sich für die Umsetzung seiner Ambitionen jemand anderen suchen müsste."

Parallel dazu wurde in der Zeit zwischen 1993 und 1998 regelmäßig darüber spekuliert, wann a-ha wieder etwas zusammen machen würden. 1996, während Morten mit den Aufnahmen für *Vogts Villa* beschäftigt war, interviewte die *VG* Magne Furuholmen und Pål Waaktaar Savoy, die beide Lust auf ein neues a-ha-Album hatten. „Pål und ich haben große Lust, wieder zusammenzuarbeiten. Aber wir haben noch nicht mit Morten gesprochen", sagte Furuholmen gegenüber der Zeitung.

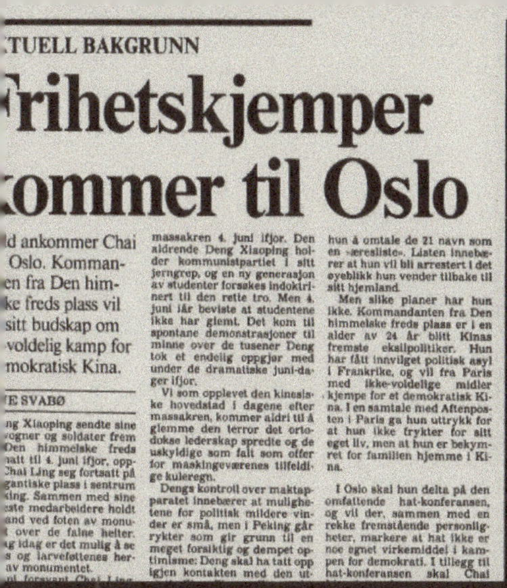

:TUELL BAKGRUNN

'rihetskjemper :ommer til Oslo

ld ankommer Chai Oslo. Komman-en fra Den him-ke freds plass vil sitt budskap om -voldelig kamp for mokratisk Kina.

'E SVABØ

ng Xiaoping sendte sine vogner og soldater frem Den himmelske freds natt til 4. juni ifjor, opp-Chai Ling seg fortsatt på gantiske plass i sentrum king. Sammen med sine este medarbeidere holdt and ved foten av monu-over de falne helter. ag idag er det mulig å se s og larveføttenes her-av monumentet.

massakren 4. juni ifjor. Den aldrende Deng Xiaoping holder kommunistpartiet i sitt jerngrep, og en ny generasjon av studenter forsøkes indoktrinert til den rette tro. Men 4. juni i år beviste at studentene ikke har glemt. Det kom til spontane demonstrasjoner til minne over de tusener Deng tok et endelig oppgjør med under de dramatiske juni-dager ifjor.

Vi som opplevet den kinesiske hovedstad i dagene efter massakren, kommer aldri til å glemme den terror det ortodokse lederskap spredte og de uskyldige som falt som offer for maskingeværenes tilfeldige kuleregn.

Dengs kontroll over maktapparatet innebærer at mulighetene for politisk mildere vinder er små, men i Peking går rykter som gir grunn til en meget forsiktig og dempet optimisme: Deng skal ha tatt opp igjen kontakten med den ut-

hun å omtale de 21 navn som en »æresliste«. Listen innebærer at hun vil bli arrestert i det øyeblikk hun vender tilbake til sitt hjemland.

Men slike planer har hun ikke. Kommandanten fra Den himmelske freds plass er i en alder av 24 år blitt Kinas fremste eksilpolitiker. Hun har fått innvilget politisk asyl i Frankrike, og vil fra Paris med ikke-voldelige midler kjempe for et demokratisk Kina. I en samtale med Aftenposten i Paris ga hun uttrykk for at hun ikke frykter for sitt eget liv, men at hun er bekymret for familien hjemme i Kina.

I Oslo skal hun delta på den omfattende hat-konferansen, og vil der, sammen med en rekke fremstående personligheter, markere at hat ikke er noe egnet virkemiddel i kampen for demokrati. I tillegg til hat-konferansen skal Chai

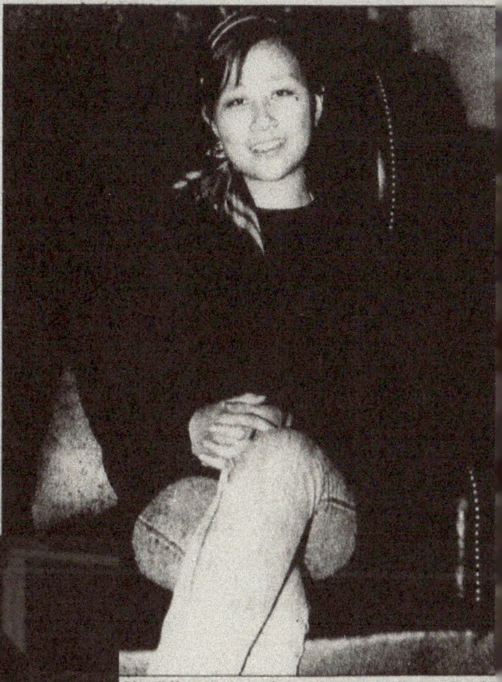

Ling til Norge. Fortsatt står hun på listen over de mest eftersøkt- en himmelske freds plass 4. juni ifjor. *(Foto: Erik Berglund*

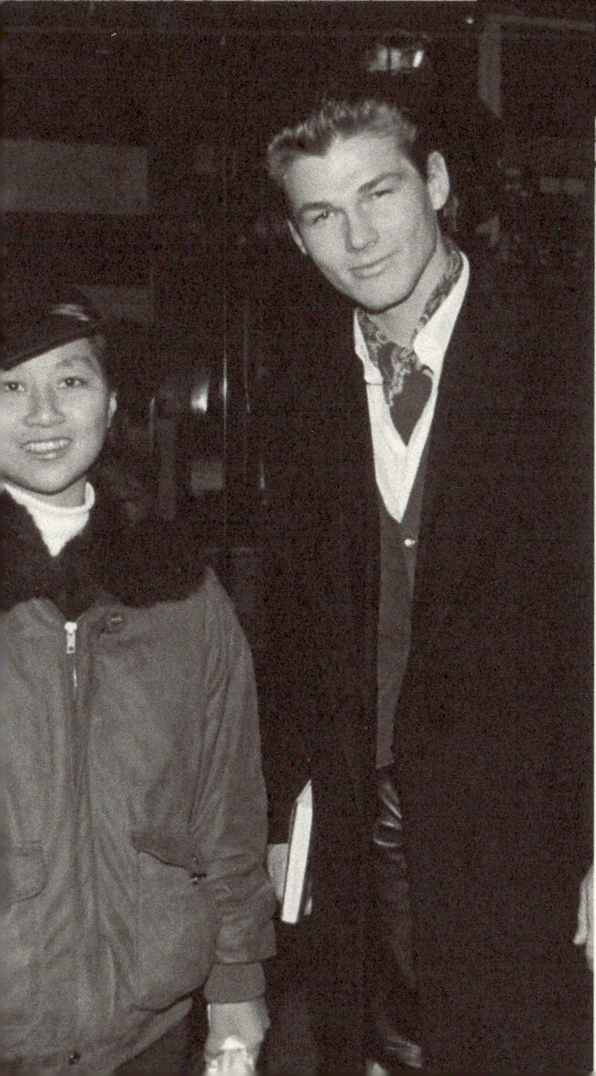

Chai Ling, eine der Anführerinnen des Studentenaufruhrs im Frühjahr 1989 in Peking, 1990 zusammen mit Morten Harket in Oslo. Er begleitete sie in diesem Jahr zur Verleihung des Friedensnobelpreises im Osloer Rathaus.

Foto: Line Møller / VG

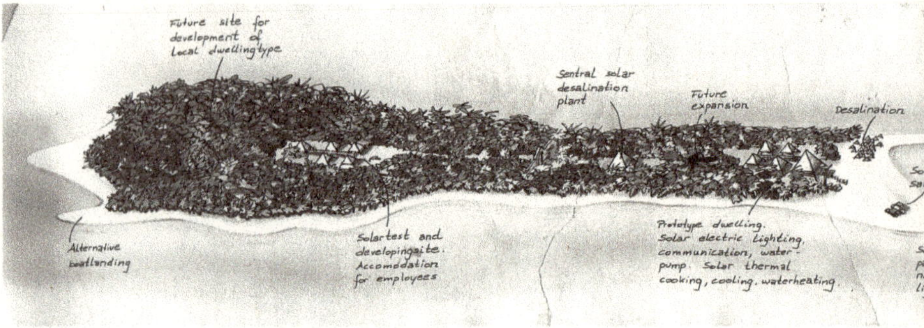

So stellte sich Harald N. Røstvik die Insel vor, wo nahezu alles von Solarzellen angetrieben werden sollte.

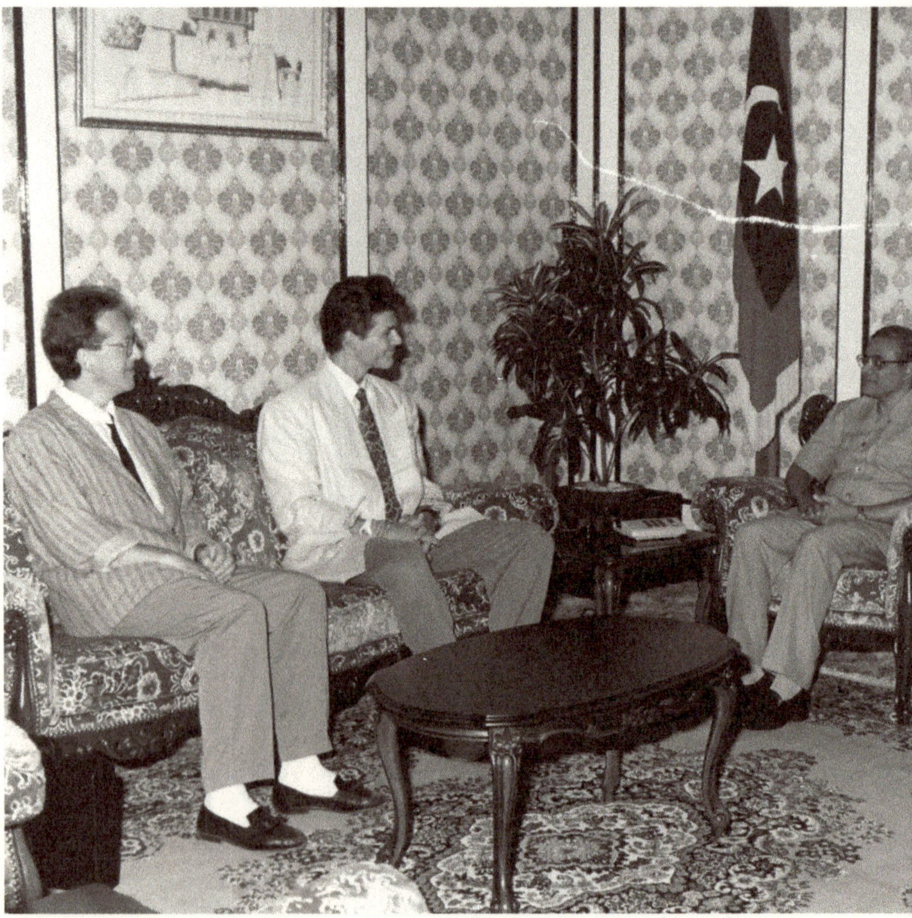

Harald N. Røstvik und Morten Harket Ende der Achtzigerjahre im Gespräch mit dem damaligen Präsidenten der Malediven, Maumoon Abdul Gayoom, über das auf der Insel geplante Projekt. Foto: Archiv Harald N. Røstvik

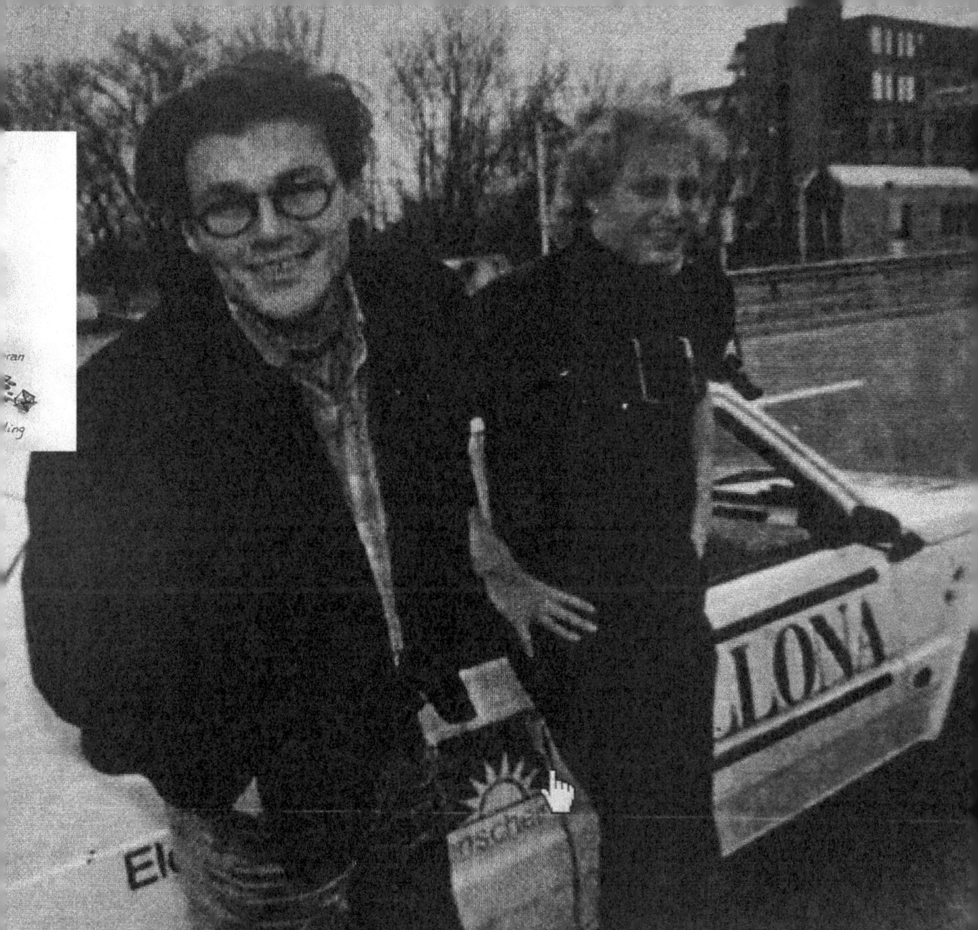

*Morten Harket og Frederic Hauge mener el-bilen bør få kjøre avgiftsfritt og markerte dette ved å kjøre gjenn…
…gen gjentatte ganger, uten å betale.*
(NTB-foto: Lis…

— La el-bilen få kjøre avgiftsfritt

…å ha positive miljøvirkemidler, sa Frederic Hauge …ten Harket da de aksjonerte med en av Bellonas …ke biler ved bompengeringen på Majorstua. Stif… …ar i lengre tid nektet å betale bom- og parkerings-avgift når de har kjørt sine elektriske biler i Os… de mener bruken av slike biler bør fremmes ved … fritak og andre tilretteleggelser.

…elsen akter ikke å beta… …tte bøter i størrelsesor… …00 kroner.

… er lei av negative vir… …, mener Hauge.

…nå myndighetene heller …ette for at miljøvennlig … foretrekkes. El-bilen er … et fullgodt alternativ …

men teknologien er i stadig utvikling. Bilen er ypperlig til bykjøring, derfor mener vi den bør fritas for bom- og parkeringsavgift.

Aksjon gikk ut på at Hauge og Harket igjen og igjen kjørte igjennom bompengeringen uten å betale — nye bøter ventes å …

bom- og parkeringsbøter. Kemneren har truet med å ta beslag i en av stiftelsens elektriske biler.

— Da blir vi nødt til å bruke en forurensende bil når vi skal gjøre korte ærend, beklaget Hauge. Han holder byråd for miljø- og samferdsel, Raymond Johansen (SV), ansvarlig for Bellonas even-…

— Vi må presse utv… en miljøvennlig retnin… Morten Harket. Til da, … sangstjernen rundt i … des 560 SEC, men ha… ser fram til den dage… parkere den forurense… og gå fullstendig ove… trisk bil.

Morten zusammen mit dem Fotografen Ulf Berntsen im Flugzeug. Foto: Ariel Glaser

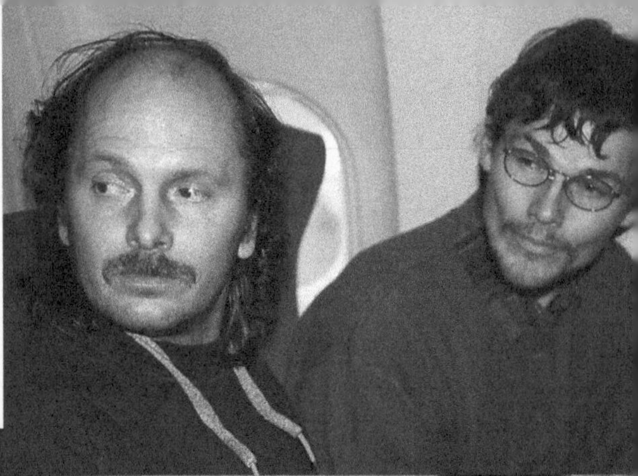

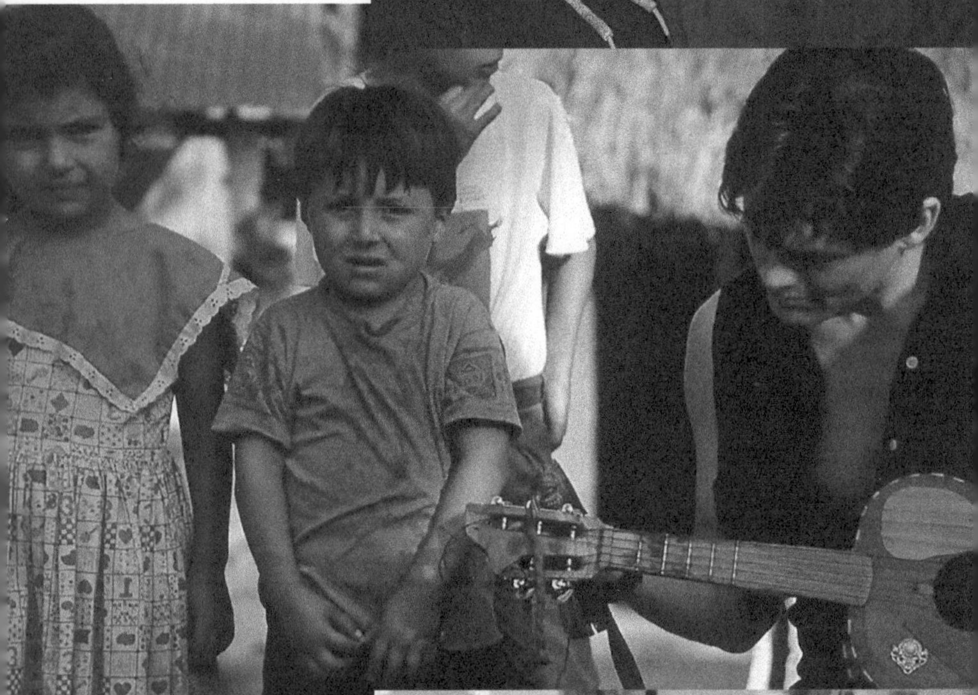

Während einer Reise für die Fernsehsendung „Safari" kaufte Morten von Ortsansässigen eine Gitarre, die im Rahmen der Serie häufig zum Einsatz kam. Foto: Ariel Glaser

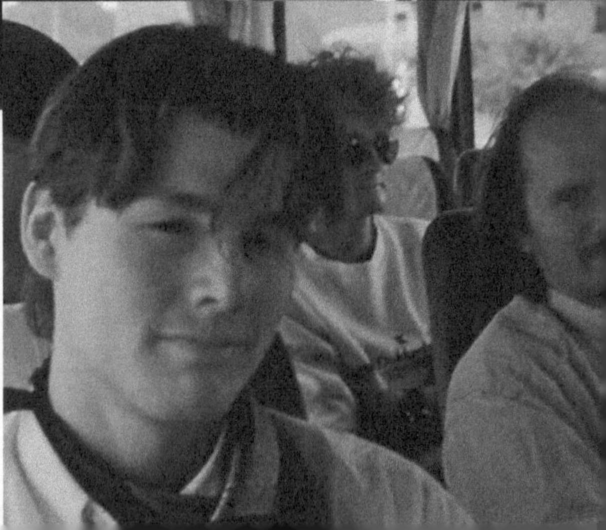

Morten und Fotograf Ulf Berntsen in einem Bus in Ägypten. Bei dem Mann hinter Berntsen handelt es sich um einen Guide. Foto: Ariel Glaser

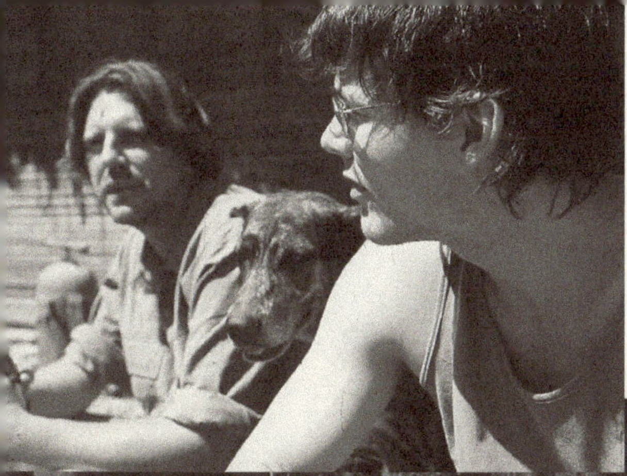

Morten und sein langjähriger Kooperationspartner Sigurjon Einarsson bei den Aufnahmen zu „Safari“. Foto: Ariel Glaser

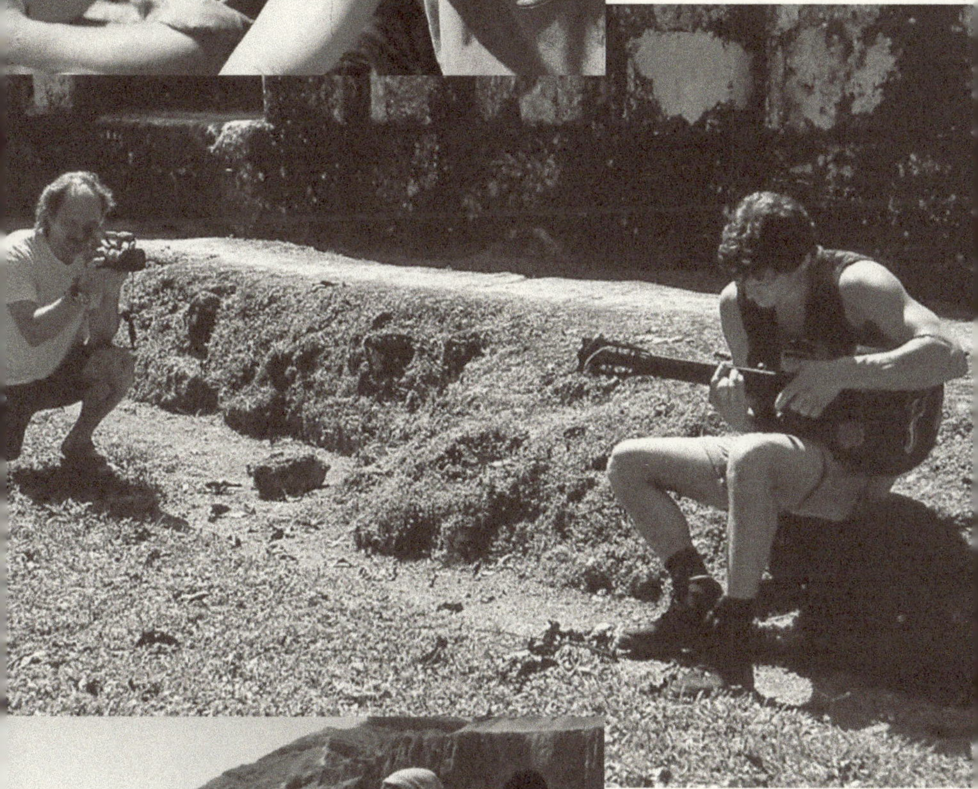

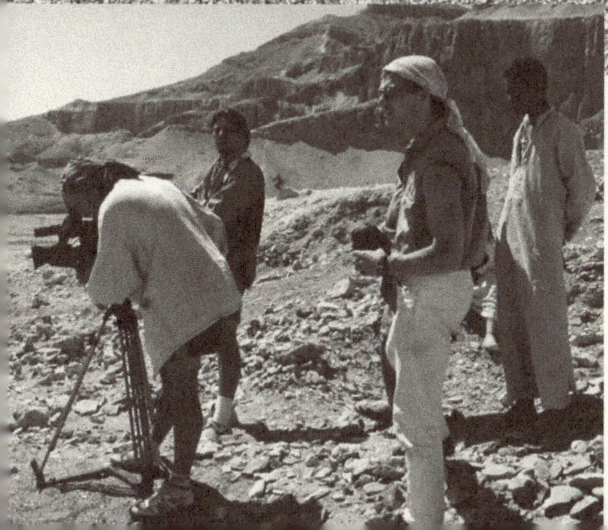

Dreharbeiten im Tal der Könige im ägyptischen Luxor. Ulf Berntsen hinter der Kamera. Zudem sind zu sehen: Einarsson, Morten und ein ortsansässiger Assistent. Foto: privat

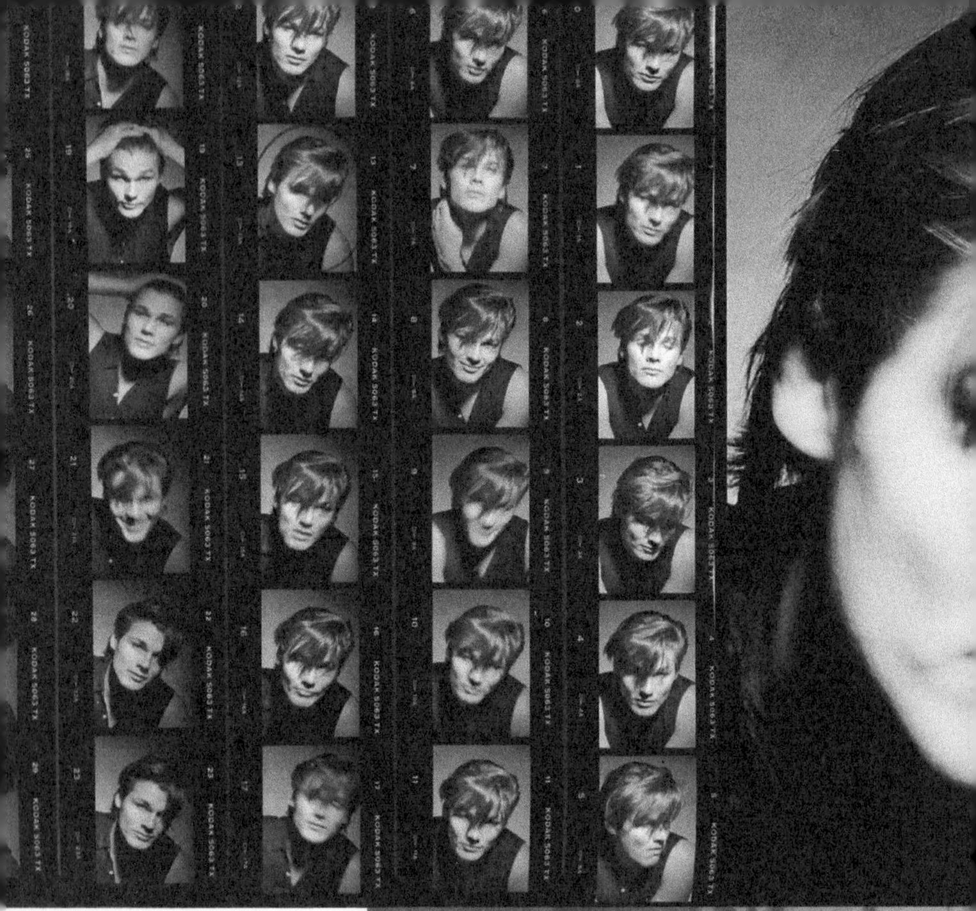

Von der Fotosession für *Poetenes Evangelium*, aufgenommen im Studio von Jo Michael de Figueiredo in der Rosenkrantz' gate 4 in Oslo.

Foto: Jo Michael de Figueiredo

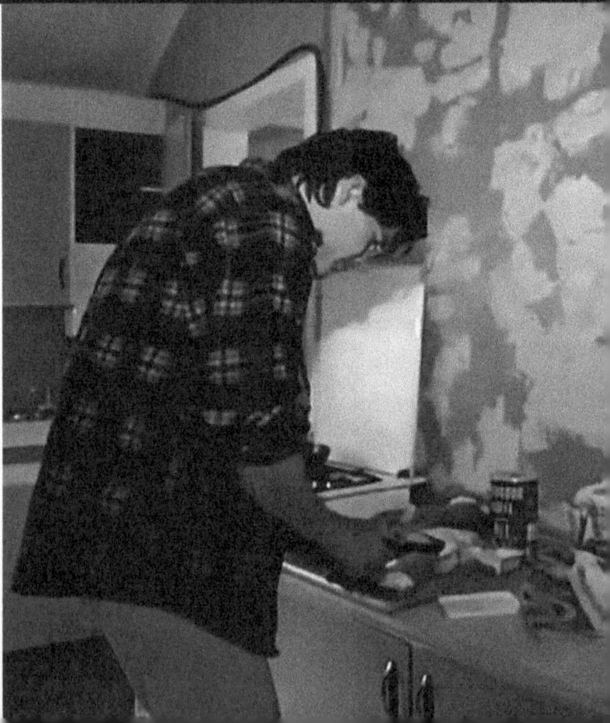

Im Rahmen der Aufnahmen zum Album *Vogts Villa* auf der Insel Dvergsøya schmiert Morten Marmeladenbrote.

Foto: NRK Standbild

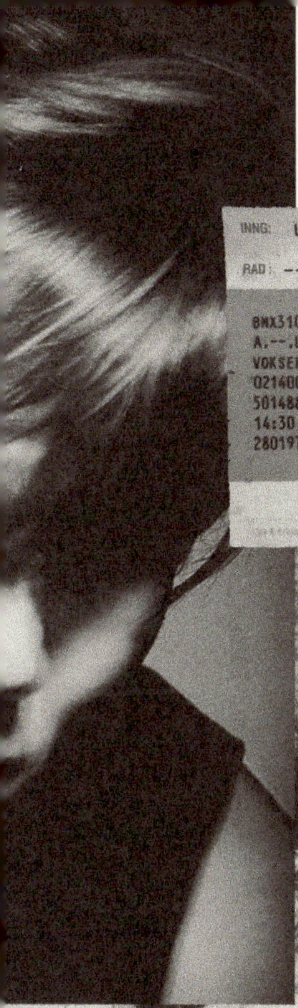

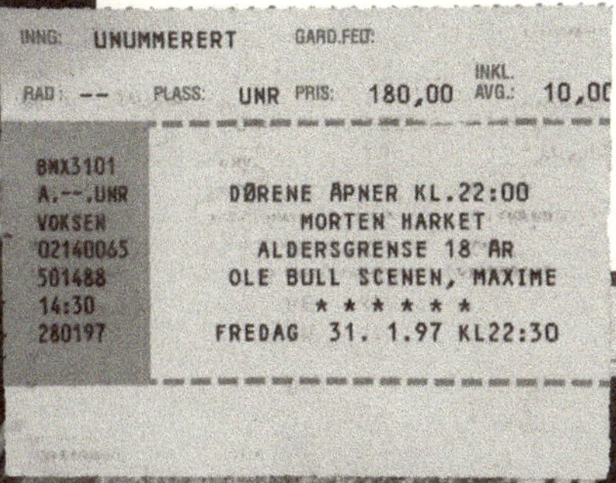

INNG: UNUMMERERT GARD.FELT:
RAD: -- PLASS: UNR PRIS: 180,00 INKL. AVG.: 10,00

BMX3101
A.--.UNR
VOKSEN
02140065
501488
14:30
280197

DØRENE ÅPNER KL.22:00
MORTEN HARKET
ALDERSGRENSE 18 ÅR
OLE BULL SCENEN, MAXIME
* * * * * *
FREDAG 31. 1.97 KL22:30

Ticket für das Auftaktkonzert der *Vogts Villa*-Tournee im Maxime in Bergen am 31. Januar 1997.

Foto: Archiv Ørjan Nilsson

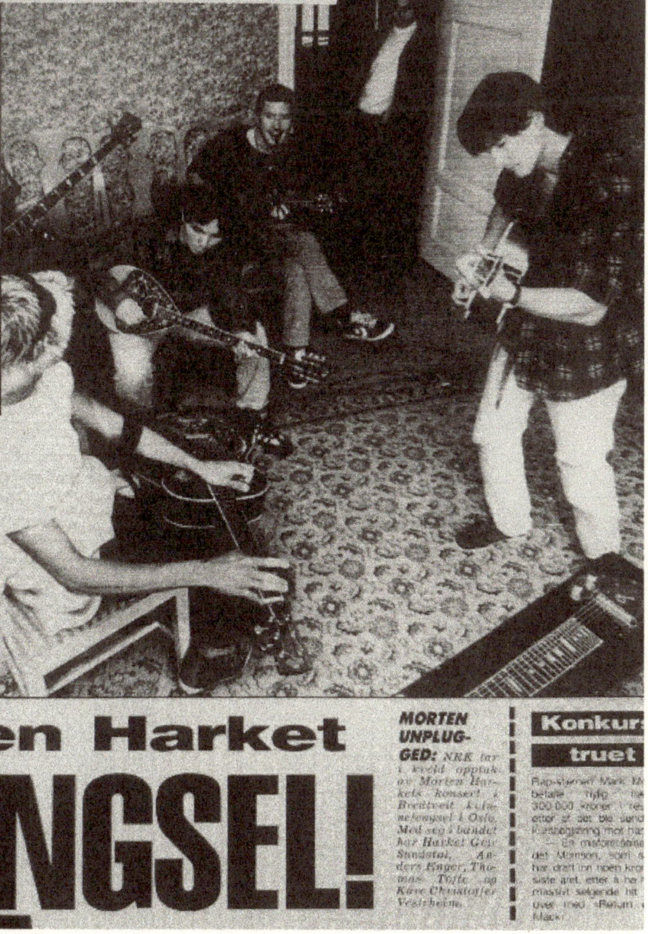

RAMPELYS 49

Morten Harket

I FENGSEL!

MORTEN UNPLUGGED: NRK tar i kveld opptak av Morten Harkets konsert i Bredtveit kvinnefengsel i Oslo. Med seg i bandet har Harket Geir Sundstøl, Anders Engen, Thomas Tofte og Kåre Christoffer Vestrheim.

Konkurs truet

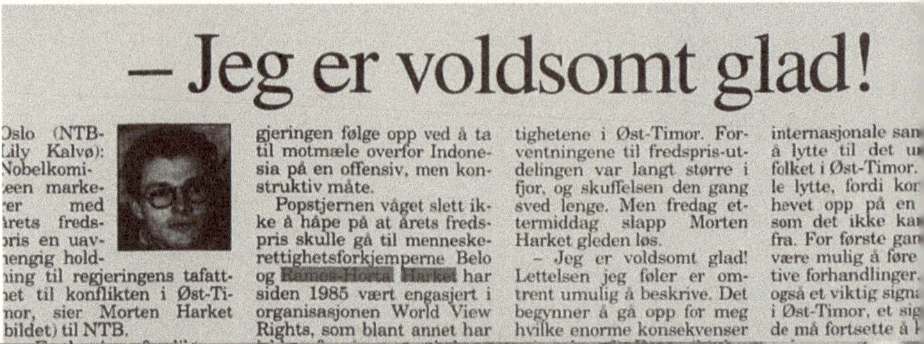

– Jeg er voldsomt glad!

Oslo (NTB-Lily Kalvø): Nobelkomiteen markerer med årets fredspris en uavhengig holdning til regjeringens tafatthet til konflikten i Øst-Timor, sier Morten Harket (bildet) til NTB.

gjeringen følge opp ved å ta til motmæle overfor Indonesia på en offensiv, men konstruktiv måte.

Popstjernen våget slett ikke å håpe på at årets fredspris skulle gå til menneskerettighetsforkjemperne Belo og Ramos-Horta. Harket har siden 1985 vært engasjert i organisasjonen World View Rights, som blant annet har

tighetene i Øst-Timor. Forventningene til fredspris-utdelingen var langt større i fjor, og skuffelsen den gang sved lenge. Men fredag ettermiddag slapp Morten Harket gleden løs.

– Jeg er voldsomt glad! Lettelsen jeg føler er omtrent umulig å beskrive. Det begynner å gå opp for meg hvilke enorme konsekvenser

internasjonale sam
å lytte til det u
folket i Øst-Timor.
le lytte, fordi kor
hevet opp på en
som det ikke ka
fra. For første gan
være mulig å føre
tive forhandlinger.
også et viktig sign
i Øst-Timor, et sig
de må fortsette å

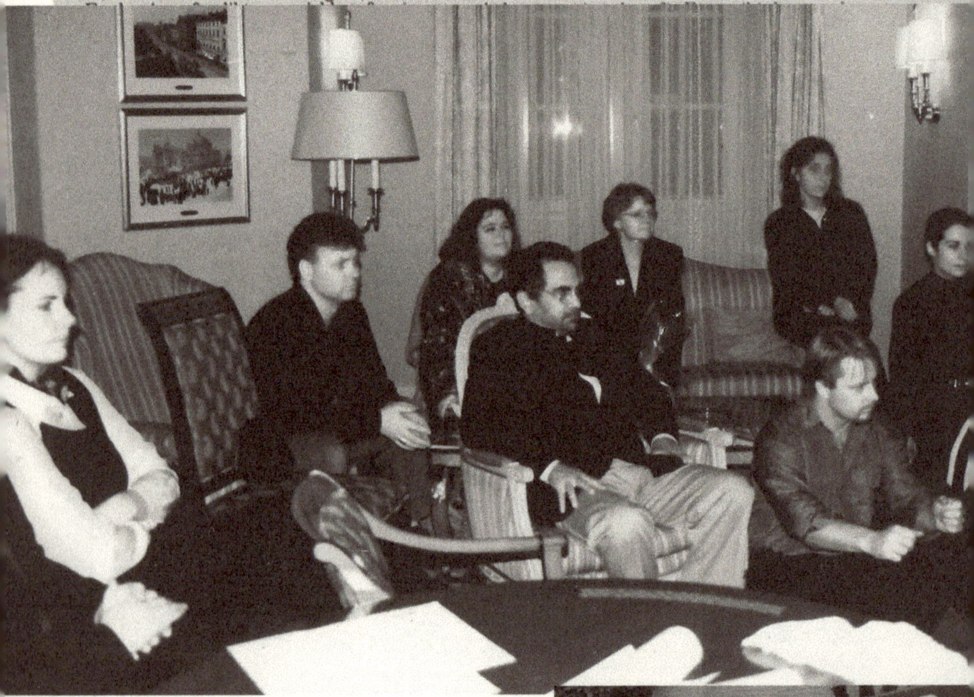

Im Grand Hotel im Zentrum von Oslo nach der Verleihung des Friedensnobelpreises im Dezember 1996. Zu sehen sind unter anderem José Ramos-Horta (in der Bildmitte mit heller Hose), Morten (rechts auf dem Boden), Geir Kolbu (neben dem Lampenschirm, hinter Horta); auf dem Sofa dahinter sitzen zwei der drei isländischen Politikerinnen, die Horta nominiert hatten. Sie schauen die von Einarsson und Max Stahl gedrehte Dokumentation „Sometimes I must Speak out Strongly“ an, die am selben Abend im Fernsehen ausgestrahlt wurde. Foto: Sigurjon Einarsson

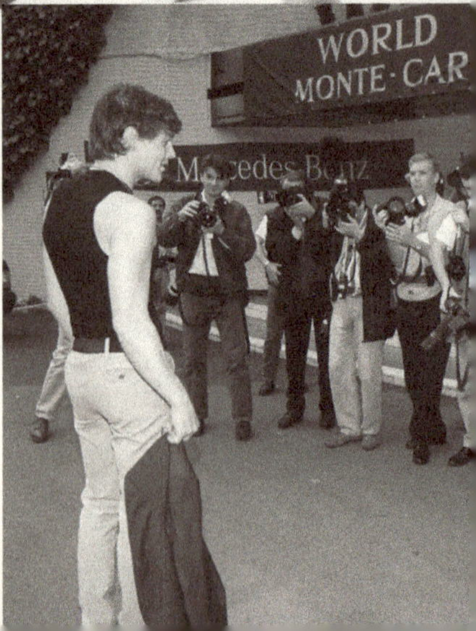

Im Vorfeld der World Music Awards in Monaco im Mai 1996 stellt sich Morten den Fotografen. Foto: Janne Møller-Hansen

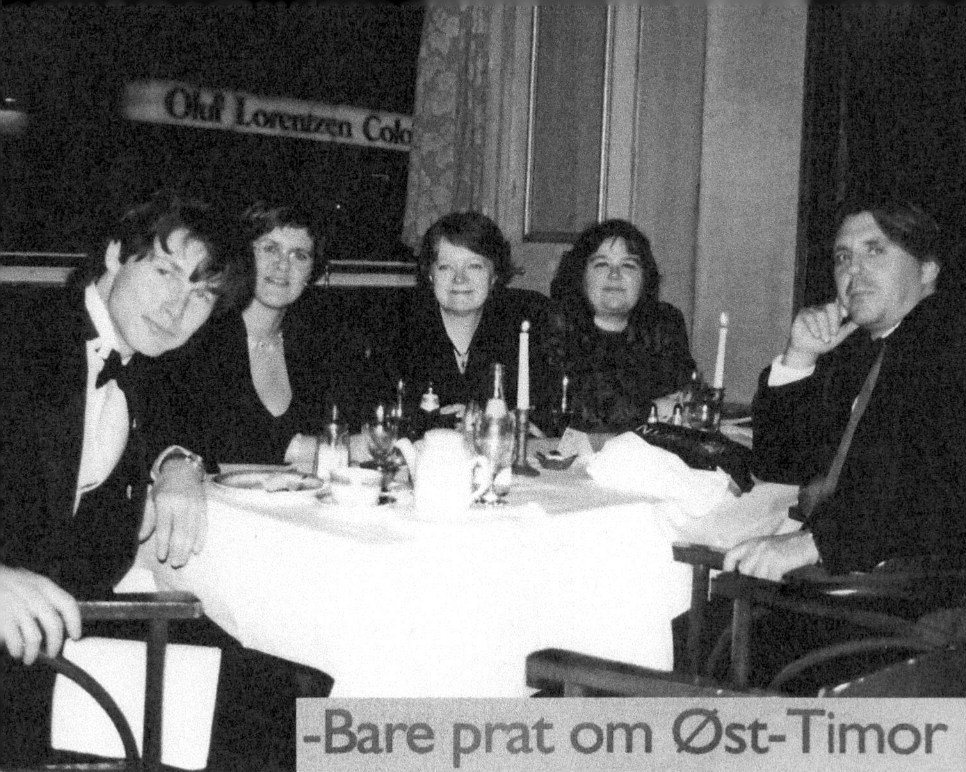

…rten und Sigurjon Einarsson
…m Abendessen mit den drei
…itikerinnen der isländischen
…uenpartei. Foto: unbekannt

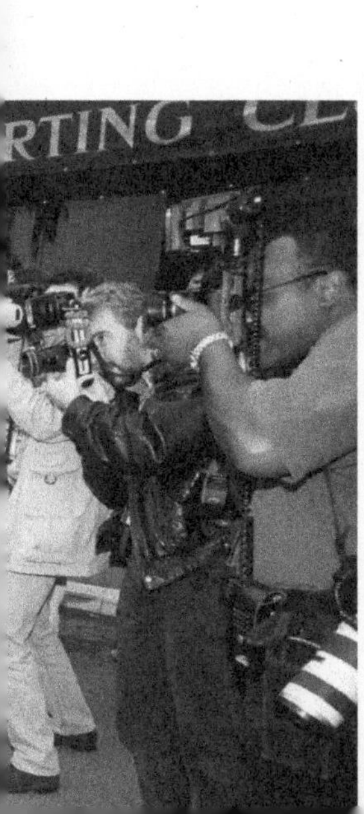

-Bare prat om Øst-Timor

Portugal og Indonesias utenriksministre møttes mandag denne uke til dialog om Øst-Timor i FN-regi i Geneve. Stadig flere engasjerer seg for Øst-Timor, blant dem den norske artisten Morten Harket.

AV ELLEN STOKLAND

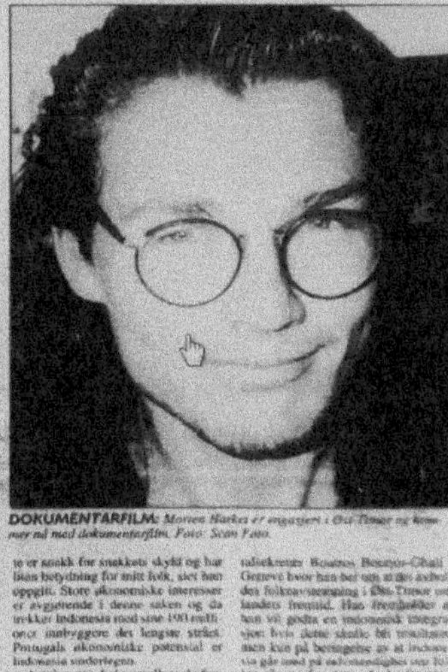

DOKUMENTARFILM: *Morten Harket er engasjert i Øst-Timor og kommer nå med dokumentarfilm. Foto: Scan Foto*

Observatørstatus

Bare snakk

Internasjonalt ansvar

Vil ha folkeavstemning

Morten Harket engasjert

Morten, Håvard Rem und Ole Sverre Olsen im August 1996 im Vorfeld der Aufnahmen zu *Vogts Villa*. Foto: Nicolai Prebensen / VG

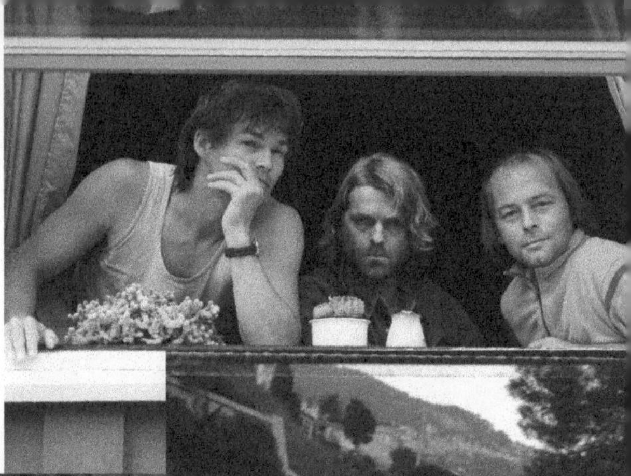

Morten und Håvard Rem bei einer Kombination aus Konzert und Lesung im Oktober 1997 im Café Sting in Stavanger. Foto: Åge Pedersen / VG

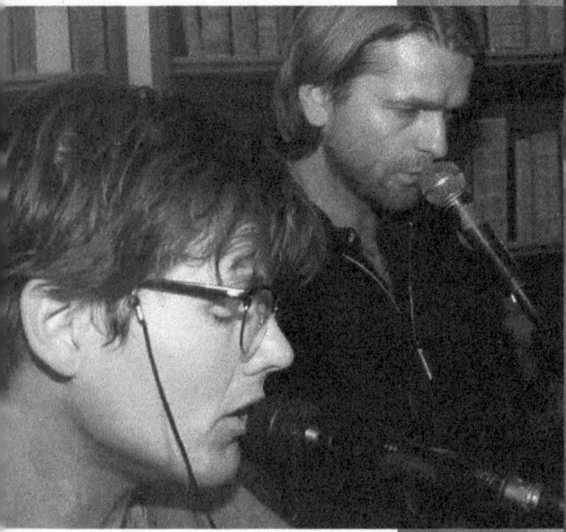

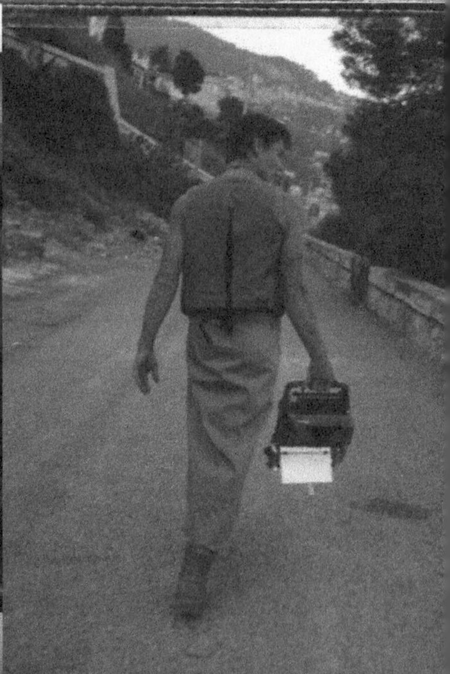

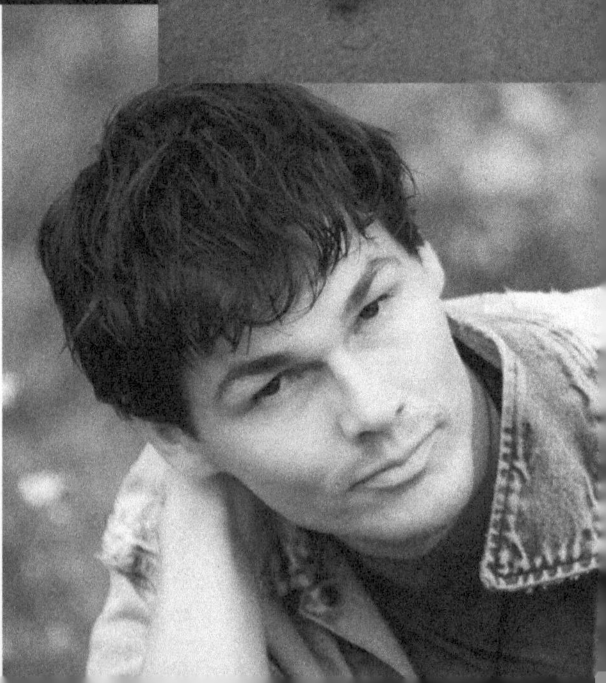

Von der Fotosession für das *Wild Seed*-Cover in Monte Carlo. Foto: Julian Broad

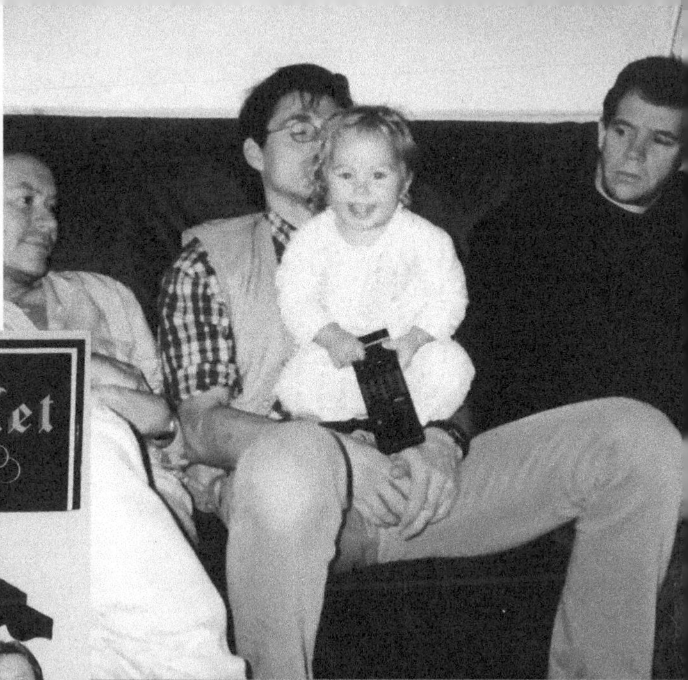

Der *Wild Seed*-Produzent Chris Neil, Morten mit Tochter Tomine auf dem Schoß und Kjetil Bjerkestrand im Studio in Chipping Norton.
Foto: Archiv Chris Neil

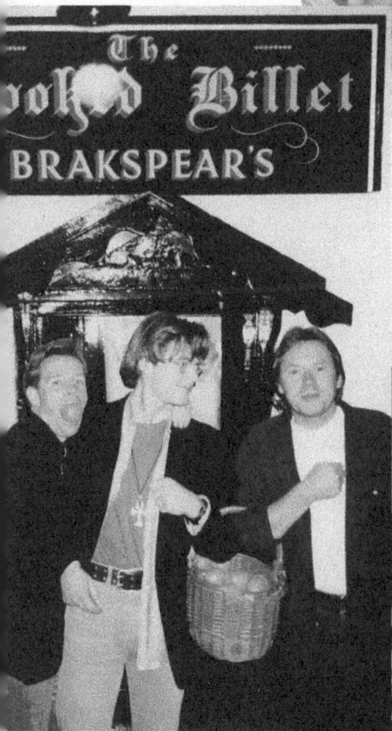

kestrand, Morten und Neil vor örtlichen Pub The Crooked t Brakspear's.
Archiv Chris Neil

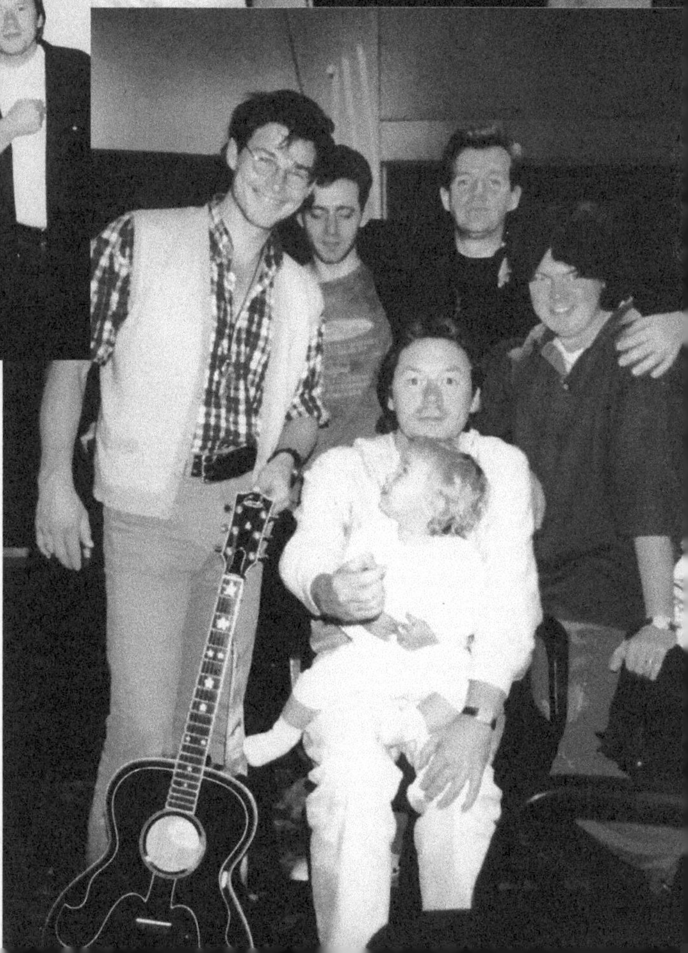

Zurück im Studio. Mortens Tochter Tomine auf dem Schoß von Produzent Chris Neil.
Foto: Archiv Chris Neil

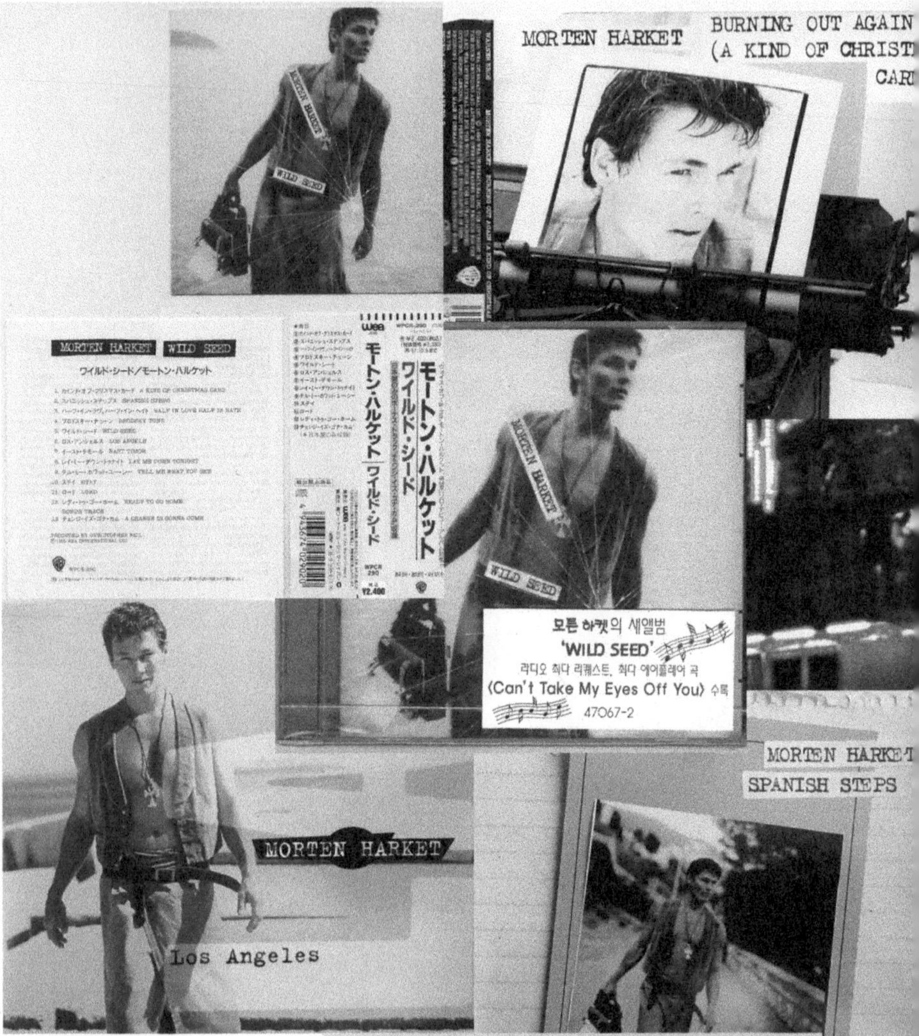

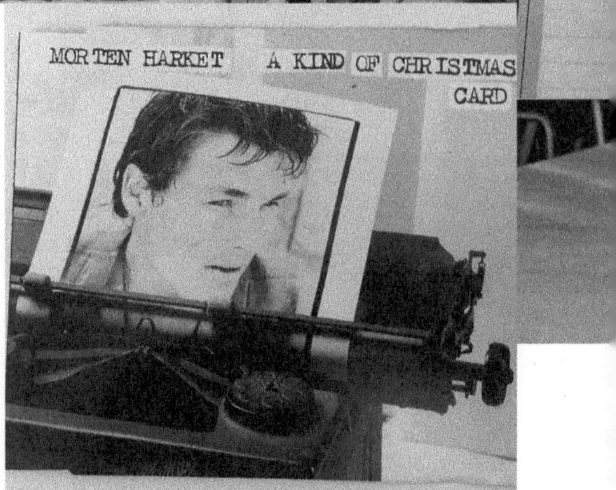

Wild Seed wurde auch in Japan und Korea veröffentlicht. Letztgenannte Ausgabe (Mitte, mit gelbem Aufkleber) beinhaltet auch den *Die Coneheads*-Song „Can't Take My Eyes off You". In Deutschland bekam die Single „A Kind of Christmas Card" den Namen „Burning out Again (A Kind of Christmas Card)". Neben „A Kind of Christmas Card" wurden von dem Album „Spanish Steps" und „Los Angeles" als Singles ausgekoppelt.

Fotos: Archiv P.A. Steners / Archiv Ørjan Nilsson

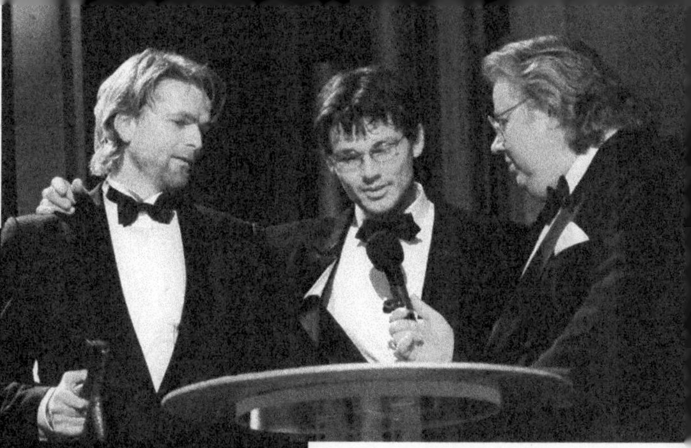

Håvard Rem, Morten und Moderator Knut Borge bei der Verleihung des Spellemannpreises für das Jahr 1995 im Chateau Neuf in Oslo am 17. Februar 1996. Foto: Morten Holm

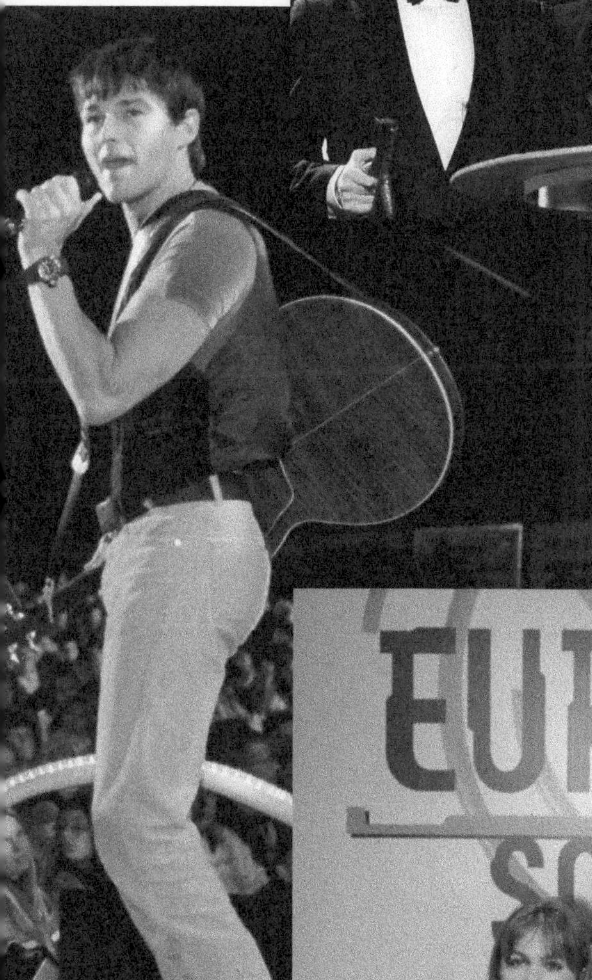

Morten beim Festival Momarkedet im August 1995. Foto: Harald Henden / VG

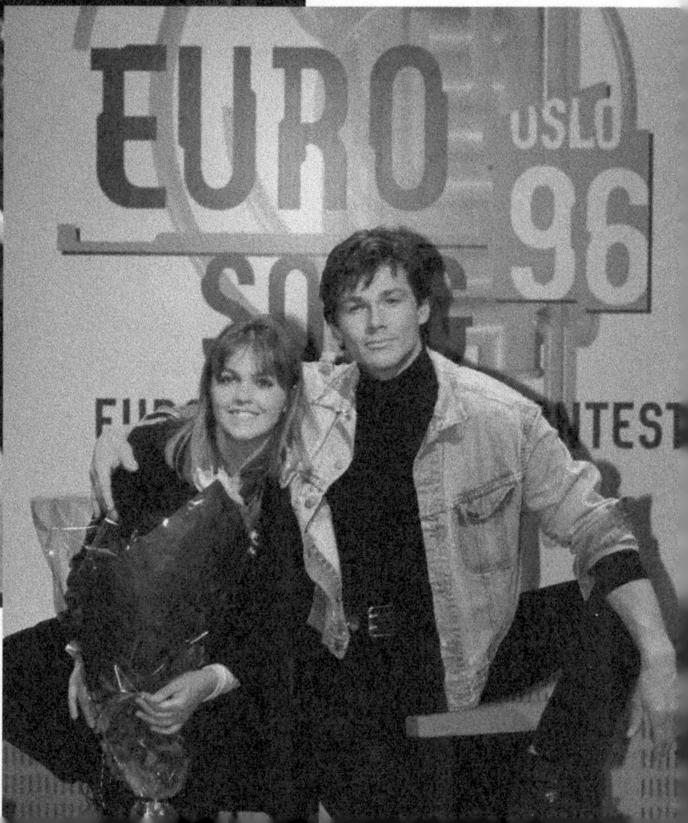

vild Bryn von NRK und Morten
ɔei einer Pressekonferenz anläss-
ch des Eurovision Song Contests
1996 in Oslo, den die beiden
moderierten. Foto: Line Møller / VG

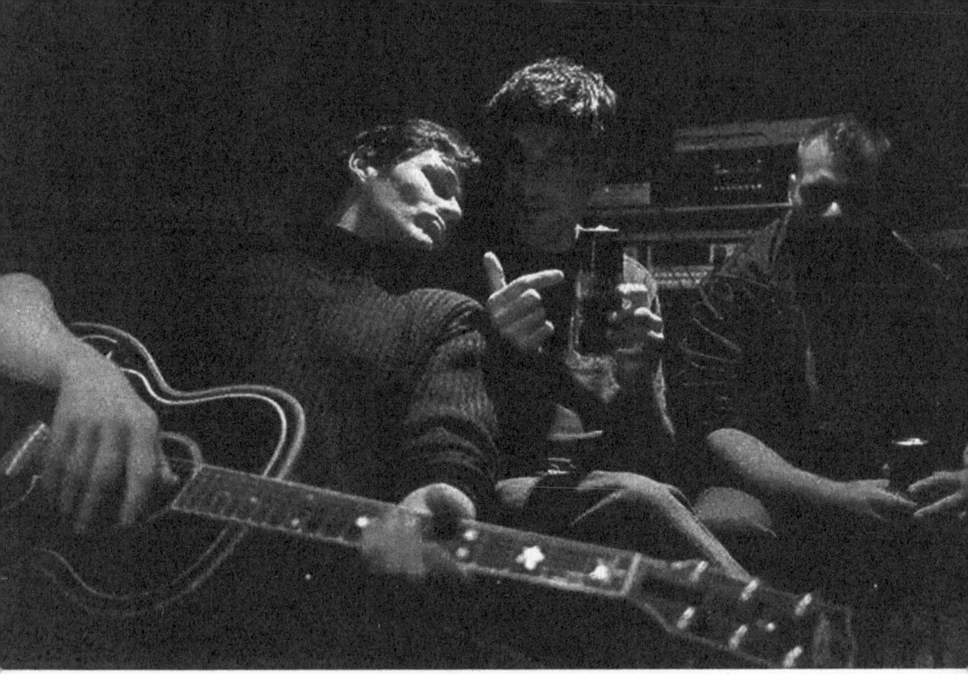

Morten im Studio mit dem Iren Mark O'Sullivan und Walter Bäcklin (vom Duo Boolaboss) in Danderyd bei Stockholm, 1998. Foto: Archiv O'Sullivan

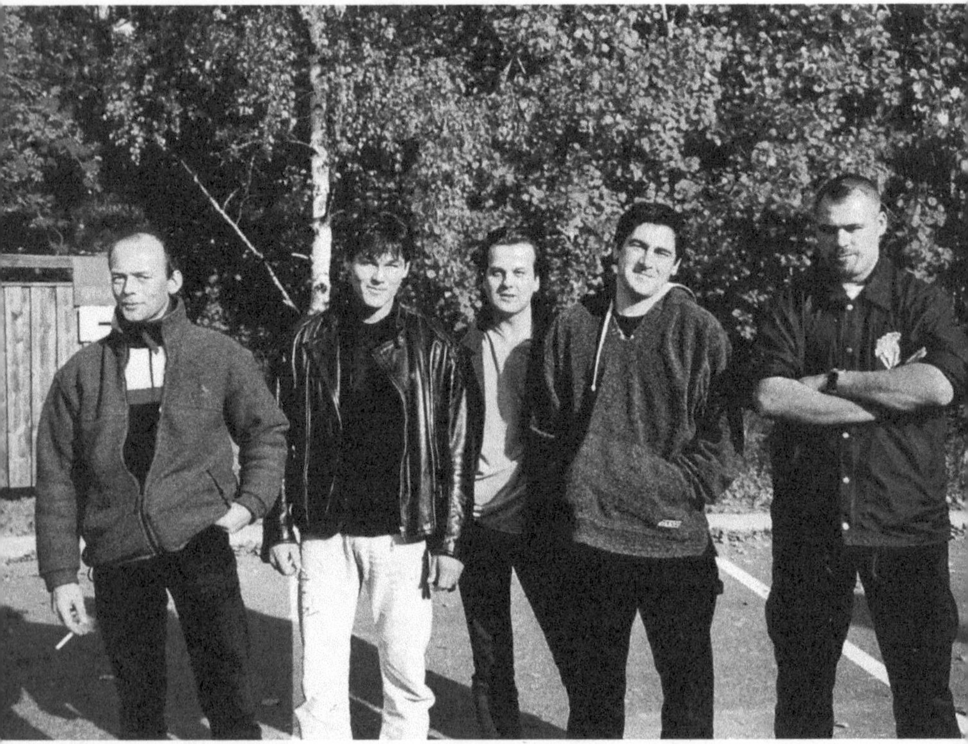

Ole Sverre Olsen, Morten, Studiotechniker Thomas Jansson, Mark O'Sullivan und Walter Bäcklin vor dem Warner Chappel Studio in Schweden. Foto: Archiv O'Sullivan

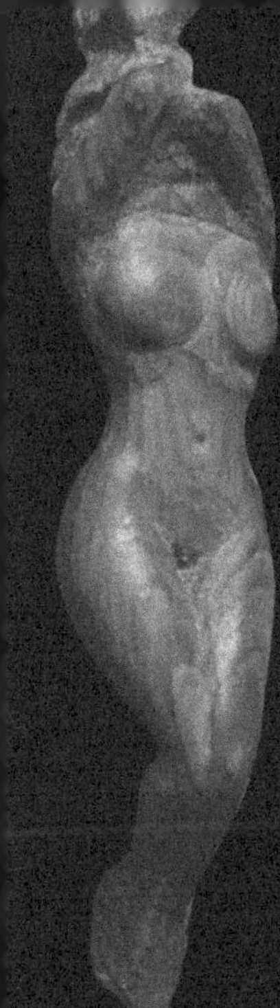

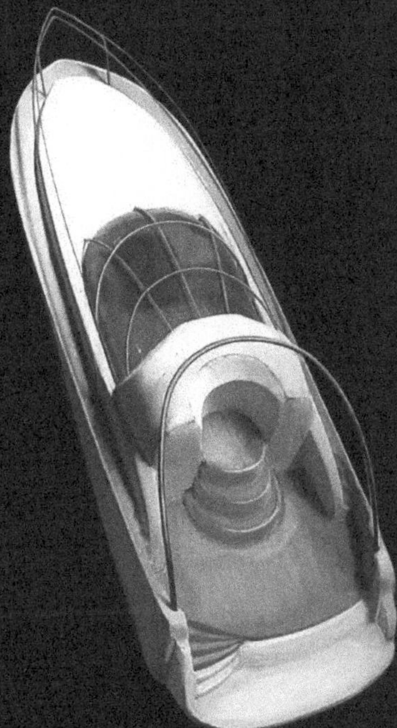

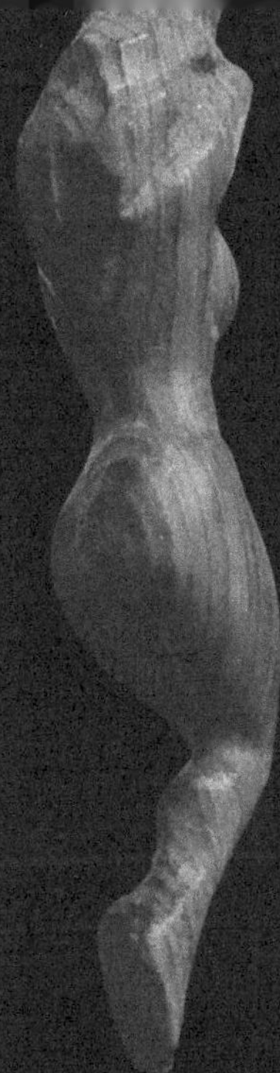

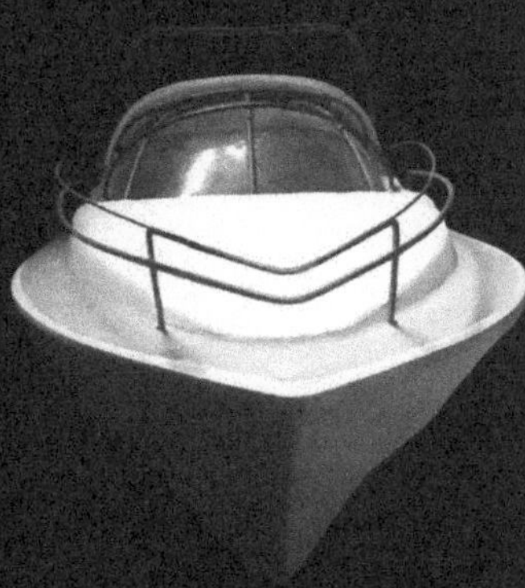

:h seinem ersten Besuch
der Werft von Espen
din, wo er die Pläne sowie
begonnenen Rumpf
angedachten Bootes
sehen bekommen hatte,
te Morten aus einem
ouls heraus dieses Schiffs-
dell. 1997 waren Mortens
lerungsvorschläge radikal
l visionär und trafen den
nteurer Brodin direkt ins
'z. Foto: privat

Diese Frauenfigur schnitzte Morten in der Nacht nach seinem ersten Besuch auf der Werft. Sie ist nur sechs Zentimeter lang. Ohne Gerede musste er den erfahrenen Bootsbauern demonstrieren, dass er etwas von Linien, Formen und Kurven sowie deren Zusammenspiel verstand. Foto: privat

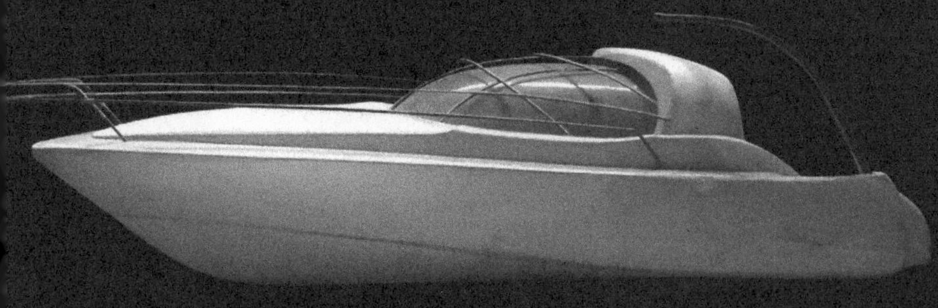

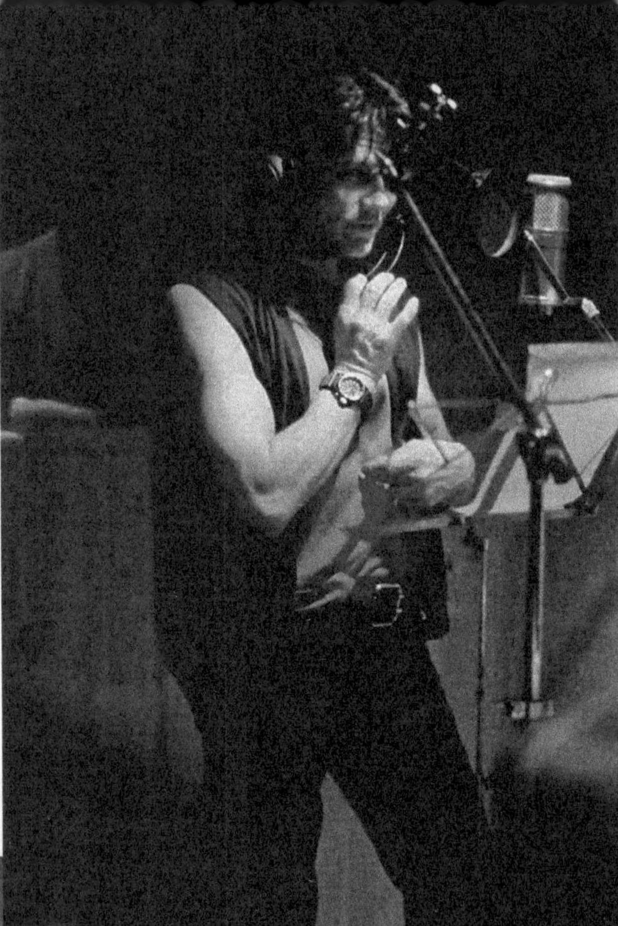

Morten im Studio in Danderyd.
Foto: Archiv O'Sullivan

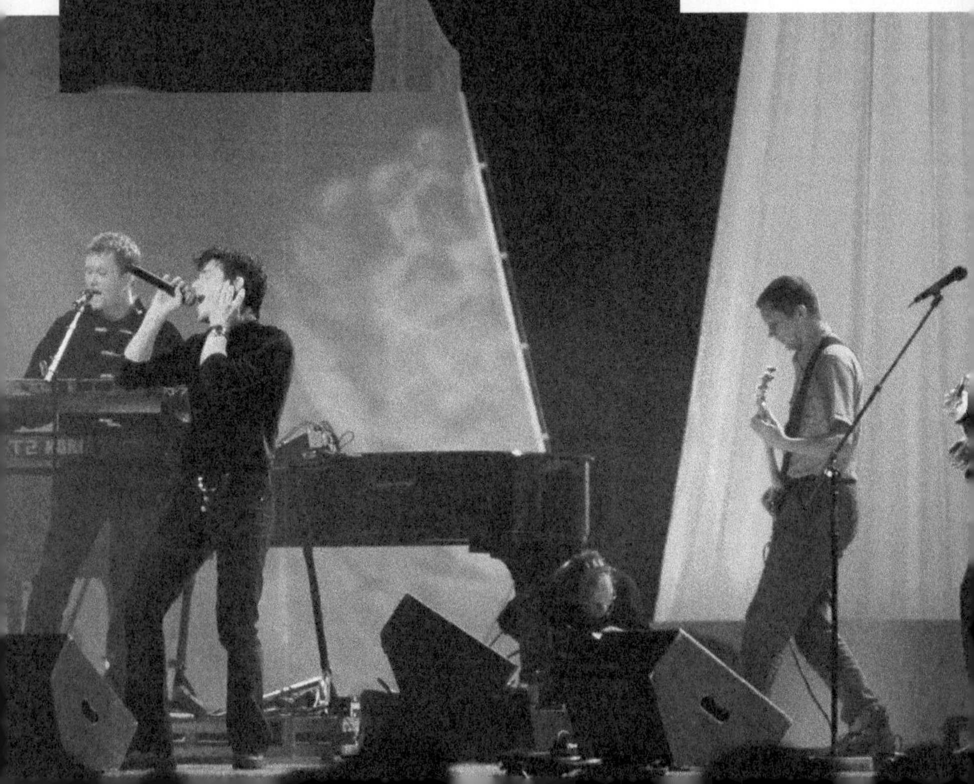

Zum ersten Mal seit gut vier Jahren stehen Magne, Morten und Pål am 11. Dezember 1998 beim Nobelkonzert im Osloer Spektrum wieder zusammen au der Bühne. Sie spielen den neue Song „Summer Moved On" und „The Sun Always Shines on T.V.
Foto: Roar Vestad / NTB Scanpix

Bei Minusgraden

Am 22. November 1995 gab Morten Harket sein allerserstes komplettes Solokonzert vor einem zahlenden Publikum. Kein Pål und kein Magne, kein *Hunting High and Low* oder *Scoundrel Days*. Vorab hatte es bereits einige Soloauftritte gegeben, unter anderem in Form einer geschlossenen Veranstaltung ein paar Wochen zuvor in Oslo.

Bereits vor der Veröffentlichung von *Wild Seed* im September 1995 hatte Tourmanager Anders Eriksen Kontakt zu Veranstaltern aufgenommen, um eine Tournee zu planen, die ganz Norwegen abdeckte, von Nord nach Süd. „A Kind of Christmas Card" war in Norwegen längst zu einem Megahit geworden, und als das Album draußen war, erfreute es sich bei den Käufern schnell großer Beliebtheit. Im Harket-Lager herrschten Optimismus und gute Laune, während viele Norweger ab Mitte August bis Jahresende „das Weihnachtslied" summten. Wer das in diesem Herbst nicht tat, kaufte womöglich Shaggys „Bombastic" oder TLCs „Waterfalls" als Single oder psalmodierte, begleitet von coolen Armbewegungen, auf dem Heimweg von der Schule „Been spendin' most their lives / Livin' in the gangsta's paradise". Morten seinerseits war so erpicht darauf, live zu spielen, dass er kaum stillsitzen konnte. Insgesamt wurden zwölf Konzerte sowie eine Open-Air-Veranstaltung in Oslo gegen Jahresende geplant. In von Levi's gesponserten Jacken – es gab eine silbergraue und eine orangene Variante – mit der Aufschrift „Wild Seed Tour" auf dem Rücken besuchten die Band und Morten (der die orangefarbene Jacke allerdings ignorierte) Orte wie Stange, Ålesund, Bergen, Stavanger, Trondheim und Oslo. Die Tickets zur Tournee, bei der es sich im norwegischen Maßstab betrachtet zur damaligen Zeit um eine große Produktion handelte, verkauften sich indes schleppend.

Der Auftakt in Oslo in der Sentrum Scene war so gut wie ausverkauft, während Harket in Bodø aufgrund des mäßigen Ticketverkaufs von der Nordlandshalle ins Kulturhus umziehen musste. Von einer Kapazität von mehreren tausend auf gut fünfhundert. Ende November vermeldete die Lokalzeitung *Gudbrandsdølen Lillehammer Tilskuer*, dass der Ticketverkauf für das geplante Harket-Konzert in der Vinstrahalle, das den Abschluss der Norwegen-Tournee bilden sollte, zäh verlaufe. Wenig später wurde das Konzert abgesagt.

So manche Erinnerung an die Teenagerjahre ist stärker als andere, wobei sich das Morten-Harket-Konzert in Bergen in diesem Herbst regelrecht ins Gedächtnis eingebrannt hat. Es war der 27. November 1995, fünf Tage nach dem Tourneeauftakt in Oslo. Ich war 14 Jahre alt. Ich erinnere mich, dass Sondre Lerche auch dort war. Damals nur ein Teenager unter vielen, jedoch einer, dem schnell anzusehen war, dass er überaus interessiert war. Aufgrund der damaligen Schutzverordnung für Konzerte mussten wir beide, unabhängig voneinander, am Nachmittag zuvor mit einem Elternteil zur Polizeibehörde in Bergen, um eine polizeiliche Genehmigung für den Konzertbesuch einzuholen. Unterzeichnet vom Diensthabenden. Die Erlaubnis, die Welt der Erwachsenen zu entern, Morten Harkets Welt der Erwachsenen. Und dann war man drin. Das erste Lied wurde hinter einer Art Fischernetz präsentiert, ein visueller *Touch* à la Mitte der Neunziger. Als das Fischernetz anschließend fiel, stand Morten da, mit Gitarre und karierter Hose. Gut 750 Seelen hatten ein Ticket für das Konzert in der Teatergarasjen gekauft, das mit „A Kind of Christmas Card" eingeleitet und beendet wurde. Dazwischen gab es sowohl „Gospel from a Heathen", vereinzelte Schreie angereister Damen aus Japan, den USA und mehreren europäischen Ländern, als auch umfangreiche Auszüge des *Wild Seed*-Materials. In einer Rezension der *Bergensavisen* am nächsten Tag wurde darauf hingewiesen, dass Morten sich ganz anders gegeben habe als in Verbindung mit a-ha. Er besitze eine andere Bühnenpersönlichkeit. „… Morten ist glaubwürdiger, als wir ihn in Erinnerung haben, und wenn er nach und nach in so manches Lächeln und kleine, schüchterne Lacher investiert, wird er auch nahbar und menschlich. Er kommuniziert mit dem Publikum, greift Repliken auf, überhört andere, fordert einen Dritten heraus." Du meine Güte. Aus diesen Zeilen kann man regelrecht herauslesen, dass ein Solokonzert mit Morten Harket Mitte der Neunziger beinahe einer Stand-up-Show gleichkam.

Ganz weit hinten auf der Bühne der Teatergarasjen saß, wie auch beim Rest der Tournee, Stene Osmundsen hinter dem Schlagzeug. Er spielte eigentlich bei The September When, die im Jahr darauf aufgelöst wurden, inoffiziell aber bereits aufgelöst waren, als Osmundsen in einem Fernsehinterview verlauten ließ, die Harket-Tournee würde ihm gut passen, zumal er prinzipiell nur mit Sängern namens Morten spiele.

„Von dieser Tournee ist mir viel in Erinnerung", gibt Osmundsen 24 Jahre später via Telefon an.

„In der letzten Woche vor Tourneebeginn hatten wir eine Vorproduktion in einem Studio am Akerselva. Ich erinnere mich, dass ich dachte: Morten Harket ist entweder der dusseligste oder der verwegenste Sänger, mit dem ich je gearbeitet habe. Bei einer solchen Vorproduktion sparen viele Sänger am Pulver und gehen es ruhig an. Morten Abel hält es zum Beispiel so. Harket aber drückte das Pedal durch, sieben, acht Stunden pro Tag. Er schonte die Stimme keine Sekunde."

Sie gingen die Songliste durch, wieder und wieder. Während der Tage im Studio wechselten sie sich ab, wenn es ums Einkaufen des Mittagessens ging. Im Großen und Ganzen lief das auf Brot, Butter, Salami, ein bisschen Käse, vielleicht einen Salat hinaus. Als Morten jedoch an der Reihe war, kehrte er mit einem halben Kilo Oliven und einer Packung Fetakäse zurück. Die Truppe im Studio glich daraufhin lächelnden Fragezeichen.

Die beiden letzten Tage vor Tourneestart zog das Harket-Lager in die Sentrum Scene um. Dort fand die technische Vorproduktion statt. Vor dem wichtigen Solodebüt auf einer Bühne sollten die letzten Handgriffe ausgeführt werden. Als die *VG* jedoch 24 Stunden vor Tourneeauftakt bei den Proben vorbeischaute, um einen kleinen Stimmungsbericht einzufangen, hatte Morten die Texte von drei Songs, die auf der Setlist standen, noch immer nicht fertiggeschrieben.

„Du, der du so viel schreibst, kannst du nicht ein bisschen an diesem Lied herumschreiben? Hier fehlt es an Text", grinste Morten den Abgesandten der Zeitung an. „Gerade jetzt kocht es hier oben. Es sind viel zu viele Dinge, die man gleichzeitig im Blick haben muss. Mental bin ich erst ein paar Tage nach Tourneebeginn anwesend. Aber das ist ganz normal."

Dann war es so weit, Morten streifte seine karierte Hose und eine Weste über. Auf einem kleinen Podium auf der Bühne saß Kjetil Bjerkestrand, der Mann, mit dem zusammen Morten die ersten vorsichtigen Schritte hinein in die Solokarriere unternommen hatte. Mit dabei waren neben Stene Osmundsen auch der Gitarrist Hallgrim Bratberg, die Backgroundsängerin Kari Iveland und der Bassist Øivind Madsen. Die Bühne war in lang herabhängende Stoffstreifen gekleidet. Die Tickets kosteten seinerzeit nicht einmal 200 Kronen.

„Ich erinnere mich an die Rezensionen am Tag darauf. Der Fokus lag selbstverständlich auf Morten, während die Band in einer der Zeitungen als ‚die gesichtslosen Tüchtigen' bezeichnet wurde. Das fanden wir lustig. Das war vermutlich nicht als Kompliment gedacht, wir aber betrachteten es als solches", lacht Osmundsen.

Einer, der die Rezensionen *nicht* so lustig fand, war Tontechniker Sven Persson, dessen Zusammenarbeit mit Morten im Vorfeld der *Wild Seed*-Tournee begonnen hatte. Der Kontakt war durch Kjetil Bjerkestrand entstanden und sollte in eine mehrjährige enge Zusammenarbeit münden.

„Ich mochte diese Beschreibung nicht, zu dieser Zeit war es sozusagen nicht erlaubt, ziemlich gut zu sein – auch kein Popstar. Denk an die Band, die mit auf Tournee war, darunter Eivind Aarset und Kjetil Bjerkestrand. Das war eine unglaublich gute Tournee – vielleicht die beste, bei der ich je dabei war, und ich bin mit sehr, sehr vielen umhergereist. Es war beschämend zu sehen, wie die Tournee aufgenommen wurde, meiner Meinung nach waren die Rezensenten voreingenommen. Das war eine gewaltige Produktion, etwas, das zu dieser Zeit in Schweden weitaus üblicher war. Und 1995 war die Kluft zwischen norwegischer und schwedischer Musik groß, vollkommen anders, als es heute der Fall ist."

Der Tross rollte weiter. Kari Iveland ihrerseits hebt Mortens Persönlichkeit auf Tour hervor:

„Er war so innig, was diese Lieder betraf, er wollte einen neuen Kurs abstecken. Dass ich mit einem großen Popstar unterwegs war, merkte ich eigentlich nur an allem um ihn herum. Zum Beispiel folgte ihm eine Gruppe von Fans zu jedem einzelnen Konzert. Er selbst interessierte sich vor allem für die Band – für die Truppe, die herumreiste. Das schweißte uns eng zusammen – und er war ein unglaublich freundlicher und angenehmer Typ zum Touren."

Während der gemeinsam eingenommenen Abendessen sprach Morten häufig von Osttimor, und Missionarstochter Iveland hörte zu:

„Bereits zu dieser Zeit hatte man ihm den Stempel aufgedrückt, sich hochgestochen und unklar auszudrücken, wobei dieses Etikett meiner Meinung nach überhaupt nicht passte. Er erschien mir als ein neugieriger Mann auf der Suche nach Antworten auf große Fragen."

Die bis zum 8. Dezember andauernde Tournee fand ihren Abschluss in Ålesund. Im Zeitraum zwischen dem Konzert in Trondheim und dem vorletzten in Tromsø kam einem Mitglied von Mortens Crew plötzlich eine Idee: „Lasst uns zehn Blockflöten kaufen und uns beim letzten Konzert hinter ihm auf die Bühne schleichen und ‚Take on Me' spielen." Falls sich jemand gefragt haben sollte: Morten spielte auf der *Wild Seed*-Tournee keinen einzigen a-ha-Song. Das war selbstverständlich Teil des Gedankens. Hier wollte er auf eigenen Beinen stehen und nicht mit alten Sachen locken. Die Crew, also jene, die auf der Tournee unter anderem für Ton und Licht zuständig waren, rollte Richtung Ålesund, während sie im Bus auf den Blockflöten eifrig das ikonische „Take on Me"-Riff übte.

„Vor dem letzten Lied schlichen wir uns von der Seite her auf die Bühne, und als er fertig war, stellten wir uns hinter ihn und fingen an zu spielen. Er war sehr überrascht. Und als die Band, mit der wir den Stunt abgesprochen hatten, einstimmte, musste er versuchen zu singen. *Wir* hielten das für eine gute Idee, Morten allerdings war anschließend nicht so heiter gestimmt", erzählt Ståle Kilen, der auf der Tour für das Licht zuständig war.

Das erfolgreiche Solojahr sollte dann acht Tage vor Heiligabend mit einem gratis Open-Air-Konzert in Oslo beendet werden. Der norwegische Ableger des damaligen PC-Giganten Compaq, der jahrelang zu den weltweit größten Lieferanten von Computern zählte, war der erste sogenannte Eventkunde der Unterhaltungsfirma Petter Sandberg AS, die wiederum die *Wild Seed Tour* organisierte. 1995 kontaktierte Petter Sandberg den geschäftsführenden Direktor von Compaq Computer Norway, Jan Eigil Rydningen. Sandberg hatte nämlich eine Idee.

„Rydningen war ein Kerl, der keine Angst davor hatte, sich unkonventionelle Ideen anzuhören. Und das war zugleich sehr kostbar", so Sandberg.

Er fragte an, ob sie zusammen nicht etwas relativ Idiotisches auf die Beine stellen wollten – nun, wie wäre es mit einem Open-Air-Konzert mit Morten Harket in beißender Dezemberkälte inmitten des Osloer Zentrums? *Oh, yes.* Daraufhin gab es für einen bestimmten Zeitraum beim Kauf eines Compaq-Produkts eine Einladung für eine VIP-Veranstaltung in Spikersuppa im Anschluss an das Konzert dazu. Zusätzlich wurden andernorts Sponsorengelder akquiriert.

Mit Pferd und Wagen, verziert mit dem Logo des Einkaufszentrums Paleet, und Felldecken auf den Sitzen kam Harket, in Wollpullover und Lederjacke, mit Tochter Tomine auf dem Schoß, die Karl Johans gate heruntergerollt, die nach Überzeugungsarbeit von Petter Sandberg durch die Stadt Oslo abgesperrt worden war. Anders Eriksen, dem die Hauptverantwortung für das Konzert oblag, hatte Tage zuvor ganz Oslo abgegrast, um ausreichend Öfen heranzuschaffen, die auf der Bühne bei minus zwölf Grad dafür sorgten, kalte Finger an den Gitarrensaiten aufzuwärmen. Der von Bühne und Publikum aufsteigende Eisnebel legte sich wie ein Teppich über Spikersuppa.

„Guten Abend … oder schönen Nachmittag. Vielleicht solltet ihr euch ein bisschen bewegen … falls euch kalt sein sollte?“, psalmodierte Morten in weihnachtlich roter Jeans, während die Klänge von „Spanish Steps“ unter dem kalten Himmeldach verhallten. Vor ihm drängten die Menschen mit Wollpullovern, den damals angesagten Stirnbändern und blau gefrorenen Händen Richtung Bühne.

„Das war ein Spaß! Und ein fantastisch sportliches Publikum. Ich hatte nicht erwartet, dass so viele kommen würden. Ich meine – es war *kalt*, nicht wahr? Meine Finger waren so steif, dass ich kaum Gitarre spielen konnte“, sagte Morten kurz darauf in einem Interview.

„Das war vollkommen absurd, richtig fürchterlich kalt“, erinnert sich Kari Iveland. „Es war schwer genug zu singen, ich möchte gar nicht daran denken, wie es denen erging, die Instrumente spielen mussten.“

Sowohl P4 als auch TV2 nahmen das Konzert auf, und während P4 es zwei Tage später sendete, sparte TV2 „Harkets Weihnachtskonzert“ bis zwei Tage vor Heiligabend auf, um dann eine kurze halbstündige Zusammenfassung zu präsentieren. Dabei entschieden sie sich allerdings „Gospel from a Heathen“ sowie das von Håvard Rem verfasste und vorgetragene Gedicht „Retorisk øvelse“ (Rhetorische Übung) wegzulassen, das einst ausschlaggebend für das Lied gewesen war. „Ape Angel“ jedoch, der zweite Song, den sich Warner nicht getraut hatte, auf das Album zu packen, wurde den Fernsehzuschauern gezeigt.

Nach dem Jahreswechsel gab es einige wenige weitere *Wild Seed*-Konzerte. Ende Januar 1996 spielte Morten im Rahmen zweier geschlossener Veranstaltungen, zum einen bei einem Event im Hafjell und zum anderen am 22. Januar vor geladenen Branchenvertretern im Hanover Grand in London. Einige Tage vor dem ersten Auftritt klingelte im Lager Hustad (Hustad leir) in Fræna in der Provinz Møre og Romsdal das Telefon. Dort bereitete sich in der sogenannten „Vorschule für Zivildienstpflichtige“ eine Gruppe von Wehrdienstverweigerern auf ihren Zivildienst vor.

„Dort saßen die Landesverräter", lacht Stene Osmundsen. „In all den Jahren mit The September When war mein Zivildienst ausgesetzt worden, als die Band dann aufgelöst wurde, hatte ich keine Ausrede mehr."

Der Schlagzeuger war so viel mit der Band aus Stavanger auf Tour gewesen, dass er bereits 29 Jahre alt war, als er sich in dem Lager einfand. Allerdings sollten nur wenige Wochen vergehen, bis es ihn wieder in die Popbranche zurückzog. Am ersten Wochenende mit Ausgang wollten Osmundsen und ein paar andere aus dem Lager das Nachtleben in Molde erkunden. Das Wochenende kam, die Tasche war gepackt und Osmundsen bereit zum Feiern. Auf dem Weg nach draußen teilte ihm der Pförtner mit, dass er einen Anruf erhalten habe. Osmundsen stellte seine Tasche ab und eilte ins Büro. Am anderen Ende der Leitung war Harkets Management und fragte an, ob er mit nach London kommen könne. Das Konzert war am darauffolgenden Montag, und vorab sollten sie auf dem Hafjell spielen. Der Drummer fragte freundlich bei seiner Vorgesetzten an, ob er frei haben könne. „Das ist in Ordnung, aber wenn du zurückkommst, will ich einen von Morten persönlich signierten Brief haben. Ansonsten gibt's einen Verweis", entgegnete sie.

Nach dem Konzert in London nahm plötzlich ein ganz anderer Job einen Großteil von Mortens Aufmerksamkeit in Anspruch, woraufhin die Konzerttätigkeit nachließ. Mehr darüber später.

Heaven's Not for Saints

Spulen wir die Zeit nach vorn auf Samstag, den 17. Februar 1996. An diesem Abend fand die Verleihung des Spellemannpreises für das Musikjahr 1995 statt. Im Chateau Neuf in Oslo. Es sollte eine weitere Krönung des glänzenden Jahres werden, das hinter Morten lag.

Schließlich ging er mit insgesamt drei Spellemann-Harfen sowie einem Wanderpokal für den „Spellemann des Jahres" nach Hause. Vier Preise am selben Abend für denselben Künstler hatte es in der gesamten 23-jährigen Geschichte des Spellemannpreises noch nie zuvor gegeben. Morten konnte sowohl die Kategorien „Bester männlicher Künstler", „Album des Jahres" als auch „Song des Jahres" für sich verbuchen. Indessen bekam nicht jeder mit, dass der Solokünstler Harket mit vier Preisen ausgezeichnet wurde, da er die Trophäe für das „Album des Jahres" bereits einige Stunden zuvor direkt in der Nachrichtensendung „Dagsrevyen" erhalten hatte – *derart* einzigartig war es, dass jemand zeitgleich so viele Preise abräumte. Im Rahmen der Verleihung sang er schließlich, in Smoking und mit Dreitagebart, „Los Angeles". Was jedoch die Gemüter einiger Fernsehzuschauer und vor Ort Anwesender erregte, waren nicht die Preise oder das Lied. Es waren vielmehr die etwas merkwürdigen Dankesreden von Morten. Als er den Preis als bester männlicher Künstler erhielt, gestaltete sich der Dialog zwischen Harket und Moderator Knut Borge wie folgt:

Harket: „... Das war der Preis für den ‚Männlichen Künstler des Jahres', nicht wahr?"

Borge: „Ja, das ist richtig. ‚Männlicher Künstler des Jahres'", sagt er mit Verweis auf den Umschlag vor ihm.

Harket: „Es ist schon eine Krux, dass ich das einzige der drei Mädchen hier bin (also derer, die nominiert waren), das keine Haare auf der Brust hat … denn es waren Bjørn (Eidsvåg; Anm. d. Autors) und … Aber, aber.“

Im Saal sind Stille und Ansätze zu vereinzeltem unsicheren Lachen zu vernehmen.

Borge: „Du nimmst heftiges Zeug, schon klar.“

Harket: „… Aber herzlichen Dank … An die Jury, insofern, obwohl die einen Job machen … und ich hoffe, sie haben einen guten Job gemacht … aber danke an alle, also, schlicht und einfach … was soll ich sagen … vielleicht habe ich genug gesagt?“

Borge: „Du musst nicht entscheiden, ob die Jury einen guten Job gemacht hat. Du musst lediglich freundlich sein.“

Harket: „Aber ich bin freundlich! Danke!“

An diesem Abend saß auch Odd Arvid Strømstad im Saal, der viele Jahre lang als Projektleiter für große NRK-Produktionen tätig war. Jetzt war er nervös. Einige Monate zuvor hatte er nämlich Morten Harket als Moderator des bevorstehenden Eurovision Song Contests am 18. Mai 1996 im Osloer Spektrum engagiert. Ein beträchtlicher Einsatz von NRK, bei dem viel auf dem Spiel stand. Gut drei Monate später sollte Morten also durch eine gigantische internationale Fernsehshow führen. Hatte sich Strømstad für den falschen Mann entschieden? Harkets Moderatorenjob beim Eurovision Song Contest hatte es bereits auf die Titelseiten der Zeitungen geschafft. Alles, was es brauchte, um einen ganz großen Aufschrei zu verursachen, war zum Beispiel, dass Morten im Januar 1996 auf offiziellem NRK Eurovision-Briefpapier eine Anfrage an Vendela Kirsebom geschickt hatte. Der Aufschrei galt ganz konkret dem Briefpapier. Er hatte das Model angefragt, ob es sich vorstellen könne, im Musikvideo zu „Spanish Steps“ mitzuwirken. Das sorgte in den Medien für Aufruhr. „NRK rügt Harket: Peinlicher Brief an Vendela“ nahm am 25. Dezember die komplette Titelseite des *Dagbladet* in Anspruch.

„Es ist offensichtlich, dass das Eurovision-Logo hier in einem Vertragsverhältnis verwendet wurde, das falsch ausgelegt werden könnte.

Das macht die Sache ernst", ließ der verärgerte Rundfunkchef Einar Førde in dem Artikel verlauten.

Es brodelte, und auch Fernsehchef Kent Nilsen war in Sachen Briefbogen nicht weniger verärgert: „Harkets private Angelegenheiten dürfen nicht auf dem Briefbogen des Projekts vermittelt werden."

Im selben Artikel versuchte Odd Arvid Strømstad, der Harket schließlich engagiert hatte, das Ganze zu beruhigen. „Morten Harket verkehrt in unserer Redaktion und hat vermutlich irrtümlicherweise den falschen Bogen verwendet", sagte er.

Einige Tage später rückte Einar Førde, der sich mittlerweile beruhigt hatte, mit einer Pressemitteilung aus.

„Die Videoproduktion liegt in der Verantwortung von Morten Harket. Er hat, in üblicher Art und Weise, freie Produktionskapazität bei NRK erworben. Für uns war es natürlich, die Kompetenz der Eurovision-Redaktion für diese Videos zu nutzen", teilte Førde der Presse mit.

Zu der Geschichte gehört auch, dass Vendela zusagte, Morten das komplette Musikvideo letztendlich aber zurückzog. Der Grund? Seiner Meinung nach hielt das Endergebnis rein produktionsmäßig nicht stand und wurde nicht den Erwartungen gerecht, die er Kirsebom gegenüber geäußert hatte.

Nachdem Moderator Borge sich von den Zuschauern der Spellemannpreisverleihung verabschiedet hatte und die Fernsehkameras ausgeschaltet waren, ging Odd Arvid Strømstad zu Einar Førde und Fernsehchef Kent Nilsen, die andernorts im Saal saßen. Es wurde kein heiterer Plausch. Nilsen meinte: „Wir haben ein Problem", woraufhin Førde sein mit wogender grauer Mähne bedecktes Haupt Strømstad zuwandte und, auf ihn zeigend, sagte: „Nein, *wir* haben kein Problem – *er* hat ein Problem." Nach dem Spellemann-Abend gefragt, sagt Strømstad Folgendes:

„Ich machte mir vorab ein wenig Gedanken, dass Morten nicht gut sein würde, aber die Entscheidung war gefallen, und nunmehr glaubte ich daran, dass er sehr gut sein würde, obwohl es kein großartiges Erlebnis war, ihn beim Spellemann zu sehen. Als bekannt wurde, dass er den Eurovision Song Contest moderieren sollte, dachten die Leute sicher, dies könne entsetzlich schiefgehen. Aber dann war er fantastisch gut."

Hier ist Mortens Version:

„Odd Arvid erzählte mir, dass ich nach Meinung von NRK eine lose Kanone sei, die unkontrollierbar sei. Odd Arvid hingegen hielt an dem Entschluss fest, dass ich die erste Wahl war. NRK, die ihn als Produzenten ausgewählt hatten, mussten ihn genau das sein lassen. Übernahmen sie die Führung, war er per Definition nicht der Produzent. Da bleibe er hart, sagte er mir. Es amüsiert mich ein bisschen, wenn ich solche Aussagen wie die von Førde höre. Ich erhielt den Spellemannpreis nicht im Namen von NRK oder im Namen des norwegischen Volkes, sondern in meinem Namen als Künstler. Wenn ich einen Job für NRK machen soll, dann geschieht das nicht als Sänger von a-ha oder als Solokünstler. Beim Spellemannpreis habe ich versucht, danke zu sagen, auf meine Art. Situationen, in denen ich Lob und Ehre empfangen soll, waren mir immer unangenehm. Dort, beim Spellemann, hat Einar Førde die Situation vollkommen falsch interpretiert. Damit war er ganz sicher nicht allein", lächelt Harket.

Die meisten lehnen höflich ab, wenn sie mit Anfragen konfrontiert werden, etwas zu tun, was sie definitiv nicht tun möchten, womit sie definitiv nicht in Verbindung gebracht werden wollen oder wofür sie sich überhaupt nicht interessieren. Morten Harket ist aber nicht zwangsläufig wie andere. Ende 1995 wurde er also gefragt, ob er das internationale Eurovision-Finale im Osloer Spektrum moderieren wolle. Im Frühjahr hatte die Band Secret Garden, bestehend aus Rolf Løvland und Fionnuala Sherry, beim Finale in Dublin die regelrecht sakrale Stimmung des Songs „Nocturne" auf die Spitze getrieben. Jetzt war Norwegen als Gastgeber an der Reihe.

Warum also trat Morten an? Vier Monate vor dem Finale im Spektrum war er zusammen mit Co-Moderatorin Ingvild Bryn, die zu diesem Zeitpunkt Washington-Korrespondentin von NRK war, zu

Besuch bei Moderator Claus Wiese in dessen Unterhaltungssendung namens *Wiese*. Darin wurde Morten nach seiner Beziehung zum Eurovision Song Contest gefragt.

„Ja, welche Beziehung hat jemand zum Eurovision Song Contest? Ich weiß nicht, ich glaube, die ist sehr geteilt. Letztendlich schaut man ihn sich jedes Mal an, und dann sitzt man da … und versteht nicht, warum man ihn sich jedes Mal anschaut. Mir wäre nie in den Sinn gekommen, diesen Job zu machen (also den des Moderators), gleichzeitig konnte ich aber auch nicht Nein sagen. Es ähnelte der Einberufung zum Wehrdienst."

„Könntest du dir vorstellen, selbst am Eurovision Song Contest teilzunehmen?", fragte Wiese.

„Nein", entgegnete Morten ungewohnt direkt und ohne um den heißen Brei herumzureden oder die Antwort auszudehnen.

Morten und Ingvild Bryn hatten einander übrigens einige Jahre zuvor, 1993, kennengelernt, als NRK die gut 40-minütige Sendung „a-ha i egne øyne" (a-ha mit eigenen Augen), eine Art Zusammenfassung der ersten zehn Jahre der Karriere, produzierte. Dafür wurden die drei Bandmitglieder getrennt voneinander interviewt, wobei Bryn die Fragen an Morten auf sein Aussehen und seinen Körper ausrichtete. Sie fragte: „Würde ich dich bitten, deinen Oberkörper frei zu machen, würdest du es dann tun?" „Ja, wenn du das Gleiche machst", konterte Morten.

Aber zurück zum Eurovision Song Contest. Warum wurde Morten gefragt, das Finale zu moderieren? Eines Tages rief Odd Arvid Strømstad an und fragte, ob sie sich treffen könnten. Das konnten sie, woraufhin Strømstad zusammen mit Drehbuchautor Petter Skavlan zum Lille Frøen hovedgård fuhr, wo sich Harket zu dieser Zeit aufhielt.

„Unmittelbar als ich die Tür öffnete, wurde mir bewusst: Das sind keine Jungs, die einfach ohne Weiteres auf einen Kaffee vorbeikommen", sagt Morten. „Als ich sie sah, rief ich: ‚Nein!' Ich begriff plötzlich, worum es ging. Dann ging ich ins Haus, mit ihnen im Schlepptau, und sagte erneut deutlich: ‚Fragt mich das nicht!'"

„Anfänglich war das für mich vollkommen uninteressant. Das war in der Tat so was von nicht aktuell, dass ich schließlich neugierig auf meinen eigenen Widerwillen wurde. Ich hatte so starke Vorbehalte, dass ich begriff, dass ich es hier mit etwas zu tun hatte, womit ich mich auseinandersetzen musste. Also vollzog ich eine Kehrtwende und begab mich direkt hinein – ich sah ein, dass ich etwas lernen würde. Ich wusste auch, dass ich auf Odd Arvid als Produzent vertrauen konnte."

Und Strømstad:

„Der Großteil der Veranstalter eines Eurovision-Finales hatte sich eines Moderators von dem Fernsehsender bedient, der das Finale ausstrahlte. Wir wollten etwas anderes machen, und sofort tauchte Mortens Name auf. Er war außerhalb Norwegens bekannt und sprach sehr gut Englisch. Das waren zwei wichtige Kriterien. Ich kannte Morten zu diesem Zeitpunkt bereits seit vielen Jahren, und als wir ihn anwarben, vertraute er darauf, dass ich nie etwas tun würde, was schädlich für ihn oder seine Karriere war. Freundschaft geht dem Job immer vor. Ich hätte Morten nicht gefragt, wenn ich nicht gewusst hätte, dass es gut werden würde. Gleichzeitig hatte ich aber keine große Hoffnung, dass er zusagen würde."

Dann legten sie los. Petter Skavlan schrieb das Drehbuch, in das sich Morten enorm einbrachte.

Gleichzeitig stellte er einige Bedingungen: Sie sollten ihn in keinerlei Form von Kostüm stecken – das kam nicht infrage –, und er erhielt die volle Unterstützung von Skavlan und Strømstad. Die Wochen vergingen, und der große Abend im Mai rückte näher. Der Eurovision Song Contest nahm einen Großteil dieses Frühlings in Anspruch. In der Vorwoche, inmitten der intensivsten Vorbereitungen, flog Morten zu den World Music Awards nach Monaco. In schwarzem Shirt, mit einer schweren Kette um den Hals und einem Monstrum von Mobiltelefon in der Hand blinzelte er einerseits ins Blitzlichtgewitter vor der Konzerthalle Salle des Etoiles und hielt andererseits Kontakt zur Eurovision-Redaktion, die in Oslo auf Hochtouren arbeitete. Nach seiner Rückkehr nach Norwegen gab Morten drei Tage vor dem

Finale in der Sentrum Scene ein exklusives Konzert vor Presseleuten, die eigens für den Ausscheid angereist waren.

„Das Schöne an Morten ist, dass er, wenn er muss, über eine enorme Fähigkeit zu fokussieren verfügt", erzählt Strømstad.

Im Laufe der Planungen kam das Gespräch darauf, dass Morten singen solle. Dass Norwegens größter Popstar der Gegenwart einen ganzen Abend lang nur redete, ohne seine größte Stärke unter Beweis zu stellen, erschien unnatürlich. Strømstad hatte von Anfang an daran gedacht. Am Eurovision-Finaltag erwartete norwegische Zeitungsleser auf der kompletten Titelseite der *VG* ein großes Foto von einem quietschvergnügten Morten. In gelben Lettern leuchtete den Lesern die Zeile entgegen: „Harkets Eurovision-Coup". Das Grinsen sollte erkennen lassen, dass er äußerst erfreut darüber war, die Show mit einem neuen, bisher unbekannten Song zu eröffnen. Er hieß: „Heaven's not for Saints". Jetzt sollte er in die Wohnungen von 300 Millionen Fernsehzuschauern in 23 Ländern ausgestrahlt werden. „Viele glauben, er werde alle Teilnehmer überschatten. Experten meinen, die Fernsehwerbung hätte unfassbare 100 Millionen Kronen gekostet", hieß es in der Einleitung auf der Titelseite. Der Schlagzeile folgte auch die Kritik. Hatte Morten die komplette Show gekapert? Handelte es sich dabei um kostenloses Marketing vor gut 300 Millionen Zuschauern?

„Es war die ganze Zeit mein Gedanke, dass er singen sollte, das war völlig normal. Er sollte vermitteln: ‚Hier stehe ich als Moderator, aber ich *bin* Sänger.' Einige werden immer denken, NRK habe hier einem Künstler klein beigegeben, aber so war es nicht. Es wäre unnatürlich gewesen, wenn er nicht gesungen hätte", sagt Strømstad.

Direkt vor dem Finale 1996 waren seine Aussagen unverblümter. Gegenüber der *Se og Hør* sagte er:

„Morten ist der Kritik aufrichtig überdrüssig! Ich habe vier Monate lang eng mit ihm zusammengearbeitet und weiß, dass eine solche Form der Vorabkritik das Letzte ist, was er wollte. NRK wollte, dass er ein neues Lied singt – nicht umgekehrt. Daher war es schlimm, eine solche Darstellung zu lesen. Und wie ich bereits mehrfach gesagt habe – es wäre bescheuert, Norwegens populärsten Künstler als Moderator zu haben, *ohne* dass er singt!"

In den Wochen vor der Sendung wurde bei der Plattenfirma BMG Artista hart gearbeitet. Nach dem fehlenden Auslandsengagement für *Wild Seed* hatte Morten Warner den Rücken gekehrt und stand nunmehr ohne Plattenvertrag da, als er beim Eurovision-Finale sang. Allerdings hatte er mit Arista vereinbart, die Single „Heaven's not for Saints" herauszugeben, bevor diese überhaupt existierte. Sie sollte am darauffolgenden Montag in den Läden stehen. Auf dem Cover ist ein Bild von Harkets Sohn Jakob.

Exakt um 21 Uhr an diesem Abend, dem Eurovision-Abend, nach einer Einleitung mit Wikingern und Wikingerschiffen, glasklarem Sternenhimmel und schroffer, schneebedeckter Natur flimmerten für einige Sekunden Aufnahmen von einem abendlich schönen Oslo über die Bildschirme, bevor Morten in Erscheinung trat. Im Smoking, mit dem vollbesetzten Rundfunkorchester im Rücken, auf einer Bühne, die eine Ölplattform darstellen sollte. Sechstausend Menschen im Saal. Mit Morten auf der Bühne waren auch Kjetil Bjerkestrand und Gitarrist Eivind Aarset. Letztgenannter erinnert sich an diesen Augenblick. „Ich entsinne mich, dass ich total nervös war – und das war ich für gewöhnlich nicht. Das hatte sicher damit zu tun, dass es sich um Fernsehen handelte, mit allem, was das mit sich bringt. Und ich erinnere mich, dass dies mein definitiv bestbezahlter Job war – für ein Lied", sagt er lachend.

„Heaven's not for Saints" ist dramatisch um einen enorm anspruchsvollen Refrain herum aufgebaut. Das Falsett segelt auf hoher See durch diese Zeilen: *„Child, my brother. My brother look around you. The night is calling you. Close to the edge. Who knows the distance. The distance when light fades away."*

Die Sendung begann, und Lieder in insgesamt 17 Sprachen aus 23 Ländern wurden zum Besten gegeben. Nachdem alle Beiträge absolviert waren, nahm Ingvild Bryn Stimmen aus ganz Europa entgegen, während sich die damals relativ ausladende Grafik über die Fernsehbildschirme ausbreitete. Morten war als Reporter im *Green*

Room unterwegs, wo die Spannung förmlich zu spüren war. Dort saßen die Künstler und verfolgten die Stimmvergabe. „Ingvild! Wie du wahrscheinlich siehst, herrscht hier ziemliche Aufregung", sagte Morten während der Sendung und bewegte sich leichtfüßig zwischen den Tischen, lieferte Stimmungsberichte und spielte, während der irische Gewinner Eimear Quinn sang, ein bisschen „Norwegian Wood" von den Beatles.

Zu einem späteren Zeitpunkt des Abends sang Morten erneut „Heaven's not for Saints", dieses Mal lediglich vom Klavier begleitet, auf der After-Show-Party im Oslo Plaza. Allerdings verließ er die Feier an diesem Abend nicht als Letzter, denn bereits am nächsten Tag saß er wieder im Flugzeug, mit Ziel St. Petersburg. Ein großes Open-Air auf dem Platz vor dem Winterpalast stand auf dem Plan. Bevor er gen Russland abhob, sah er noch die Zeitungsständer, deren Inhalt voll des Lobes war. „Morten – Favorit der Leser", schrieb die *VG* vor dem Hintergrund einer Leserbefragung ob „Morten Harket ein guter oder schlechter Moderator war". Ganze 77 Prozent werteten seinen Einsatz als positiv. „Glücklicherweise erschien Morten nicht mit freiem Oberkörper und Lederweste, sondern *very british* mit Stil und Manieren", vermeldete die Zeitung.

Als Morten in St. Petersburg landete, war er zurück in seiner normalen Wirklichkeit, was die Reisegesellschaft aus Norwegen jedoch erwartete, war etwas anderes als das, was man ihnen vorgespiegelt hatte.

Zwei Crewmitglieder waren bereits am Vortag in Russland angekommen.

„Als wir Unmengen an Fans sahen, die mit a-ha-Plakaten warteten, witterten wir in gewisser Hinsicht ‚Unrat'", erzählt Tontechniker Eilif Stene. Bei ihrer Ankunft in der Stadt wurden er und Yngve Berg, der in der Branche als Hoba bekannt ist, von einem Privatchauffeur sowie einem Dolmetscher abgeholt. Dann ging es zur Führung durch den Winterpalast, bevor die beiden in ein altes Bonzenhotel im Zentrum gefahren wurden.

Als er sich am Konzerttag mit dem Bus vom Kempinski Hotel, das am kleinen Fluss Moika liegt, auf den Weg zum Soundcheck machte, sah auch Bassist Øivind Madsen zu seiner Verwunderung Plakate, auf denen angekündigt war, dass a-ha spielen würden.

Dazu Morten:

„Es war ein Promoter, der es mit der Information nicht so genau genommen hatte und der mit Freuden a-ha verkaufte, nachdem er faktisch mich gebucht hatte. Genau *das* ist mehrfach ein Problem gewesen, an mehreren Orten weltweit. Bin ich es, dann ist es sozusagen a-ha. So ist ab und an die Einstellung. Für das Publikum, das Tickets kauft, ist das ja nun aber wirklich nicht der Fall ... Damit ist niemandem gedient, auch dem Veranstalter nicht – auf lange Sicht", sagt Morten und führt das Ganze näher aus:

„Im Zusammenhang mit a-ha habe ich niemals – wirklich niemals – meine Person in den Vordergrund geschoben. Vielmehr habe ich das Meinige getan, um dafür zu sorgen, dass wir alle drei anwesend waren, wenn es um a-ha ging. Das hat uns auch isoliert. Da waren Pål und Magne, und dann war da ich. Deshalb war es für mich nicht einfach, Solokünstler zu werden, weil es für so viele gleichbedeutend war mit a-ha. So ist es nun mal."

Backgroundsängerin Kari Iveland reiste direkt von einer Konfirmation in Bodø zum Auftritt nach Russland.

„Das war das eigenartigste Konzert, auf dem ich jemals gespielt habe. Es war, als wäre man Teil eines James-Bond-Films."

Von der Bühne aus blickte eine verdutzte Iveland auf Wachleute, die Konzertbesucher angriffen, wenn diese sich nicht anständig benahmen. Hinter der Bühne war die Band mit Würstchen und Vollkornbrot sowie in Glasflaschen abgefüllter, mysteriöser Brause in seltsamen Farben versorgt worden. Eine merkwürdige Stimmung – eine aufgeladene Stimmung – lag in der Luft.

„Diesen Auftritt werde ich nie vergessen", unterstreicht Iveland.

„Das was unfassbar seltsam", wirft Gitarrist Eivind Aarset ein.

Kurz vor dem Konzert in der am Fluss Newa gelegenen Stadt ging Bassist Madsen an den Bühnenrand, um sich die enorme Menschenmenge anzuschauen. Der Anblick war beeindruckend, allerdings mit einem beunruhigenden Unterton versehen.

„Zum einen stank die ganze Truppe nach Alkohol. Zum anderen zogen die Wachleute viele von denen raus, die vorn an der Absperrung standen. Die Menschenmenge dahinter drückte sie aber nach vorn. Am Zaun jedoch bezogen sie Prügel von den Wachleuten. Inszeniert war das Ganze von einem Politiker, der groß auf die Pauke hauen wollte, indem er a-ha in die Stadt holte."

Das große Open-Air-Konzert war nämlich Teil einer Wahlveranstaltung. In gut einem Monat sollte in Russland gewählt werden. Boris Jelzin gegen Gennadi Sjuganow. Letztgenannter war zu diesem Zeitpunkt seit drei Jahren Vorsitzender des Zentralkomitees der Kommunistischen Partei der Russischen Föderation. Und um die Russen in die Wahllokale zu bewegen, wurde ein großes Gratiskonzert arrangiert. Gut 80.000 Menschen machten sich auf den Weg.

Zu dieser Zeit war der in London ansässige Mel Bush Promoter sowohl von a-ha als auch von Morten Harket, und Morten erzählt, dass er im Laufe seiner Karriere Mel Bush nur zweimal ängstlich gesehen habe. Das erste Mal während eines a-ha-Konzerts in Irland, wo die Band beinahe um die 20 Fans verloren hätte – sie liefen Gefahr, erdrückt zu werden. Das zweite Mal jedoch war genau an diesem Abend in St. Petersburg.

„In der Mitte des Konzerts kam Mel plötzlich auf die Bühne. In die Publikumsmenge war eine enorme Unruhe eingekehrt. Mel sagte direkt: ‚Leute, ihr müsst ‚Take on Me' spielen! Macht's einfach. Da draußen wird's hässlich. Könnt ihr es bitte einfach sofort tun?' Wir begriffen plötzlich alle, dass es keinen Raum für Abwägungen gab", sagt Morten.

Eivind Aarset: „Ich meine mich zu erinnern, dass Morten auf der Akustikgitarre ‚Take on Me' anspielte, und dann stimmten wir anderen mittendrin ein. Und das war nicht gerade ein Song, den wir geübt hatten …"

Somit wurden dem Publikum sowohl „Take on Me" als auch „Hunting High and Low" serviert, während die Stimmung stieg, möglicherweise auch im Takt mit dem Alkoholpegel.

„Für eine Weile herrschte gute Stimmung, dann aber kam Unzufriedenheit darüber auf, dass keine a-ha-Songs im Repertoire waren. Ich selbst war überrascht, dass das *Wild Seed*-Material so gut aufgenommen wurde, all die Zeit, als es kaum außerhalb von Norwegen veröffentlicht worden war", erzählt Morten.

Allerdings waren es nicht nur die fehlenden a-ha-Songs, die für die frostige Stimmung in der Menge sorgten. Tontechniker Stene erzählt:

„Die komplette Tontechnik wurde vor Ort gestellt – und das war eine bunte Mischung. Ich wies unter anderem darauf hin, dass wir einen Schutz für das Kabel bräuchten, das auf dem Boden liegend von der Bühne zum Mischpult verlief."

Stene erklärt, dass für das etwa 24 Meter lange Kabel eine Kabelbrücke – wie man sie beispielsweise häufig bei Straßenbauarbeiten sieht – benötigt wurde, um Schäden daran zu vermeiden.

„Es geht nicht, dass zehntausend Menschen auf einer Leitung herumtrampeln. ‚Kein Problem', entgegnete der Russe, der für uns Ansprechpartner war. Wenig später rollte ein Militärfahrzeug auf den Platz vor dem Winterpalast, aus dem ein Haufen Soldaten sprangen, die sich während des kompletten Konzerts beiderseits des Kabels postierten. Wer sich nicht vom Kabel fernhielt, bekam einen Gewehrkolben direkt ins Gesicht. Ich hörte einen Knall nach dem anderen und sah plötzlich eine Gruppe blutender Jugendlicher auf einem Haufen", sagt Stene, der beim Konzert den sogenannten Monitormix steuerte; mit anderen Worten: den Ton auf der Bühne.

„Das war kein schöner Anblick", unterstreicht er.

Zurück ins Leben

Die Insel Dvergsøya im Kristiansandfjord weist eine größere Vielfalt auf als viele andere Orte. Die kleine, ausschließlich per Boot zugängliche Insel ist ein beliebtes Erholungsgebiet für die Südnorweger, die das Kleinod im Sommer mit einer extra eingesetzten Fähre erreichen, um vor Ort umherzuspazieren, sich im blauen Meer abzukühlen und die Sonne zu genießen. Historisch betrachtet finden sich in den Archiven folgende Informationen über die Insel: Im April 1670 ging auf dem Weg nach Jylland unweit von Dvergsøya ein Schiff unter. Schnell fiel der Verdacht auf eine Häuslerin der Insel. Sie hieß Maren – und war angeblich eine Hexe. Allerdings bekam Maren nicht allein die Schuld für den Schiffbruch, da mehrere Hexen ihre Finger im Spiel hatten. Eine von ihnen soll im Gerichtssaal erklärt haben, dass sie durch die Frühlingsluft hinunter zum Schiff geflogen seien. Dort hätten sie den Teufel höchstpersönlich angetroffen, der sich als Priester verkleidet habe. Vor Gericht wurde behauptet, Maren habe für den Untergang des Schiffs gesorgt, obwohl sie die Schuld abstritt. Daraufhin wurde sie verurteilt und soll schließlich unter Folter alles zugegeben haben. Am 9. September 1670 wurde sie, historischen Quellen zufolge, auf dem Scheiterhaufen verbrannt.

Heutzutage geht es draußen auf Dvergsøya weitaus heiterer zu, unter anderem für die Familie des norwegischen Kronprinzen, die seit 2009 die sogenannte Vogts Villa angemietet hat, die mit Arnstein Arneberg Anfang des 20. Jahrhunderts von einem der führenden Architekten des Landes entworfen wurde. Arneberg zeichnete unter anderem auch für das Osloer Rathaus verantwortlich. Die beiden Fabrikbesitzer David Vogt und Oscar Jebsen hatten Dvergsøya 1916 gekauft, um dort ihre jeweiligen Villen zu errichten.

1996 war die Insel seit längerer Zeit unbewohnt und ein Ort, der der Geschichte angehörte, wie er da beim Leuchtturm Oksøy fyr in der Mündung des Fjords lag. Morten befand sich zu dieser Zeit in einer Art Vakuum, nachdem er seine Plattenfirma Warner verlassen hatte. Er war sich im Klaren darüber, dass es Zeit brauchte, einen anderen globalen Partner, eine neue Plattenfirma, zu finden.

„Zudem gab es von außen Signale, die darauf verwiesen, dass auch andere Gesellschaften einer unsicheren Zeit entgegengingen. Im Nachhinein sollte sich herausstellen, dass es mehrere Jahre brauchte, bis es wieder zu einer gewissen Normalisierung kam. Während für mich alles im Unklaren war, rief der Chef von BMG, Erling Johannesen, an und fragte, ob ich Zeit für einen Kaffee hätte. Bei dem Treffen sagte er, er habe Lust, eine Platte mit mir zu veröffentlichen, mit norwegischen Texten und mit meinem vorhandenen Team. ‚Hast du Interesse daran?‘, fragte er. Und ich dachte, das wäre vielleicht keine dumme Idee, dass es eine Zwischenstation für mich sein würde. Ich hatte immer berücksichtigt, dass Håvards und Ole Sverres Textarbeit ihren Ursprung im Norwegischen hatte. Es oblag mir, sie im Englischen nachzudichten. Ein norwegisches Projekt hingegen konnte unmittelbar losgehen, und ich spürte, dass ich Lust hatte, das auszutesten."

Anschließend ging es schnell. Um eine Veröffentlichung im von der Plattenfirma vorgesehenen Zeitrahmen zu realisieren, musste Morten umgehend Kontakt zu den Schlüsselpersonen aufnehmen. Wie sich herausstellen sollte, lief nicht alles wie geschmiert. Morten sah es als gegeben an, dass Kjetil Bjerkestrand mit von der Partie war.

„Zu meiner großen Überraschung und Enttäuschung sagte Kjetil aber, dass er nicht dabei sein wolle. Das kam völlig unerwartet, und ich hatte das Gefühl, dass er mir etwas verschwieg. Das ist immer noch der Fall. Zudem brachte mich das plötzlich in eine, milde gesagt, schwierige Situation; bei einem so knapp bemessenen zeitlichen Horizont würde es eine enorme Herausforderung sein, gute Produzenten zu finden, die verfügbar waren. Aber ich war gezwungen zu handeln. Meine Gedanken kreisten um die Truppe der Locomotives.

Die waren mir furchtlos erschienen und besaßen definitiv Unternehmungsgeist. Außerdem war ihnen mit ihren eigenen Sachen noch nicht der Durchbruch gelungen, und vielleicht waren sie in ihrem Alltag frei genug, um auf den Zug aufzuspringen, ohne auf etwas Rücksicht nehmen zu müssen."

Später, als das nowegischsprachige Projekt so weit war, dass es losgehen konnte, passierte das, was im Laufe der Musikgeschichte schon unzählige Male zuvor passiert war: Schlüsselpersonen in der Plattenfirma, die sich um ein spezielles Projekt kümmern, hören auf.

„Was mir Erling bei diesem Treffen nicht gesagt hatte, war, dass er vor dem Ausstieg bei BMG stand. ‚Ich höre auf. Andere werden dieses Projekt übernehmen, aber sie werden einen guten Job machen', sagte er später. Hätte ich das zu Beginn des Prozesses gewusst, hätte ich mich nicht darauf eingelassen. Meine Erfahrungen mit exakt solchen Dingen sind nicht gut. Und mein Bauchgefühl sollte recht haben. Erling war zu diesem Zeitpunkt ein Leuchtturm in der norwegischen Plattenbranche und verfügte zudem über einiges an Erfahrung auf internationaler Ebene. Er war eine starke Persönlichkeit, um mit ihm ein Gespann zu bilden. Ohne Erling war ich auch wegen einer anderen Sache beunruhigt: dass es als Selbstverständlichkeit angesehen wurde, dass ich mit der Platte Erfolg hätte, weil mein Profil so stark war. Das ist eine gefährliche Falle, vor allem, wenn es um ein Projekt geht, das zwangsläufig komplett anders werden muss als das, was die Leute automatisch erwarten. Mit *Wild Seed* hatte ich die Scharte gerade ausgewetzt, raus aus a-ha, und wusste, dass *dem* eine zusätzliche Herausforderung innewohnte."

Morten Harket, Håvard Rem, Ole Sverre Olsen und eine kleine Gruppe aus Musikern richteten sich für zwölf Tage in Vogts verlassenem Haus auf der Insel ein. Morten war bewusst, dass die einzige Möglichkeit, dieses Album in einen sicheren Hafen zu segeln, darin bestand, es in einer Art Live-Setting einzuspielen. Sie mussten sich natürlicher Akustik und eines natürlichen Klangcharakters bedienen und hatten dafür nach einem geeigneten Ort gesucht. Neil Youngs *Harvest*-Album fungierte in diesem Prozess als eine Art „Vorbild".

Drei Songs darauf waren nämlich in einer alten Scheune auf der Ranch eingespielt worden, die Young südlich von San Francisco gekauft hatte. Morten hatte nie zuvor in dieser Weise gearbeitet.

„Ich wusste, dass es ein riskantes Spiel war, weil sowohl die Band, der Aufnahmeort als auch die Lieder ‚unreife Früchte' waren. Das Album musste als Willensakt und aus innerem Antrieb heraus entstehen, während Lieder geschrieben wurden, dass die Tinte spritzte."

„Woran erinnerst du dich heute am besten, wenn du an dieses Projekt denkst?"

„Gerade jetzt erinnere ich mich daran, wie die erste Single, ‚Tilbake til livet' [Zurück ins Leben], entstanden ist. Ole Sverre und ich waren direkt hier draußen in meinem White Shark unterwegs", sagt Morten und verweist auf die Aussicht vor dem Fenster im Kristiansander Stadtteil Bellevue.

„Ole Sverre war, wie immer zu dieser Zeit, betrunken, und ich steuerte das Boot. Es war mitten in der Nacht, schwarz wie in einem Ofenrohr. Und ich fuhr langsam. Ich kannte die Schären da draußen sehr gut und glaubte, es würde gutgehen. Aber es herrschte vollständige Dunkelheit, weshalb ich wachsam war und spürte, wie ich anfing, in die Nacht hineinzulauschen, nach Verdichtungen im Luftraum. Ich erinnere mich noch immer an die Stimmung im Körper, und die von Ole Sverre. Er lag im Bug mit einer kräftigen Lampe, die er über die Reling hielt, um mich nicht zu blenden, und versuchte, das Fahrwasser zu scannen. Aber die Dunkelheit schluckte das ganze Licht. Plötzlich tauchte wie aus dem Nichts ein Gespenst in Form eines Eisenpfahls auf. Und wir donnerten direkt hinein. Es gelang mir nicht, ordentlich drumherum zu steuern, weshalb er in die stählerne Fenderleiste knallte und sie aufriss. Ole Sverre fuhr der Schreck bis tief in die Seele."

Nach der unsanften Begegnung mit dem Eisenpfahl peilten der Poet und der Popstar die äußeren Inseln noch langsamer an. Morten ärgerte sich über sich selbst, weil er von dem Pfahl wusste, gleichzeitig war er beeindruckt, dass dieser ihm die Grenzen aufgezeigt hatte. Dass die verbleibende Strecke raus nach Skippergada übersichtlich war, wusste er.

„Um die Spitze herum waren nun auch vage der Horizont sowie andeutungsweise ein paar Sterne aufgetaucht.“

Beruhigt hielt Morten das Boot die gut 500 Meter nach Randøya waagerecht. Plötzlich aber drohte das Gespenst eines weiteren mächtigen Eisenpfahls in knappem Abstand dem Boot. Dieses Mal bei 30 Knoten. Die beiden an Bord waren zu Tode erschrocken.

„Ich bin dort schon unzählige Male Boot gefahren, und ich habe diesen Pfahl nie bemerkt! Was meine Urteilskraft betrifft, wurde mein Selbstvertrauen ordentlich justiert. Ich glaubte, ich hätte das Fahrwasser gut im Blick und ein gesundes Urteilsvermögen. Auf dem Meer aber können die Sinne plötzlich zu deinem gefährlichsten Feind werden, wenn du blind darauf vertraust. Hätten wir den Pfahl bei diesem Tempo getroffen, wären wir wahrscheinlich ums Leben gekommen. Oder zumindest ich. Was Ole Sverre betrifft, bin ich immer etwas unsicher – in seinem formbaren Rausch hätte er vielleicht überlebt“, sagt Morten – und bleibt in der Dunkelheit:

„Für einen Moment fühlten wir uns dort draußen tief religiös. Dann manövrierten wir uns durch die Geröllhalde auf der anderen Seite der Skippergada, bevor wir gegen drei in der Nacht nach Haraldvigen kamen. Dort draußen befand sich ein altes Lotsenhaus, das wir gemietet hatten. Wir sahen die Hand vor Augen nicht und wären auf der Steintreppe vor der Eingangstür fast auf die Nase gefallen. Hier will ich einfügen, dass nur Ole Sverre Alkohol getrunken hatte. In der Tür zur Unterkunft schrieb Ole Sverre, ordentlich beschwipst, was seinem Normalzustand entsprach: ‚An einem Morgen früh, so es geschah, ich mich an den Himmel wandte, doch die Erde es war, die die Antwort kannte.‘ Daraufhin nahm ich die Gitarre und sang das Lied, nahezu in seiner endgültigen Form, während Ole Sverre beständig neue Zeilen herausschleuderte, bevor wir reingingen, als es langsam kalt wurde. Ich habe mich selten lebendiger gefühlt.“

Kåre Christoffer Vestrheim war einer von denen, die im September 1996 bei den Aufnahmen für das Album *Vogts Villa* dabei waren. Während er späterhin zu einem der meistgebuchten Produzenten

Norwegens wurde, spielte auch er zu diesem Zeitpunkt bei den Locomotives – der Band, der Morten in Trondheim erstmals begegnet war. Vor Beginn der eigentlichen Aufnahmen waren Vestrheim und sein langjähriger Partner Mike Hartung, der auf dem Album als Techniker fungierte, auf der Suche nach einem geeigneten Ort mit Harket in Südnorwegen unterwegs gewesen. Von Oslo aus in rasantem Tempo in Harkets Mercedes. Daneben waren sie auf einigen Hüttentouren, sogenannten Vorproduktionen, um dem Songmaterial den Feinschliff zu verpassen.

„Das war im Vorfeld, wir schauten uns mehrere Orte an, als wir jedoch zu Vogts Villa kamen, hellte sich Mortens Gesicht auf, und er sagte: ‚Das ist ein cooler Ort für Aufnahmen.' Allerdings gab es ein Problem", lacht Vestrheim.

„‚Hier gibt es keinen Strom', sagte Mike plötzlich erschrocken."

Von dieser unwesentlichen Bagatelle ließ sich Morten jedoch nicht aufhalten. Er rief den für Südnorwegen zuständigen Tourismusdirektor Svein Olaf Olsen an und erhielt dessen Okay für das Anmieten der Villa. Daraufhin packte die Truppe Mikrofone, Pflaumenmarmelade, ein Wurlitzer E-Piano, Mischpult, Mortens Neoprenanzug, Pils, Gitarren und Seite um Seite mit norwegischen Texten ein. Insgesamt wurden vier Tonnen Tontechnik sowie drei Dieselaggregate zur Villa hinüber transportiert, die über keinen Wasseranschluss verfügte. Die Dieselaggregate wurden tief im Wald platziert, ein gutes Stück vom Haus entfernt, damit ihre Geräusche nicht auf der Aufnahme landeten.

„Und gerade da, als wir es nicht brauchten, war bei einem der Diesel alle, und wir mussten raus in den dunklen Wald und nachfüllen. Das war eine völlig andere Aufnahme, kann man sagen. Aber sie ist eine gute Erinnerung. Morten, Håvard und Ole Sverre waren eine sehr starke Dreifaltigkeit, die Lieder und Texte herausarbeitete. Daraufhin stellte ich eine Band zusammen, von der ich glaubte, sie könne einen leicht seeräuberartigen Folk-Pop kreieren", erklärt Vestrheim.

Neben Vestrheim holte Morten Anders Engen und Thomas Tofte von den Locomotives sowie mit Geir Sundstøl einen der am häufigsten eingesetzten Studiomusiker Norwegens ins Boot. Vestrheim erinnert sich unter anderem an die Ankunft der Musiker in der großen Villa, als es darum ging, sich für eines der zugigen Zimmer zu entscheiden:

„Ole Sverre Olsen, ein unglaublich feiner Kerl – und ein komischer Kauz zugleich –, entschied sich für einen Verschlag unter der Treppe. Dort hinein drang nur ein kleiner Streifen Licht, den er jedoch abklebte. Dort drinnen konnte er im Dunkeln sitzen, rauchen und Texte schreiben."

Morten hatte ein eigenes Gesangszimmer in Vogts Villa, mit weißen Gardinen vor den großen Fenstern. Um die Wärme zu bewahren, saß er dort drinnen oft mit einem Überlebensanzug bekleidet und Kerzen um sich herum.

„Das war schon ein Anblick – und diesen Überlebensanzug hatte er ganz oft an. Gleichzeitig aber hatte er keine Allüren, er packte an und schleppte mindestens genauso viel Ausrüstung wie wir anderen. Ich erinnere mich auch, dass Morten sehr kritisch war, was die eigene Gesangsleistung betraf, und viele Wiederholungen machte. Ich hatte das Gefühl, dass er die Aufnahmen selbst kontrollieren wollte, und ich, der ich jung und unerfahren war, beschloss, mich in dem Prozess etwas zurückzunehmen. Wenn ich jetzt daran zurückdenke, sehe ich vor mir einen völlig überwältigten, kleinen Kerl im Produzentenstuhl."

Über seinen Gesang auf *Vogts Villa* sagt Morten Folgendes:

„Was meine Rolle als Vokalist und Sänger betraf, hatte ich niemanden, mit dem ich Ball spielen konnte. Daher gibt es Sachen auf dieser Platte, die ich wirklich gern anders gemacht hätte und anders angegangen wäre. Die Platte wurde nie ganz sie selbst, sie wurde nie richtig fertig."

Vestrheim, der 1996 noch ziemlich neu *in dem Spiel* war, zeigte sich überrascht, als Morten anrief und ihn dabeihaben wollte.

„Es war schockierend, dass er mich überhaupt fragte, schließlich hatte ich gerade erst die Musikhochschule beendet. Aber es war ein fantastisches Erlebnis. Eine Reise. Allein an den Abenden in dem

Haus zu sitzen, Bier zu trinken und Mortens Räubergeschichten aus der großen Popwelt zu lauschen. Er ist schon ein Typ."

„In welcher Hinsicht?"

„In so vielerlei Hinsicht. Er ist eine geerdete Person, und gleichzeitig ist er das auch wieder nicht."

In Südnorwegen hatte Vestrheim auch eine relativ brutale Begegnung mit dem Naturburschen Morten Harket. Als sie den ersten Tag an Land wollten, verlor Morten vor dem Bootssteg eine Tasche mit Vestrheims Mac darin, die direkt im Wasser landete. Morten aber war blitzschnell zugegen, schob seinen Arm in das kalte Wasser und fischte sie wieder heraus. In diesem Zusammenhang fing er sich Vestrheims Beschreibung zufolge „den größten Splitter des Jahrhunderts" ein. Der Splitter hatte sich unter einen Nagel geschoben und war ein Stück weiter unten wieder rausgekommen. Das sah nicht gut aus. „Wir müssen dich zum Arzt bringen", war Produzent Vestrheims erste Reaktion. Morten aber beruhigte ihn damit, dass er ein Loch in den Nagel bohren und den Splitter dadurch selbst herausziehen könne. Er machte sich ans Werk, kein Problem. Er ist geschickt.

„Glücklicherweise ließ er sich letztendlich aber darauf ein, zum Arzt zu fahren", so Vestrheims Kommentar.

Bassist Tofte erinnert sich an eine ähnliche Episode von der Tour, und erneut war es Elektronik, die ins kühle Nass abtauchte.

„Wir waren mit seinem White Shark von Dvergsøya zur Marina in Tømmerstø gefahren, um uns mit Proviant zu versorgen. Als ich die Vertäuung des Bootes lösen wollte, rutschte mein Handy aus der Brusttasche der Jacke ins Wasser. Es landete in rund zwei, drei Meter Tiefe, aber nicht weiter, als dass es unten am Grund zu erkennen war."

Morten ging direkt in den Laden und lieh sich eine Angel. Mitte der Neunziger waren die Handys groß und klobig, und nach einigen Versuchen hatte er das gute Stück am Haken. Er kurbelte es aus dem Salzwasser nach oben. Zurück in der Villa wurde das Telefon – nach Mortens Anweisung – gespült und getrocknet.

„Als sich schließlich herausstellte, dass es nicht wiederzubeleben war, gab er mir eins von seinen Telefonen", sagt Tofte.

Zwischen den weißen Hauswänden draußen in den Schären hallte zwölf Tage lang neuer norwegischsprachiger Folk-Rock. Banjo, Mundharmonika und Zeilen wie „Rot und blau, so war die Welt, nunmehr sie ein Durcheinander stellt, ich nehm' sie mit, wenn bei mir der Hammer fällt" und „Alt und weise, das liegt mir fern, ein altes Schwein, das wär' ich gern" vermischten sich mit Mortens grün-kariertem Flanellhemd, der geblümten Tapete und schalem Pils. Eine Reihe der gesungenen Strophen stammte aus Håvard Rems Gedichtsammlung *Taksameteret går. Utvalgte dikt 1977–1996*, andere waren neu verfasst und in der Villa erneut umgeschrieben worden. Auch „Gospel from a Heathen" tauchte wieder auf, in einem norwegischen Sprachgewand. Jetzt hieße es „Fremmed her" (Fremd hier), mit einem sich im Sprechgesang übenden Rem als Gastvokalist.

Mitunter begaben sich frühmorgens einige aus der Truppe auch auf Angeltour. Ole Sverre Olsen bestand darauf, eine anderthalb Liter Flasche voller Bier dabeizuhaben, die er bei Bedarf nachfüllte. Olsen hatte zweifellos auch seine ganz eigene Art zu angeln. „Es kann doch sein, dass der Fisch genauso verkatert ist wie ich, also gilt es, vorsichtig zu sein", sagte er, mit dem Blick auf die blaue Oberfläche gerichtet. Auch Olsens Erscheinen auf der Insel hatte durchaus etwas Komisches an sich. Bassist Thomas Tofte, der damals ein junger Mann von 25 Jahren war, erzählt:

„Um Waren und Ausrüstung vom Boot zur Villa zu transportieren, verwendete Morten ein kleines Quad mit Hänger, eine Art Minitraktor. An einem der ersten Tage, während wir von der Band draußen in der Sonne eine kleine Pause machten, kam Morten auf dem Quad auf uns zu gefahren. Auf dem Hänger saß Ole Sverre Olsen mit einer anderthalb Liter Flasche. Das legte sozusagen die Stimmung für den Trip fest."

„Und Ole Sverre war wichtig für Morten, die Texte waren wichtig für Morten", fügt Tofte hinzu.

Diejenigen, die auf der Insel dabei waren, betonen Mortens Großzügigkeit, seine Heimwerker-Fähigkeiten und Güte. Letztgenanntes bekam Geir Sundstøl zu spüren. Als er in Vogts Villa kam, war er niedergeschlagen, weil ihn seine Freundin soeben verlassen hatte.

„Da aber sagte Morten: ‚Dann hast du mich zum exakt richtigen Zeitpunkt getroffen.'"

Abgesehen von der Fahrt im Hänger des Minitraktors und den Angeltouren sahen die Musiker innerhalb dieser zwölf Tage auf der Insel nicht viel von Ole Sverre Olsen. Er saß vorrangig in seinem Verschlag und schrieb an seinem Roman *Den døde mannen.*

Håvard Rem schlenderte ab und an vorbei, während Morten weite Teile des Tages für praktische Tätigkeiten im Boot verbrachte, bevor er am späten Nachmittag zurückkehrte, um den Gesang zu den Liedern beizusteuern, die die anderen weiterentwickelt hatten, nachdem Morten sie vorab erstmals auf der Akustikgitarre präsentiert hatte.

„Er hielt die Zügel sehr locker", wirft Tofte ein.

„Es gab dort also zwei Poeten, einen Superstar und eine Band – das war nicht gerade eine homogene Truppe. Trotzdem bildeten sich keine Flügel oder Gruppierungen. Alle waren dort, weil sie eine bestmögliche Platte machen wollten. Ich erinnere mich, dass Håvard und Ole Sverre sehr oft Dinge revidierten und Sachen umschrieben. Die Texte befanden sich in ständiger Veränderung. Und wenn Morten im Haus war, lief er mit seiner coolen Gitarre umher – der Everly-Gitarre – und spielte Lied um Lied. Es gab kein System, welche Lieder in welcher Reihenfolge bearbeitet werden sollten, wir nahmen sie uns vor, wie sie kamen", erzählt Sundstøl.

Jeden Tag tauchte in der Villa auch eine junge Südnorwegerin namens Sissi auf und bereitete für die hungrigen Künstler das Abendessen zu. Und abgesehen von einem verabredeten Besuch von der *VG* und NRK hatten Harket und seine Truppe auf der Insel einigermaßen Ruhe. Die Ausnahme war, als sich Journalisten der Zeitung *Fædrelandsvennen* ins Boot setzten und hinausfuhren, um zu sehen, ob sie Harket ausfindig machen und ein kleines Interview ergattern könnten. Selbiges bekamen sie nicht, schoßen vom Boot aus jedoch ein Foto in Paparazzo-Manier, zwar ohne Morten, aber mit einem gelassenen Geir Sundstøl, der im Unterhemd vor der Villa umherspazierte. Einer der wenigen, die in dieser Zeit zu Besuch kamen, war Per Østmark, der damals in der Plattenfirma Norsk Plateproduksjon arbeitete, die wiederum zu BMG gehörte und das Album herausgab. Østmark kam an einem Tag, an dem sich das Wetter draußen in den Schären von seiner ungemütlichen Seite zeigte.

„Das ganze Projekt war sehr stark von Künstlern geprägt, was auch Auswirkungen auf die Stimmung da draußen hatte. Es sind viele Platten an seltsamen Orten entstanden, allerdings hatten die meisten von ihnen Strom; dieses Projekt auf die Beine zu stellen, war also durchaus ein Akt. Am besten in Erinnerung von dem Tag da draußen ist mir, dass sich das Gespräch vor allem um Mortens neues Boot drehte", sagt er und lacht.

Als Vertreter der Plattenfirma, die *Vogts Villa* herausgeben sollte, sagt Østmark Folgendes:

„Sie war nie als ein Nachfolger von *Wild Seed* gedacht. Jedoch wurden die beiden Platten ständig miteinander verglichen, allen voran von den Medien. Deshalb hat ein großes Publikum *Vogts Villa* überhaupt nicht mitbekommen. Vielleicht kam *Vogts Villa* zehn Jahre zu früh?"

Nach zwölf Tagen packte die Truppe die Bierflaschen, die Textbögen und das E-Piano zusammen und kehrte aufs Festland zurück. Später fuhren Morten und der renommierte Fotograf Knut Bry noch einmal zur Insel, um für das Cover Bilder von Morten im Haus und in der Umgebung aufzunehmen. Darauf zu sehen ist Morten vor einem weißen Kleiderschrank in einem der Zimmer der Villa, mit einer Mandoline auf einem Felsen sitzend sowie auf einen Baum kletternd. Das Album erschien am 25. November. Das Cover zeigt einen lächelnden Harket in einem schwarzen Rollkragenpullover. Im Übrigen das erste Mal, dass er auf einem Albumcover gelächelt hat. War bereits das ein schlechtes Zeichen? Einige Kritiker zeigten sich *Vogts Villa* gegenüber nämlich nicht gerade gnädig. „Müder und lebloser Harket", vermeldete das *Dagbladet* in seiner Rezension und gab dem Album drei von sechs möglichen Punkten. Der Rezensent des *Arbeiderbladet* schrieb indessen: „Die größte Überraschung ist Harkets

Einsatz der Stimme, die hier weitaus reicher an Dimensionen und ausdrucksvoller erscheint als das, was das Englische und das teils glattpolierte englische Sprachgewand hervorzulocken vermochten." Diesbezüglich war der *VG*-Kritiker nicht einverstanden und vergab mit folgender Beschreibung vier von sechs möglichen Punkten: „Ich reagiere auf seine norwegische Aussprache. Die wirkt mitunter sehr künstlich, um es milde auszudrücken …"

„Ich weiß eigentlich nicht ganz, ob ich verstehe, was ich ihrer Meinung nach ändern soll", sagte ein verwunderter Morten, als die Journalistin Anne Grosvold ihn im Rahmen eines Radiointerviews auf die Kritik ansprach.

Die größten Herausforderungen mit *Vogts Villa* ergaben sich indessen, als die erste Single „Tilbake til livet" (Zurück ins Leben) veröffentlicht werden sollte. Normal für 1996 wäre gewesen: Interviews mit Morten in der Presse, ein oder zwei Fernsehauftritte, Radiointerviews sowie eine PR-Maschinerie mit hoher Drehzahl. Harket aber saß (nach eigener Beschreibung) hereingelegt und verdammt auf Sri Lanka fest, während zuhause in Norwegen die Single an Rezensenten und Radiosender verschickt wurde. Wir befinden uns am Monatswechsel Oktober-November 1996. Vom Sofa her erklingt ein tiefer Seufzer, bevor er die Geschichte erzählt. Eine norwegische Hilfsorganisation wollte, dass Morten anlässlich des einjährigen Bestehens des Fernsehkanals Young Asian Television nach Sri Lanka komme; der Sender hatte sich auf Dokumentationen und Sendungen über Menschenrechte spezialisiert. Morten ließ sie wissen, dass er aktuell nicht mit der *Wild Seed*-Band auftrete und zudem vor einer Albumveröffentlichung – *Vogts Villa* – stehe, weshalb er klare Verpflichtungen habe. Letztendlich bot er an, mit Gitarre und Tontechniker Sven Persson anzureisen und beim Jubiläum vier Lieder akustisch vorzutragen. Er machte deutlich, dass es Aufgabe der Veranstalter sei, dafür zu sorgen, dass keine Gerüchte entstünden, a-ha würden kommen und ein Konzert geben. 1996 waren auch a-ha nicht aktiv, weshalb das vollkommen ausgeschlossen war. Aber bereits bei der Ankunft im Hotel in Colombo spürte Morten, dass etwas nicht stimmte.

„Ich stellte ein paar Bedingungen dafür auf, dass ich überhaupt anreiste. Unter anderem musste kristallklar kommuniziert werden, wer nach Sri Lanka kam. Im schlimmsten Fall würden die Leute da unten anfangen, über a-ha zu sprechen und Gerüchte zu streuen, die Band komme, was zu vollkommen falschen Erwartungen geführt hätte. Ich sagte, ich könne das machen, ohne Band, mit Akustikgitarre. Vier Lieder, *that's it.* Das war verstanden worden, akzeptiert und in Stein gemeißelt."

Als Morten mitten in der Nacht an seinem Hotel auf Sri Lanka ankam, hatte sich das Personal vor dem Haus in einer ordentlichen Reihe zu einem groß angelegten Willkommen aufgestellt – beinahe zeremoniell.

„Das war ein bisschen übertrieben, weshalb ich umgehend ein ungutes Gefühl hatte. Und ganz richtig. Plötzlich fragten sie: ‚Wann können wir die anderen erwarten?' Dann las ich die Zeitung dort unten."

Auf der Titelseite einer Zeitung in Colombo stand, dass a-ha auf dem Weg seien und bei dem Jubiläum spielen würden. Die Krise war perfekt.

„Das war eine komplette Katastrophe. Die Verantwortlichen hatten den Ernst der Sache nicht verstanden. Am nächsten Morgen berief ich unmittelbar eine Krisensitzung ein."

Bei der Besprechung im Hotel drängte ein wütender Harket die Veranstalter, in der Zeitung eine Erklärung zu veröffentlichen, dass das Konzert abgesagt werden müsse. Sie warnten ihn, dies könne Aufruhr und Gewalthandlungen nach sich ziehen.

„Ich antwortete: ‚Daran hättet ihr ein bisschen eher denken sollen. Genau um das hier zu vermeiden, dass wir jetzt canceln müssen.'"

Im Verlauf der hitzigen Debatte wurde eine durchaus absurde Seite der Sache offenkundig. Die Veranstalter sahen es nicht so eng, dass Pål und Magne nicht nach Sri Lanka gekommen waren. Sie hatten nämlich eine Band für Morten organisiert, eine Band, die als Ersatz für Pål und Magne fungieren konnte. Zwei Typen standen bereit mit einem fertig programmierten Synthesizer mit Drumpads, einer E-Gitarre und breitem Grinsen. Plötzlich wurde offensichtlich, dass die entstandene Situation sie nicht völlig unvorbereitet traf.

„Diese Surrogat-Version einer Band war wie erwartet vollkommen identitätslos und lediglich für eine Bingo-Pause geeignet. Die komplette Katastrophe. Sie sollten ‚a-ha spielen'. Das muss man sich mal vorstellen", sagt Morten erneut kopfschüttelnd.

Um die beiden angeheuerten Musiker nicht zu beleidigen, ließ sich Morten darauf ein, sie zu ihrem „Übungslokal" zu begleiten.

„Aber ich bin ein schlechter Lügner, weshalb ich schon vorab wusste, dass es zwangsläufig peinlich werden würde."

Tontechniker Sven Persson sagt über die Begegnung mit der Ersatzband:

„Das war eine Tanzband aus Sri Lanka, die Ersatz für a-ha sein sollte. Wir trafen sie in einer Strohhütte. Sie hatten ‚Take on Me' eingeübt. Ich war auch in St. Petersburg dabei, aber die Tour nach Sri Lanka war schlimmer."

„Viel schlimmer", fügt Sven Persson hinzu.

Morten teilte den Veranstaltern mit, dass sie ihn live auf Sendung bringen müssten, damit er die Absage der Show bekanntgeben könne. Dann müssten sie ein oder zwei Tage vergehen lassen, in denen sich die Enttäuschung und die Reaktionen entfalten konnten. Anschließend würde er, als eine Art Pflaster auf der Wunde, anbieten, einige Lieder auf der Akustikgitarre zu spielen. Und so geschah es – infolge eines *VG*-Artikels vor gut 17 Millionen Zuschauern. Nachdem er die vier Lieder gespielt hatte, fuhr Morten direkt zum Flughafen, um rechtzeitig zur Veröffentlichung des Albums zuhause in Norwegen zu sein. Missverständnisse und Versäumnisse bei der Buchung führten jedoch dazu, dass er keinen Platz in dem Flieger bekam, den er ursprünglich nehmen wollte. Morten musste fast eine Woche warten, um nach Hause zu kommen. Die Veröffentlichung des Albums fand somit in Abwesenheit der Hauptperson statt.

„Das zu tun, ist nicht das Schlauste“, sagt er.

„Aber welchen Stellenwert hat Vogts Villa *heute für dich?“*

„Es ist einiges an coolem Songmaterial darauf, aber es ist, wie es ist. Wir bekamen nicht die Zeit, um die gewünschte Nachbearbeitung vorzunehmen. Die Lieder wurden im Demostadium eingespielt und dann direkt gemixt. Sie hatten eine kurze Reifezeit. Das kann sehr gut funktionieren, allerdings muss man dann dafür trainiert sein. Ich selbst hatte nie zuvor so gearbeitet.“

Fremd

„Es ist eine hauchdünne Grenze zwischen Huldigung und Kreuzigung. Beide sind Ausdruck einer menschlichen Reaktion, die von derselben Stelle in uns kommt“, sagt Morten.

Er befindet sich inmitten eines Räsonnements über etwas, das ihn seit dem Durchbruch von a-ha beschäftigt.

„Meine Kollegen sind in erster Linie nicht andere Musiker. Es *können* andere Künstler sein, in ebenso hohem Maße aber sind es Menschen, die für irgendetwas berühmt oder berüchtigt sind. Gleichgültig aus welchem Grund.“

In den Jahren zwischen 1993 und 1998 beteiligte sich Morten in Norwegen stärker an der öffentlichen Debatte, als er es je zuvor getan hatte. Nach seiner Rückkehr aus England erlebte er durch Konzerte in kleineren Orten Norwegens auch seinen Promistatus in der Heimat stärker. Begibt man sich im Zeitungsarchiv der Nationalbibliothek auf die Suche, stellt man fest, dass er in diesen Jahren für nahezu alle antrat, in Ost und West, lokal und landesweit Reklame machte. Ich selbst verwandte in der Bibliothek zwei Tage allein darauf, all das durchzugehen, was in diesen fünf Jahren in norwegischen Zeitungen über Morten geschrieben wurde. Aber obwohl er sehr aktiv war, gab er sich der Presse gegenüber in den Neunzigern auch mehrfach kritisch. Nach einigen eher halbherzigen Rezensionen der *Wild Seed*-Tournee brach es 1995 bei einem Interview mit der *Nordlandsposten* aus ihm heraus:

„Künftig muss die Presse ihre Tickets für meine Konzerte selbst bezahlen. Aktuell ist sie mir und anderen Künstlern keine Hilfe. Zu viele Kritiker sind heutzutage vollkommen außer Stande, ein Konzerterlebnis zu vermitteln.“

Abgesehen von einzelnen solcher Ausbrüche, bei denen er sich Luft machte, klingen seine Betrachtungen hinsichtlich Presse, Rezensionen und Berühmtheit heute so:

„Ich hatte nie Probleme mit den fundierten und kritischen Bewertungen anderer von Dingen, die ich tue. Ich kenne auch keine anderen Künstler, die dem gegenüber negativ eingestellt sind, im Gegenteil. Das ist Teil des Zusammenspiels, das Raum für Entwicklung gibt und das von Künstlern geschätzt wird. Was ich hingegen nicht mag, ist schlechtes Handwerk. Selten erkenne ich meine eigenen Aussagen in der Presse wieder. Dann sollen sie darüber meinen, was sie wollen."

„Erzähl ein bisschen von deinem Auftreten in den Medien. Wie denkst du darüber?"

„Wenn ich in den Medien verwirrend erscheine, dann geschieht das meist bewusst, aus Protest gegen gefasste Einstellungen, die in der Luft liegen. Ist eine Gesellschaft felsenfest von etwas überzeugt, dann ist das Beste, was du tun kannst, zu versuchen, ihr diesbezüglich ein Bein zu stellen. Felsenfeste Überzeugungen bieten keinen Raum für Dialog. Du musst erst wieder die Unsicherheit herstellen. Das ist ein gesünderer Ausgangspunkt, um Dinge zu entdecken."

Weiter erklärt er:

„Als bekannte Person kannst du absolut *nichts* tun – oder unterlassen zu tun –, was nicht Gegenstand von Interpretationen wird und dem anschließend eine Agenda hinzugefügt wird. Vom Mann auf der Straße und nicht zuletzt von der Presse. Wir alle suchen im Leben nach Gleichgewicht, bewusst oder unbewusst. Die Medien ihrerseits leben vom Ungleichgewicht in der Gesellschaft, genauso wie ein Devisenspekulant von Disharmonie lebt. Um das ausspielen zu können, muss eine Sache erst polarisiert werden. Das ist nur möglich, wenn der Inhalt ausreichend klar definiert ist. Hier findet in der Regel der erste Übergriff statt. Die Wahrheit führt ihr eigenes, üblicherweise ruhigeres Dasein. Ist das erst einmal gesagt, so bleibt festzuhalten, dass in jüngster Zeit mit der Presse etwas Interessantes geschehen ist: Nachdem soziale Medien dieses Tier in den Straßen freigelassen haben, sitzt der Presse das Messer an der Kehle, weil die sozialen Medien sie darin übertreffen, den Druck leicht zu erhöhen. Wir erhalten einen ungeschminkteren Eindruck von der ‚Volksseele', mit der sich die Presse immer verbündet hat. *Well, the free ride is over!* Das Bedürfnis nach zuverlässiger Information und guter Journalistik, überhaupt ‚Ordentlichkeit' und Relevanz, hat sich nunmehr seinen Weg gebahnt. Heute bemerke ich bei Teilen der Presse eine stärkere und mutigere Front. Das gefällt mir sehr gut."

Moderatoren und Journalisten ahnten womöglich nicht immer, wie schwer sie sich das Leben selbst machten.

Morten beispielsweise in einem lauschigen, netten Samstagskonzept zu platzieren, konnte sich rächen. Von 1995 bis 1996 wurden auf NRK zwei Staffeln der Sendung „Sveip" ausgestrahlt, solide moderiert von Tande-P. und Hilde Hummelvoll. Die Sendung erfreute sich sehr hoher Zuschauerzahlen, wobei der Höhepunkt zur Premiere der zweiten Saison mit 1,34 Millionen erreicht wurde. Im September 1995 war Morten mit seiner damaligen Frau Camilla zu Gast, sang zwei Lieder und wurde interviewt. Ein Interview, das in vielerlei Hinsicht seine Präsenz in den Medien zusammenfasst – die ist nämlich oft unbequem. Bei „Sveip" gab es eine obligatorische Frage, die allen Gästen gestellt wurde: Wen würdest du auf eine einsame Insel mitnehmen? So verlief der Wortwechsel:

Morten: Wen … nicht was? Ich kann also nicht sagen: meine Gitarre?

Tande-P.: Nein, das kannst du nicht. Die Frage lautet: Wen?

Hilde Hummelvoll: Nein, vergiss deine Gitarre jetzt ausnahmsweise mal.

Morten: (kurze Denkpause) Dann muss es Adolf Hitler sein, denke ich …

Die Antwort ließ den Boden des NRK-Studios förmlich erbeben, aus dem Publikum war ein „Oooh" zu vernehmen. Für einige lange Sekunden wurde es vollkommen still, bevor Tande-P. versuchte, die Fassung wiederzuerlangen.

Tande-P.: Ähhm. Ja, in Ordnung, wir werden sehen, was wir in dieser Hinsicht tun können … Dann machen wir weiter, Hilde.

Morten: … du findest *das* nicht interessant?

Hilde: Ich würde wohl eher fragen, warum? Ich halte das für eine schlechte Wahl.

Tande-P.: Ich meine, das ist nichts, was ich weiter ausführen will, aber in Ordnung.

Morten: Ich hätte ihm vielleicht etwas über Dominanz beigebracht …

In einem *VG*-Interview, das kurz nach der Veröffentlichung von *Vogts Villa* auf einer Bootsmesse in Barcelona stattfand, weil Morten 50.000 SAS-Bonuspunkte gesammelt hatte, die aufgebraucht werden mussten, sagte er Folgendes:

„Das war in letzter Zeit zu viel Harket in den Medien. Viel zu viel! Das macht mich in der Tat beklommen."

Gut 21 Jahre später versucht er sich an einer Erklärung von „Status":

„Das Wesen der Berühmtheit zu vermitteln, ist enorm schwer, und ich arbeite eigentlich die ganze Zeit daran, mit den Leuten nicht in eine solche Diskussion zu geraten, weil es nutzlos ist. Versuche ich es doch, komme ich immer zu kurz. Wie soll ich es anderen, die nicht selbst in einem Käfig draußen auf dem Marktplatz zurückgelassen wurden, vermitteln, wie man das erlebt, mit Leuten, die einen angucken, ein Stöckchen hineinschieben, einen füttern oder Fotos machen, davor oder dahinter, und einen umkreisen, um irgendeine Trophäe zu ergattern?"

„Aber ist es nicht gerade jetzt wichtig zu versuchen, diese Dinge zu vermitteln, wo viele einen solchen Status anstreben?"

„Nun, ich versuche es hier erneut; ich kann zumindest sagen, dass das eine Schicksalsangelegenheit in meinem Leben war und noch immer ist. Ich weiß nicht, ob etwas anderes mich und die Menschen um mich herum mehr geprägt hat als eben das."

Nur wenige erinnern sich an die Reisesendung „Safari", die im September 1993 Premiere beim Sender TV3 hatte. Im Laufe seines Erwachsenenlebens hat Morten weite Teile der Welt bereist, weniger bekannt ist jedoch, dass er Mitte der Neunziger in einigen Reisesendungen mitgewirkt hat. Er war mit Shorts und Wanderschuhen bekleidet unterwegs, badete in Unterhose und war in Ländern wie Guatemala, Honduras und Peru zugegen – ständig mit einem suchenden Blick nach seinem lebenslangen Interesse. Kameramann Ulf Berntsen erzählt: „Der Regenwald war unser beider Anliegen. Er interessiert sich sehr für Sommervögel und Orchideen – und ich ebenso. Das waren schöne Touren, eine schöne Zeit."

Mit dabei waren auch der isländische Produzent Sigurjon Einarsson, ein Kamerateam sowie ein Tontechniker. Ausgangspunkt für „Safari" war eine Reisesendung auf TVNorge namens „Over Stock & Stein" (Über Stock & Stein). Dafür zuständig waren Moderator Stein Johnsen und Sigurjon Einarsson. Im Rahmen der Sendung reisten sie in Großstädte, vorzugsweise in Europa und den USA, als es jedoch nach Ägypten ging, war auch Morten mit von der Partie. Zudem waren Morten und Sigurjon in Verbindung mit Filmaufnahmen für *Poetenes Evangelium* 1993 in Israel gewesen und hatten in diesem Zusammenhang darüber gesprochen, dass es toll wäre, mehr zu reisen, an exotische und historische Orte. Im Frühjahr 1995 hatte Sigurjon dann Kontakt zu TV3 aufgenommen und den Sender von seinem Konzept überzeugt. Geplant war eigentlich, dass Morten lediglich bei einem Teil der Folgen dabei sein sollte, TV3 präsentierte ihn jedoch als eine Art Moderator, obwohl die Hierarchien in der Reisegruppe flach waren.

„Das war zu keinem Zeitpunkt mein Bestreben. Ich begleitete Sigurjon auf einzelnen Touren hinaus in die Welt, wenn es in meinen Kalender passte und ich Lust dazu hatte. Wir waren Kumpel, die neugierig auf verschiedene Dimensionen der Welt waren. Ich war mir jedoch nicht im Klaren darüber, dass TV3 angefangen hatte, die Möglichkeiten weiterzuspinnen, die sich durchaus abzeichneten, als Sigurjon dem Sender mitteilte, dass ich hier und da ‚dabei sein' würde. Mir wurde nie vermittelt, dass ich eine zugewiesene Rolle hatte, und erst recht nicht die eines Moderators! Ich war schlicht und einfach ein barfüßiger Landstreicher, der ab und an die Spuren der Reisesendung kreuzte. Während der Reisen hatte ich nie irgendeine andere ‚Rolle' als die meines privaten neugierigen wandernden Wesens inne. Von dem Dialog, der währenddessen zwischen TV3 und Sigurjon stattfand, weiß ich nichts. Erst später, als das Programm gesendet werden sollte, entdeckte ich, dass ich zum Moderator befördert worden war. Das können die doch nicht behaupten, dachte ich – das wäre doch das völlig falsche Verkaufsargument für jene, die sich entschließen, die Sendung anzuschauen! Ich entschied jedoch, es sein zu lassen, weil das Ganze bereits so weit vorangeschritten war und es zu viel Unruhe erzeugt hätte, wieder auf Anfang zurückzugehen", erklärt Morten.

Er konnte auch nicht bei allen Reisen dabei sein, weder nach Afrika noch nach Kuba. Ein Aspekt von „Safari" war das Kennenlernen dessen, was für die meisten Norweger fremde Landschaften und Kulturen waren. Morten ist zu sehen, wie er im Nationalpark Tikal in Guatemala auf Bäume klettert, in Honduras Maya-Ruinen erkundet oder auf dem Dulce River in Guatemala in einem wackligen Kanu sitzt. In einem Ausschnitt der ersten Folge versucht Morten, an eine Gitarre zu kommen, die unterwegs ein netter Begleiter sein könnte, um darauf herumzuklimpern. Er entdeckt sie bei einer Familie auf der Landstraße, ein abgenutztes, schiefes und verschlissenes kleines Instrument. Für die Kameras freundlich und andächtig aufgestellt, schaut die Familie dem für sie gewiss unbekannten Popstar zu, wie er ein Lied zum Besten gibt, dass sie nie zuvor gehört hat („Half in Love, Half in Hate"). Der Rest der Reisegruppe hat bereits im Kastenwagen Platz genommen, um schnell wieder auf die Landstraße zu kommen.

Im Laufe der zehn Folgen spielte Morten auch Lieder, die bis dato die wenigsten gehört hatten. Er wand sich auch durch die Pflanzenwelt im Amazonas, für die er sich interessierte, seit er im Kinderzimmer, das er sich mit seinem Bruder Håkon teilte, ein sogenanntes Orchidarium angelegt hatte: schlicht und einfach ein Glaskasten voller Leuchtstoffröhren, worin Morten seine Pflanzen beherbergte. Wenn in dunklen Winternächten per Zeitschaltuhr die Lampen angingen und das Kinderzimmer in einer Art Sonnenaufgang erleuchteten, war

Håkon sofort wach. Die andere Seite des Zimmers, Håkons Seite, war voll mit Plakaten von Spielern seines Lieblingsclubs Stoke. Das hielt das Ganze im Gleichgewicht, meint Morten.

1996 rissen sich die Fernsehzuschauer nicht darum, „Safari“ zu sehen. In einem Artikel des *Dagbladet* vom Oktober des Jahres heißt es: „Die TV-Gewinner des Herbstes sind Tande-P., Claus Wiese, Arne Hjeltnes und Leif Erik Forberg. Der Verlierer ist Morten Harket. Er steckt hinter TV3s ‚Safari‘ – der am wenigsten gesehenen Reise- und Natursendung aller Zeiten.“ Das sind harte Worte, jedoch stellt sich die Frage, ob „Safari“ überhaupt für die Massen gedacht war. Zu den Hochzeiten schwankten die Zuschauerzahlen zwischen 26.000 und 63.000. TV3 hatte auf mindestens 100.000 pro Folge gehofft. In einer späteren Episode ist Morten übrigens mit behaglicher Allwetterjacke und Westerntuch um den Kopf zu sehen, wie er in immer dünner werdender Luft nach Machu Picchu hinaufsteigt. Aber selbst in dünner Luft juckt es ihn in den Fingern, Gitarre zu spielen. Im Basecamp auf 4000 Meter Höhe holt er die Gitarre hervor, die ortsansässige Sherpas mit nach oben getragen hatten. In einem engen Zelt vor acht bis zehn verwirrten Touristen spielt Morten „Heaven's not for Saints“.

Allerdings waren nicht die niedrigen Zuschauerzahlen die größte Enttäuschung für die „Safari“-Truppe, so Sigurjon Einarsson:

„Ein Tiefschlag war es, als wir in Zentralamerika waren und Morten mit eigener Crew und einem Kletterexperten im Amazonasgebiet unterwegs war. Auf der Jagd nach seltenen Orchideen kletterte er auf hohe Bäume. Daraus entstand jede Menge schönes Material, das Morten mit nach Hause nahm, als er bereits einige Tage vor den anderen abreisen musste.“

Morten erzählt weiter:

„Auf der Heimreise, mit Zwischenstopp in New York, wurde die Box mit allen Aufnahmen gestohlen. Von dem Taxifahrer, der mich gefahren hatte! Es war mitten in der Nacht, ich war todmüde, und während ich das restliche Gepäck in die Hotellobby trug, machte er sich einfach davon. Wir riefen die Polizei und gaben ihnen die nötigen Informationen hinsichtlich der gestohlenen Ausrüstung, wir hatten auch Kontakt zu dem Taxiunternehmen, das jedoch keine Angaben zu dem Fahrer machen wollte. Das war ein herber Rückschlag. Der einzige Trost war eine Sammlung wilder tropischer Orchideen, die ich zusammen mit einem Kurator aus Peru gesammelt hatte, um sie dem Botanischen Garten zu übergeben."

Am 4. Dezember 1996 strahlte NRK eine Sendung namens „Morten Harket – Spezial" aus. Erneut hatte Produzent Odd Arvid Strømstad hinter den Kulissen mehr als nur einen Finger im Spiel. Der Sender beabsichtigte, ein Konzert mit Harket in einer etwas anderen Location zu veranstalten. Strømstad seinerseits wollte seit langem ein Konzert in einem Gefängnis organisieren, ein Stück weit im Geiste von Johnny Cashs ikonischem Folsom-Prison-Auftritt von 1968. Also sprach er mit Morten, dem die Idee gefiel, und rief daraufhin die Direktorin des Bredtveit Frauengefängnisses in Oslo an. Auch sie war interessiert, und so konnten die Planungen beginnen. Die Aufnahme im Gefängnis fand am 4. Oktober statt und wurde von NRK innerhalb der ersten zwei Wochen nach Veröffentlichung von *Vogts Villa* ausgestrahlt, weshalb das Konzert vor gut 50 weiblichen Langzeitgefangenen als Gig anlässlich der Veröffentlichung des Albums betrachtet werden konnte. In einem Gefängnis zu filmen, ist jedoch nicht so, wie andernorts zu filmen. Strømstad und NRK erhielten die Genehmigung von denen, die gefilmt werden konnten, und wurden auf jene aufmerksam gemacht, deren Gesicht nicht gezeigt werden durfte, sowohl aus Rücksicht auf die betreffende Person selbst als auch auf andere außerhalb der Mauern. Beleuchtung, Kameraführung und Platzierung des Publikums wurden zu einer ganz eigenen Patience. Im Publikum saß an diesem Abend unter anderem eine des Mordes verurteilte Frau. Strømstad erinnert sich an das Mittagessen am Tag der Aufnahmen:

„Mehrere der Frauen hatten uns beim Tragen geholfen, und nach dem Aufbau setzten wir uns hin und aßen zusammen. Morten war sehr engagiert, was diese Damen sehr schätzten. Er mochte es schon immer, Menschen in seltsamen Arenen zu treffen, und selbstverständlich war es eine große Sache, dass Morten Harket ‚höchstpersönlich' ins Gefängnis kam, um dort ein Konzert zu geben. Alle wussten, wer er war. Ich saß neben einer hübschen, netten Dame und fragte sie im Laufe des Gesprächs, wie viel Haftzeit sie noch habe. ‚Fünf Jahre', sagte sie und erzählte, dass sie insgesamt zwölf absitzen müsse. Nach einer Weile fragte ich sie, warum sie inhaftiert sei. Sie hatte einen Mann erstochen. Da ist man durchaus ein bisschen sprachlos", so Strømstad. „Indessen erlebte ich diese Frauen als sehr positiv und freundlich, denn dort waren sie drogenfrei", fügt er hinzu.

Im Gefängnis spielten Morten und die Band viele Lieder von *Vogts Villa*. Zwischen zwei Songs las Håvard Rem ein Gedicht vor, eine Form der Präsentation, der sich die beiden zu dieser Zeit ab und an bedienten. Man könnte es als eine Art Poesiekonzert bezeichnen. Passenderweise präsentierte Rem in Bredtveit das Gedicht „Jenter" (Mädchen):

Da ist etwas
das ich nie verstanden habe
an euch, Mädchen.
Dass ihr es wagt
zu teilen
Haus und Bett
Kind und Geschlecht
Tage und Nächte.
Mit Menschen, die physisch betrachtet
euch vollkommen
überlegen sind

Das hätten wir
uns nie gewagt.

In der Sendung, die auch kleine Auszüge einer Interviewsequenz von NRKs Knut Olsen mit Morten und Håvard draußen in beißender Kälte beinhaltet, versucht Morten zu erklären, warum Bredtveit ein guter Ort für ein Konzert sei:

„Sie wussten auch, dass das etwas speziell war. ‚Warum kommt er hierher?' Und warum soll ich in Bredtveit spielen? Ich weiß nicht einmal, ob ich die Antwort darauf kenne. Ich hatte Lust darauf. Man kann nach so vielen Gründen suchen, ich aber kann sagen, dass ich es machen wollte. Ich habe dort gespielt, und es hat mir sehr gefallen. Es hat irgendwas mit der dort spürbaren Direktheit zu tun."

Gitarrist Geir Sundstøl erinnert sich daran, dass es am Tag der geplanten Aufnahmen einige Schwierigkeiten gab, der kompletten Band Zugang zum Gefängnis zu verschaffen.

„Weil in der Personalakte von einem von uns irgendetwas stand, was das Hineinkommen ein wenig erschwerte, meine war es aber nicht", lacht er.

Was Morten von dieser etwas speziellen Konzertsituation heute am besten in Erinnerung behalten hat, ist eine Krankenhauspfarrerin, die er noch von seiner Zeit als Student an der Theologischen Fakultät kannte.

„Ich erinnere mich auch ein bisschen an *den Vibe* zwischen uns und den Insassinnen. Und das ist schon eine spezielle Situation. Hier sitzt du mit einem zuhörenden Publikum, das wahrscheinlich nicht die Freiheit hat, genau das zu wählen, was es will. Hier bekommen sie ein Angebot, und entweder nehmen sie es an, oder sie lassen es sein. Das war kein auf die Prämissen der Inhaftierten abgestimmtes Angebot. Man kann durchaus sagen, es war lediglich etwas, das ihnen aufgedrängt wurde, allerdings hatte ich nicht das Gefühl, dass es so war. Es war eine schöne Sache und etwas, das ich mir durchaus öfter hätte vorstellen können."

Im Januar des darauffolgenden Jahres, 1997, hatte die *Vogts Villa*-Tournee im Maxime in Bergen ihren Auftakt. 600 Personen hatten sich in dem Club inmitten des Bergener Zentrums eingefunden. Für die richtige Form hatten sich Morten und Band in der rot gestrichenen Stovner Rockefabrikk in Oslo vorbereitet. In den Regalen der Plattenläden landesweit war das neue Album in reichlicher Anzahl zu finden, die Rezensionen waren mittelmäßig, und Morten entschloss sich, viel vom *Wild Seed*-Material in die Setlist zu integrieren. „Hier ist eins von der verdammten norwegischen Platte“, sagte er, bevor sie das zurückhaltende „Søndag morgen“ (Sonntagmorgen), nur eines von vier Liedern von *Vogts Villa* an diesem Abend, präsentierten. Geir Sundstøl, einer von drei Musikern von den Aufnahmen auf Dvergsøya, die Zeit hatten, auf der Tour dabei zu sein, war aufgrund einer leidigen Sehnenentzündung in der Hand während des Konzerts auf Eisbeutel angewiesen. Die komplette Band, inklusive Morten, stand in Fußballtrikots ähnlichen T-Shirts auf der Bühne, die sie in einem Second-Hand-Laden gekauft hatten. Das erste Lied beim Tourneeauftakt war das unveröffentlichte „The End of the Western World“, das bis dahin nur sehr wenige im Saal schon einmal gehört hatten. Ein energischer Song mit einem kurzen jähzornigen Text, dessen Erzähler in die USA kommt, den amerikanischen Traum verfolgt, jedoch auch den Beigeschmack des Ganzen erlebt. „I stepped out of the plane like a beast from its cages“, sang Morten, mit heller Hose bekleidet und der Everly-Gitarre in der Hand. Die Reaktionen der Presse am nächsten Tag waren nicht gerade wohlwollend. Die *Bergensavisen* vergab zwei von sechs möglichen Punkten, während *VG* und *Dagbladet* mit drei aufwarteten. „Unabhängig davon, wie gut wir waren, sie hätten dasselbe geschrieben“, sagte Morten zu seiner Band, die er einen Tag später auf den Namen „The Chaps“ taufte.

„Ich erinnere mich, dass zu dieser Zeit in den Medien eine Jetzt-werden-wir-Morten-erledigen-Haltung vorherrschte, nicht ungewöhnlich für Künstler, die ‚zu‘ groß werden. Wir in der Band spürten das, allerdings waren wir eine Truppe, die schon einiges an Gegenwind erlebt hatte, weshalb wir weiter Gas gaben“, erzählt der Bassist der Tour, Kyrre Sætran.

Von Bergen aus ging es für Morten und Co. nach Sogndal, Lillestrøm sowie in den Club Alfred in Hønefoss, bevor Sandefjord auf dem Plan stand. Überall spielte die Band laut und intensiv; in den Neunzigern hatte die oberste Gesundheitsbehörde Norwegens ihren „Nationalen Ratgeber für die Bewertung der Lautstärke beim Einsatz von Musik-Lautsprechern“ noch nicht ausgearbeitet. Das führte auch dazu, dass sich Morten wirklich ins Zeug legen musste, um seinen

Platz im Klangbild zu finden. Das hatte seinen Preis. Ursprünglich war Steinkjer als letzter Stopp angedacht, jedoch bekam Morten einige Tage zuvor eine Angina. Ein in Elverum geplantes Konzert wurde abgesagt. Auch der Auftritt in der Samfundet in Trondheim, der insgesamt vorletzte, war in Gefahr. Als sie jedoch nach Trondheim kamen, fuhr Morten ins Krankenhaus, wo er eine Cortisonspritze direkt in die Stimmbänder bekam. Damit sang er, den Berichten zufolge, in Trondheim fantastisch, brachte am Tag darauf, als Steinkjer auf dem Programm stand, allerdings keinen Ton heraus. Eine Absage war unausweichlich. Jan Sollien, der im Unterhaltungsimperium von Petter Sandberg arbeitete, war für die Buchung der *Vogts Villa*-Tournee zuständig. Krankheitsbedingt konnte er bei der Tournee selbst jedoch nicht dabei sein.

„Ich erinnere mich, dass ich einen Anruf vom Tourneemanager bekam, der vor Ort war. ‚Totale Krise, Jan. Morten hat seine Stimme verloren'“, erzählt Sollien.

Damit endete die *Vogts Villa*-Reise am 14. Februar 1997 in Trondheim. Seither hat Morten kaum Lieder „der verdammten norwegischen Platte“, wie er sie einst nannte, gespielt.

Gegen Jahresende wurde Morten zum traditionellen Weihnachtskonzert der Penthouse Playboys im Osloer Rockefeller eingeladen. Während einer kleinen Presse-Séance, bei der Morten von Jens Pikenes und seinem Kompagnon Johnny Lotion aus Weihnachtspapier gewickelt wurde, fragte der anwesende Vertreter des *Dagbladet*, welche Lieder sie auf dem Konzert spielen würden – ohne eine klare Antwort darauf zu erhalten. Also fragte der Journalist, ob sie Titel von *Vogts Villa* präsentieren würden.

„Wir dachten in der Tat, die komplette Platte darzubieten, als Musical. Diese Platte braucht Hilfe“, entgegnete Jens Pikenes.

„Eindeutig“, seufzte Morten.

Das Album, das niemand gehört hat II

Die Jahre zwischen 1993 und 1998 bestanden für Morten nicht „nur" aus Songwriting, eigenen Plattenprojekten, dem Engagement für Osttimor und dem Moderatorenjob beim Eurovision Song Contest. Es wirkt beinahe so, als hätte er sich auf alles gestürzt, was ihm über den Weg lief. Es ist schwer nachzuvollziehen, dass der Tag ausreichend Stunden dafür hatte.

„Ich bin seit jeher ein wandernder Fliegenfänger für Leute mit Visionen, aber auch für Leute ohne Visionen. Diese Phase war da keine Ausnahme. Ich bin seit jeher offen für Dinge, die mir präsentiert werden, es sei denn, sie werden gestoppt, bevor sie mich erreichen. Der Unterschied zwischen damals und heute ist, dass nunmehr sehr viel herausgefiltert wird, bevor es mich erreicht, aber auch, dass ich damals geneigter war, die Dinge einfach geschehen zu lassen", so Morten.

Hier ist lediglich eine kleine Auswahl des Engagements: Im Rahmen der sogenannten Dotcom-Blase kaufte Morten Aktien, womit er sich sonst nie beschäftigte, eines der größten Börsenhypes – Opticom. Er stieg äußerst schlecht ein, nahm den kompletten Aufstieg – sowie den Abstieg – mit, kam eigenen Aussagen zufolge jedoch gut aus dem Ganzen heraus. Dann steckte er – mit größerem Erfolg – Geld in etwas namens FAST Search & Transfer, einer von der NTNU in Trondheim entwickelten norwegischen Internetsuchmaschine. Das geschah im Zuge eines Bootprojekts, das ihm der Philosoph, IT-Gründer und Geschäftsmann Espen Brodin präsentiert hatte. Sehr früh stieg er auch in das IT-Unternehmen TeleComputing ein und erlebte damit sowohl beachtliche Höhen als auch tiefe Abstürze. Schließlich ergriff Morten auch das Wort für die Legalisierung von

Drogen – *so* konnte es zumindest aussehen. Zusammen mit dem Boxer Ole Klemetsen stellte er sich zudem für die Einführung eines Rauchentwöhnungssprays zur Verfügung. „In einem Raum mit Nichtrauchern zu rauchen, ist so, wie den Leuten ins Gesicht zu furzen", tönte Harket auf einer Pressekonferenz für das Projekt in Oslo. Ebenso mit von der Partie war er beim Import des allerersten Elektroautos nach Norwegen.

Fangen wir bei Letztgenanntem an, dem Elektroauto. Dem Klimaaktivisten Morten Harket.

„Ich tat dies als Teil einer Warnung vor einer bevorstehenden globalen Umweltkrise", erzählt er.

Am 16. Oktober 1993 rollten Morten und der Gründer der norwegischen Umweltschutzorganisation Bellona, Frederic Hauge, im allerersten modernen Elektroauto des Landes, einem umgebauten Fiat mit Bleibatterien, mit gerade einmal Platz für zwei Personen und einer elenden Reichweite von 45 Kilometer, fortlaufend durch die Mautstation im Osloer Stadtteil Majorstuen. Die Zeitungen bezeichneten die Aktion am nächsten Tag als „Mautstation-Show". Harket und Hauge hatten dazu nämlich sowohl den Umweltstadtrat Raymond Johansen, die Mautgesellschaft A/S Fjellinjen als auch Vertreter vom Büro des Stadtkämmerers eingeladen. Alle hatten sie jedoch abgesagt, woraufhin Harket und Hauge ihre Gedanken im Blitzlicht der Fotografen sowie vor den Fernsehkameras darlegen konnten, ohne dass ihnen widersprochen wurde. Und es waren nicht wenige, denen es an diesem nasskalten Oktobertag unter einem bedeckten Himmel über Oslo an den Kragen ging; vom Chef der Straßenverkehrsbehörde, über den Verkehrsminister bis hin zur Ministerpräsidentin Gro Harlem Brundtland. „Die Regierung mit der Leiterin der Brundtland-Kommission an der Spitze hätte dafür sorgen müssen, dass die Ölnation Norwegen eine treibende Kraft in der Bereitstellung der Voraussetzungen für die Nutzung umweltfreundlicher E-Autos ist. Stattdessen ist Norwegen heute eine Bremse", sagte Morten, mit brauner Lederjacke und Westerntuch um den Hals bekleidet, bevor er sich auf den Beifahrersitz des Autos quetschte, dessen Motorhaube ein großes Bellona-Logo zierte. Dann fuhren sie einige Runden durch den Mautring, während die Höhe des Bußgeldes stetig anstieg. Die beiden bezahlten nämlich nie, wenn sie die Mautstation passierten. Hintergrund der Aktion war der Auftakt zu einem politischen Kampf für die Mehrwertsteuerbefreiung bei der Anschaffung von Elektroautos, die Befreiung von den Mautgebühren, eine kostenfreie Durchfahrt bei den Mautstationen sowie eine kostenfreie Nutzung städtischer Parkplätze und kostenfreier Ladestrom. Das auffällige Fahrzeug, bei dem es sich um einen umgebauten Fiat Panda handelte, war bereits 1989 nach Norwegen importiert worden. Das Auto rollte jahrelang durch Oslo, parkte unerlaubt, und letztendlich klopfte der Kämmerer an die Tür mit einer 14-tägigen Frist zur Begleichung aller Bußgelder. Die Verantwortlichen weigerten sich, woraufhin sich ein Abschleppwagen des Autos annahm. Dann wurde es zwangsveräußert und anschließend für wenig Geld zurückgekauft, bevor die Aktivisten endgültig, nach vielen solchen Runden, den jahrelangen Kampf gewannen: Am Freitag, den 13. Dezember 1996, beschloss das Parlament nämlich einstimmig, E-Autos von der Mautgebühr zu befreien.

Bei Morten Harket aber sind die Dinge selten schwarz oder weiß. Drei Jahre zuvor tat er etwas, was für einen E-Auto-Enthusiasten unmittelbar relativ merkwürdig erscheinen mag.

„Ich kaufte den fettesten Mercedes, der zu kriegen war, einen 500 SL, mit Benzinmotor. Fünf Liter Motor, das komplette Paket, alles inklusive. Das wurde von den Zeitungen selbstverständlich angeprangert. Aber das geschah ganz bewusst, und ich informierte die Presse selbst. Denn Tatsache ist, dass wir so leben. In meinem Job werde ich jeden Tag von solchen Autos abgeholt. Dort befinde ich mich, und ich wollte von den Zeitungen auch nicht als ein für das Klima radfahrender Apostel abgelichtet werden. Denn das entspricht nicht der Wahrheit. Das Umweltengagement war für mich von entscheidender Bedeutung, es darf aber nicht verlogen und falsch erfolgen. Zudem war ich der Auffassung, dass die Industrie, die die technologische Entwicklung anführt, einer der Wege ist, den wir gehen müssen, um die Probleme zu lösen. Wir müssen mit ihr zusammenarbeiten, sie nicht von uns wegstoßen."

Bei der E-Auto-Geschichte für Morten ebenso wichtig wie Hauge und Bellona war ein Kerl namens Harald N. Røstvik. Für dessen Buch *Eksil. En fortelling om oljelakeiens makt* (2001; Exil. Eine Erzählung über die Macht des Öllakaien). schrieb Morten einen sogenannten Klappentext. Darin heißt es: „Harald N. Røstvik berichtet davon, welche Kräfte man herausfordert, wenn man für Ideen kämpfen will, die politisch noch nicht akzeptiert sind. Um der Belastung standzuhalten, braucht man ein starkes Rückgrat. In seinem kompromisslosen Kampf für erneuerbare Energien wurde er hierzulande auf beschämende Weise alleingelassen. Daher dieses Buch." Mit anderen Worten: Erneut eine Person am Rande der Gesellschaft, einer von den Menschen, zu denen es Morten hinzieht.

„Harald ist der Kern des Ganzen", sagt Morten. „Das E-Auto war seine Idee."

Der ausgebildete Architekt und Professor für Stadtplanung und Architektur Røstvik antwortet mir aus seinem Büro an der Universität Stavanger.

„Ich begegnete Morten zum ersten Mal irgendwann 1987 im Mount Lavinia Hotel auf Sri Lanka. Wir verstanden uns auf Anhieb. Wir fanden uns im Umweltgedanken, er hat ein großes Herz für Mensch und Natur", sagt Røstvik und fährt fort:

„Er ist einer meiner engsten Freunde, wenn nicht gar der engste. Wir teilen viele derselben Visionen und tun dies seit vielen, vielen Jahren."

Der konkrete Ausgangspunkt dafür, warum Morten Harket zusammen mit Frederic Hauge im ersten öffentlichen E-Auto des Landes herumfuhr, findet sich in der Schweiz. Von Ende der Achtziger- bis Anfang der Neunzigerjahre fuhr Røstvik alljährlich zur Tour de Sol in die Schweiz. Begleitet wurde er zu diesen Autorennen, an denen nur Fahrzeuge mit Solarantrieb teilnehmen durften, von seiner Frau Inger. Dabei rollten mitunter absurde, speziell angefertigte Vehikel durch das Alpenland, einige mit gediegenem Solarmodul auf dem Dach und einem Loch darin, durch das der Fahrer seinen Kopf stecken konnte, während andere eher fliegenden Untertassen glichen. Als Røstvik bei der Begegnung Morten von den solarbetriebenen Autos erzählte, entfachte dies ein Feuer. Zusammen mit Frederic Hauge und Rune Haaland von Bellona, Morten und seiner Frau Camilla brach Røstvik zum Wochenendtrip nach Hovden auf. Nachdem unter dem Holzdach der Behausung lautstark diskutiert worden war, fiel der Entschluss, ein elektrisches Auto nach Norwegen zu importieren. Kurz darauf nahm Røstvik Morten und Hauge mit zu einer Ausstellung solarbetriebener Fahrzeuge in Bern. Das verstärkte den Wunsch, ein E-Auto nach Norwegen zu importieren.

„Zu dieser Zeit ging es entweder um Wasserstoff oder Elektrizität, wobei die Batterie ein enormes Potenzial hatte“, sagt Frederic Hauge heute.

Wie aber war es um die Finanzierung bestellt?

Nachdem a-ha 1988 auf dem Kalvøya-Festival in Bærum gespielt hatten, wurde entschieden, dass der Überschuss aus dem Konzert einem wohltätigen Zweck zugutekommen solle. Da schlug Røstvik die damals noch junge Umweltstiftung Bellona vor, wodurch die Verbindung zum E-Auto-Abenteuer entstand. Diese Mittel als Grundlage stockten Morten, Magne Furuholmen, Bellona und Røstvik mit jeweils 25.000 Kronen auf, um das Auto nach Norwegen zu importieren. Røstvik nahm sich dem Großteil der Papierarbeit an, und eines Tages kam das Auto per Schiff nach Oslo.

„Harald und ich haben viel zusammen gemacht“, sagt Morten und berichtet auch von einem sehr ambitionierten Projekt auf den Malediven:

„Beispielsweise wollten wir Informationshilfe anstatt Entwicklungshilfe leisten. Wir wollten eine Insel auf den Malediven ausrüsten, die zu einem fantastischen *Showroom* werden sollte, der Touristen aus den reichen Ländern zeigte, wie weit die Entwicklung in Sachen Sonnenenergie faktisch gekommen war. Wir wollten das große Potenzial sichtbar machen.“

Die Anfänge des Malediven-Projekts reichen weit zurück. 1987 gewann Røstvik im Rahmen eines internationalen Architekturwettbewerbs unter der Regie der Vereinten Nationen einen Preis, den er sich in Brighton abholte. Als Morten von dem Projekt hörte, war sein Interesse geweckt. Der Idee zufolge sollte dieser *Showroom* eine Insel der Zukunft sein, wo nahezu alles auf Solarzellen aufbaute, vom Boot, das die Touristen dorthin brachte, bis hin zu kleinen per Sonnenenergie betriebenen Fahrzeugen, die das Gepäck in die Unterkünfte transportierten. Zudem sollte es auf der Insel eine Bibliothek geben, wo sich die Gäste in Bücher über Sonnenergie und andere erneuerbare Energien vertiefen konnten. Røstvik fährt fort:

„Die Idee war, dass reiche westliche Touristen dorthin kommen und sehen sollten, wie hell die Zukunft sein konnte. Wir führten Gespräche mit dem Präsidenten der Malediven, Maumoon Abdul Gayoom. Unter bestimmten Voraussetzungen gab er grünes Licht für eine Insel, wo wir das Projekt, für das ich in diesem Architekturwettbewerb den Preis bekommen hatte, verwirklichen konnten. Dann aber mussten wir nach Hause und Investoren finden …"

In einem Interview mit *BT* sagte Harket 1995: „Ich konnte nicht die komplette Anlage aus eigener Tasche bezahlen. So ein reicher Popstar bin ich nicht." Es ist offensichtlich, dass das nicht realisierte Projekt an Røstvik nagt:

„Es ist sehr schade, dass uns das auf den Malediven nicht gelungen ist. Eine solche Vision 1987/88 zu realisieren, hätte rund zehn Millionen gekostet, und es war kompliziert, zu dieser Zeit so viel Geld zu beschaffen. Aber wir führten Gespräche und beantragten Mittel, unter anderem bei Norad, deren anfängliche Antwort ein einjähriges Schweigen war. Als ich dort anrief, um eine Klärung zu erreichen und die endgültige Absage erhielt, antworteten sie am Telefon mit Gelächter. *Das* war zu dieser Zeit das Niveau bei Norad in Sachen Umweltdiskussion in Bezug auf erneuerbare Energien. Sie hielten Sonnenergie für lächerlich."

„Es war schade, dass daraus nichts geworden ist. Schade für die Welt", sagt Morten und berichtet ein wenig über die Rollenverteilung zwischen den beiden:

„Ich hatte vollkommen andere ästhetische Ambitionen als er. Harald war weitaus mehr an konkreter Funktion interessiert – was schließlich das Zentrale ist. Willst du draußen in der Welt aber eine gute und funktionale Idee verkaufen, dann muss die Ästhetik stimmen, weshalb ich vor allem dieses Feld im Blick hatte. Unser Grundgedanke war die Unabhängigkeit von Öl sowie Wasserkraft, die auf Flussläufen und Wasserfällen basierte. Das übergeordnete Ziel lautete, dass wir Menschen den Weg zurück zu der Natur finden, in der wir erschaffen wurden, und aufhören, uns von ihr zu isolieren."

Eine Gruppe norwegischer Investoren, inklusive Jørgen Randers von Green Business (einer Interessenorganisation für Unternehmen im Umwelt- und Energietechnologiesektor) und Schiffsreeder Knut Kloster von World City, garantierte für die Übernahme von zehn Prozent der Projektkosten, sofern es Røstvik und Morten gelänge, den Rest zu akquirieren. Das gelang ihnen indes nicht.

„Aber wir gaben nicht auf und arbeiteten bis weit in die Neunzigerjahre immer mal wieder daran – und eigentlich haben wir nie ganz aufgegeben. Die Idee ist noch immer vorhanden und kann mit hinreichenden Mitteln realisiert werden. Allerdings sind die Bedürfnisse heute auch andersgeartet, und die Aktualität ist so dringend, dass ein vollkommen neues Brainstorming erforderlich ist", erzählt Morten und fügt hinzu:

„Unser visionärer Gedanke war eine Parallelanlage auf der Insel Røst (100 Kilometer westlich von Bodø; Anm. d. Autors), um die Spannweite des Potenzials zu demonstrieren."

Bleiben wir bei Projekten außerhalb der Musik. Während des Studiums hatte Morten einen Kerl namens Espen Brodin kennengelernt, der mit seinem Bruder Håkon zusammen in Oslo Philosophie studierte. Viele Jahre später, 1995, kam Brodin erneut in Kontakt mit Morten. Brodin, der vor allem als IT-Gründer bekannt ist, rief Mitte der Neunzigerjahre eine Firma ins Leben, die als Erstes ein Monster von einem Boot bauen sollte, einen 48-Füßer aus sogenanntem Mahagoni Castor. Und er wusste, dass sich Morten sehr für Boote interessierte. Das Boot wurde mit einem CAD-Programm designt, dem eine große selbstgebaute Fräse (DAP) integriert wurde, mit der Teile und Formen für das Boot ausgeschnitten werden konnten. In Fabrikräumen in Drøbak wurde zuerst der Rumpf hergestellt.

Eines Tages fragte Brodin bei Morten an, ob dieser nicht Interesse habe, sich das Vorhaben anzusehen. Bereits am nächsten Tag holte er Morten in seiner Wohnung in Oslo ab, und zusammen fuhren sie nach Drøbak. Auf dem Weg dorthin erzählte Brodin mehr über das Projekt, die beiden waren auf einer Wellenlänge, und bevor sie an der Werft parkten, hatten sich bereits hochfliegende Gedanken ihren Weg gebahnt.

„Ich begriff, dass Espen in mir einen möglichen Investor sah, während ich bereits da wusste, dass ich eine andere Rolle innehaben würde", wirft Morten ein.

Drinnen in der Haupthalle der Werft stand der wuchtige Mahagoni-Rumpf in all seiner Pracht und wartete auf den Überbau.

„Ich stand vor dem Boot und nahm den ersten Eindruck mit kritischem Optimismus auf. Es war toll gebaut, etwas anderes wäre auch direkt durchgefallen. Es war deutlich zu erkennen, dass es eine Art Datenperfektion aufwies, was damals völlig ungewöhnlich war. Zum ersten Eindruck gehörte gleichzeitig aber auch ein Designfehler in der doppelt gekrümmten Fläche des Bugvorsprungs. Die beiden Seiten spiegelten einander, selbstverständlich, das Problem war also gleich, aber spiegelverkehrt. Es war ein scheinbar kleiner Fehler, aber ich wusste unmittelbar, dass er sehr schwer zu beheben sein würde, eigentlich unmöglich. Der Bug des Bootes hätte umgestaltet werden müssen, um das Problem als Teil einer neuen Lösung zu integrieren. In dem Moment dachte ich, ein Datenfehler wäre die Ursache."

Kurz bevor Morten den Rumpf zu sehen bekam, war er in Brodins Büro auf der Werft gewesen. Dort hatte er eine erste Vorstellung von der Ausformung des Bootes erhalten. Auf dem Schreibtisch hatte nämlich ein kleines Modell davon gestanden. In seiner Gesamtheit hatte es auf Morten charakterlos gewirkt. Das tat der Rumpf hingegen nicht, wie er da so ohne Überbau auf dem Boden stand.

„Ich dachte unmittelbar, dass der Rumpf tolle Möglichkeiten bot, der Überbau jedoch wegmüsse“, sagt er und fährt fort: „So stand ich da und wusste, was ich ‚wusste‘. Meine Herausforderung bestand darin, dass ich als internationaler Popstar bekannt war, nicht als Designer von Booten. Daher fragte ich mich, wie ich das angehen solle. Ich war vollkommen sicher, wozu ich fähig war, mit einer Autorität, der mitunter schwer zu widerstehen ist. Ich konnte mir nicht vorstellen, dass die Mitarbeiter vor Ort entschieden hatten, das Boot so zu bauen. Ich fand die Möglichkeiten, die in den Perspektiven von Espen und seinem Team lagen, sehr verlockend, zugleich verstand ich meine Rolle in dem Ganzen, die durchaus eine andere war als jene, die Espen anvisiert hatte. Hier war es wichtig, die Dinge in der richtigen Reihenfolge anzugehen. Den Rest des Tages hielt ich den Dialog am Laufen, jedoch auf einer allgemeineren Ebene, während ich mir Zeit kaufte. Ich wusste, dass ich nach Hause und zuerst etwas anderes machen musste, um Zugang zu der kreativen Debatte zu erlangen.“

Als Morten an diesem Abend nach Hause kam, machte er sich daran, aus einem kleinen Stück Lärchenholz eine Frauengestalt zu schnitzen. Ziel war ein regelrechtes *Pin-up* zu schnitzen, das er den Bootsbauern am nächsten Tag vorlegen konnte.

„Ich musste auf subtile Weise das Unterbewusstsein des Teams beeinflussen – sodass meine Argumente, den Schiffsrumpf und dessen weiteres Design betreffend, ernst genommen wurden. Dass ich mich auf Linien und Formen verstand, das Dreidimensionale. Ich musste sowohl Gesellenbrief als auch Facharbeiterprüfung auf einen Schlag ablegen. Es musste schnell geschehen“, so Morten.

Früh am nächsten Morgen wurde Morten von Espen erneut vor seiner Wohnung aufgesammelt. Das Erste, was er tat, nachdem er im Auto saß, war, das fertiggeschnitzte Frauenmodell zu präsentieren. Lachend fluchte Espen lautstark. Die beiden fuhren direkt wieder nach Drøbak.

An einem Frühlingstag 2019, draußen bei Morten, holt er die Holzfigur wieder hervor und zeigt sie mir. Er hält sie nach oben ins Licht.

Das gut fünf Zentimeter große Modell hat wogende Brüste sowie einen weiblichen und gleichzeitig anmutigen Körper. Die handwerkliche Ausführung ist beeindruckend – selbst für einen untrainierten Blick.

„Morten dachte viel darüber nach, was das Boot ausdrückte. Wir gelangten zu der Überzeugung, dass es einige klassische Linien kombiniert mit etwas Zukunftsweisendem haben sollte“, erzählt Brodin.

Wenig später an diesem Tag ist Morten mit dem Team der Bootsbauer allein in der Halle. Sie alle haben mittlerweile die von ihm geschnitzte Frauenfigur gesehen.

„Was sie wirklich darüber dachten, weiß ich nicht, aber das war eigentlich auch unwichtig, denn das Ziel war ein ganz anderes. Es war das erste Mal, dass ich allein mit ihnen um den Rumpf herumstand, und ich machte keinen Hehl daraus, dass ich von ihrem Handwerk beeindruckt war. Anschließend legte ich die nächste scharfe Patrone in die Kammer: ‚Aber hier habe ich ein Problem …‘ ‚Okay‘, entgegneten sie fragend. Ich zeigte direkt auf den Punkt im Bugvorsprung. ‚Dort‘, sagte ich. Das löste eine Lawine von Reaktionen aus. Ihnen zufolge wäre es beinahe zur Meuterei gekommen, weil sie von der Geschäftsleitung nicht gehört wurden, als sie versucht hatten, auf das hinzuweisen, wobei es sich ihrer Ansicht nach um einen Fehler in der Datenberechnung handeln musste. Espen hatte sich entschlossen, mehr auf die Daten als auf die Jungs in der Werkstatt zu vertrauen. Das ist nachvollziehbar, zumal die Berechnungen ihnen bisher einen ausgezeichneten Dienst erwiesen hatten. Schwerer war für mich der Schritt, zu Espen ins Büro zu gehen und auf die sich daraus ergebende Herausforderung hinzuweisen. Ich wusste, das war das Letzte, was er brauchte, nachdem sie über einen längeren Zeitraum heftigen Engagements dort angelangt waren, wo sie jetzt waren, aber ich hatte keine Wahl.“

Während die Herausforderungen, den Bug betreffend, zurückgestellt wurden, nahm Morten seine Ideen hinsichtlich des Überbaus in Angriff. Er erklärt:

„Ich sagte zu Espen, dass der Rumpf etwas Zeitloses an sich habe, während der Überbau, so wie er angedacht sei, charakterlos wirke und den Rumpf mit sich in Vergessenheit ziehe. Im Rumpf sah ich eine glaubwürdige Retrofigur und war der Meinung, sie müssten einen anderen ikonischen Überbau aufsetzen, um ein sogenanntes Retrohybrid zu erschaffen – ein Begriff, der mir in diesem Moment in den Sinn kam: ein Geschöpf, das es nicht gab, das aber so wirkte, als hätte es immer existiert; das aus dem Nebel der Vergangenheit auftaucht und im Dunst der Zukunft verschwindet. Um die Idee von einer Kuppelform zu illustrieren, erwähnte ich einen B-52 Bomber, genauer gesagt handelte es sich jedoch um eine ovale Kuppelform. Zu Espen sagte ich: Diese Wohnwagen an Deck müssen ein Ende haben. Die halten nichts aus bei rüdem Wetter, eine Kuppelform hingegen ist wahnsinnig stark und sorgt für ein völlig anderes Gepräge. Allerdings würde sie wie ein Treibhaus agieren, weshalb wir die Herausforderung meistern mussten, die Kuppel in gewisser Hinsicht zu blenden, indem man Strom durch das Glas schickte, um irgendetwas zu aktivieren. Wir mussten schlicht und einfach, so gut wir konnten, die Energie einfangen und hoffentlich wiederverwerten."

Inspiriert arbeitete Morten über einen längeren Zeitraum, zusammen mit Brodin, weiter an dem Bootprojekt. Die beiden saßen viele Nächte lang zusammen und diskutierten. Nach vielen ergiebigen Gesprächen scheiterte das Vorhaben für Morten jedoch ohne ein fertiges Ergebnis, das ins Ausland verkauft werden konnte.

„Kurz gesagt scheiterte das Projekt, weil es keine ausreichenden Mittel zur Grundfinanzierung gab. Bis ich dazustieß, und noch eine Weile länger, war das Vorhaben durch Espens private Mittel vorangetrieben worden. Zudem waren wir beide auch an anderen Fronten aktiv", so Morten.

Was Brodin betraf, so gründete er den Suchmaschinenbetreiber FAST und hatte bereits damals 200 Reisetage pro Jahr. FAST ist ein zentraler Teil der norwegischen Internetgeschichte und wurde gegründet, weil einzelne Akteure schmerzlich nach Methoden verlangten, um schnell in großen Mengen an Daten über archäologische Funde zu gelangen. Innerhalb weniger Jahre stieg der Aktienwert des Unternehmens gen Himmel, und einem Artikel der *Aftenposten* aus dem Jahr 2012 zufolge „betrachten viele die Technologie von FAST der von Google ebenbürtig“. Google wurde erst im Herbst 1998 gegründet.

Dort enden jedoch nicht die Spuren von Mortens Engagement in dieser Zeit. Vor der Volksabstimmung 1994 in Norwegen reihte er sich auch in die Gruppe der EU-Befürworter ein. Ebenso wie die Sängerin Claudia Scott und andere war er Teil einer „Rocker für die EU“-Bewegung.

„Die Neinsager machen die Debatte lediglich zu einer Frage von reinem Eigeninteresse. Sie setzen auf Gefühle, indem sie sagen, Norwegen würde als selbstständige Nation verschwinden. Jetzt muss aber Idealismus in die EU-Debatte Einzug halten“, sagte Harket im Juni 1994 in einem Interview mit der *VG*.

Bereits im Vorjahr war er bei einer EU-Konferenz für Schüler weiterführender Schulen in Molde als Hauptreferent aufgetreten. Das übergeordnete Thema lautete Rassismus. Am Rednerpult sprach Morten von der Krise der europäischen Seele. Dabei verglich er seine persönliche Einstellung zum Blues mit der Haltung vieler Menschen gegenüber Einwanderern.

„Früher hasste ich Blues. Dennoch sagte etwas in mir, dass dem Blues etwas innewohne. Und als ich ihm zuhörte, fand ich heraus, dass er wertvoll und interessant ist. Nach und nach hat mir der Blues starke Eindrücke beschert“, sagte ein vornübergebeugter Harket ins Mikrofon. Vierhundert Schüler saßen ganz still da.

Weiter sagte er: „Hört ihnen zu. Unwissenheit ist lebensgefährlich, und sich in Selbstgefälligkeit einzuschließen, führt zu Stillstand.“

Die Einstellungen von damals sind unverändert.

„Ich glaube nicht an eine Zukunft für die Menschheit, wenn sie global nicht zusammenfindet. Wir, die wir dieselben Grundwerte haben, wissen, dass sie nicht als gegeben betrachtet werden dürfen. Die Menschheit aus der Stammesmentalität herauszuholen, wird entscheidend dafür sein, dass sie auf lange Sicht eine Zukunft hat. Der Mensch, mit seinen hochpotenten Gestaltungsmitteln, wird ohne eine universelle Zusammenarbeit, die stark genug ist, um unsere primitiveren Triebe in Schach zu halten, sich selbst und den Planeten nie verwalten können. Damit sage ich nicht, dass die Anhänger der ‚Nein zur EU'-Bewegung eine primitive Kultur repräsentieren. Ich sage, dass eine Schwächung internationaler Institutionen wie der EU zu einer Primitivisierung der Weltgemeinschaft führen wird", unterstreicht Morten heute.

„In einer Zeit, in der der einzige Ausweg in der Gemeinschaft liegt, erwächst stattdessen eine stärkere Form von Nationalismus. Wir haben keine Chance, die Klimaherausforderungen zu überwinden, wenn sich jeder in seine Höhle zurückzieht, um den eigenen Rasen zu verteidigen. Ziehen wir nicht die Konsequenzen daraus, dass die ökologische Krise ein Weltproblem ist, wird alles vor die Hunde gehen. Sie kann nur gemeinsam bewältigt werden, nur dann haben wir eine Möglichkeit, uns da hinaus zu navigieren. Wir müssen anfangen, ordentlich miteinander zu reden, eine gemeinsame Grundlage finden, ansonsten sind wir chancenlos, jedoch machen wir in vielerlei Hinsicht das Gegenteil; wir müssen auf Leben und Tod das verteidigen, was norwegisch ist", sagt er und holt mit den Armen aus. „Aber wie norwegisch ist die Luft eigentlich?"

Nachdem die sogenannten „Ja-Rocker" den Kampf verloren hatten, scheute Morten nicht davor zurück, neue politische Jagdgebiete zu betreten. Im Januar 1996 titelte die *Bergensavisen* „AUF-Aufruhr gegen Harket". Hintergrund war eine Aussage Mortens gegenüber dem *Dagbladet* ein paar Tage zuvor, wo er hatte verlauten lassen: „Das Beste, was passieren kann, ist, dass Drogen weltweit legalisiert werden." Damit war das Feuer wieder entfacht. Justizministerin Grete Faremo ging auf Morten los. Das *Arbeiderbladet* bezeichnete ihn als „Dope-Liberalisten". „Popstar Sting tut es. Jetzt tut es auch Morten Harket. Von ihrer erhöhten Bühne tönen sie ihre neue, moderne Botschaft hinaus: Legalisiert Drogen! Unter ihnen wiegen sich 13- bis 14-Jährige im Takt mit der Musik und haben Schwierigkeiten dabei, zwischen der Meinung ihrer Helden und der Melodie zu unterscheiden", lautete der Kommentar von Journalistin Mona Jacobsen.

„Als Jugendidol trägt er eine besondere Verantwortung und sollte vorsichtig damit sein, was er sagt“, seufzte der Leiter der Jugendorganisation der Arbeiterpartei, AUF Bergen, gegenüber der *Bergensavisen.* Zudem wurden zwei Briefe verfasst, einer an Rundfunkchef Einar Førde, worin er gebeten wurde, einen neuen Moderator für den Eurovision Song Contest zu finden, sowie einer an Morten persönlich, worin sie ihre Enttäuschung über seine Einstellung zu Drogen ausdrückten. Auch die Jugendorganisation der Partei Høyre, Unge Høyre, stimmte in die postalische Korrespondenz ein und schrieb an Harket, er müsse sich von dem ganzen Eurovision-Zirkus zurückziehen. „Norwegens größtes Jugendidol muss eine recht engstirnige Denkweise haben, wenn es glaubt, dass Jugendliche solch extreme und liberale Meinungen nicht als Ausrede nehmen, um narkotische Mittel zu probieren“, verkündete ein Leiter der Unge Høyre gegenüber der Nachrichtenagentur NTB.

Nachdem er einige Tage lang Spielball in Kommentaren und Aussagen wütender Politiker gewesen war, begriffen immer mehr, was Morten mit der Initiative eigentlich bezweckte. Er wollte eine Debatte. Und selbstverständlich war er kein Dope-Liberalist. „Ich bin vollkommen gegen jeglichen Gebrauch und Missbrauch von Drogen“, präzisierte Morten damals. Was sagt er heute dazu?

„Meine Meinung hat sich nicht geändert. Kurz zusammengefasst ist es eine Tatsache, dass weltweit gigantische Summen darauf verwendet werden, den Sumpf illegaler Geschäfte in Verbindung mit Drogenmissbrauch zu bekämpfen. Ebenso ist es eine Tatsache, dass es sich dabei um einen Kampf handelt, den wir nach so vielen Jahren offensichtlich nicht gewinnen, vielmehr ist das Gegenteil der Fall. Wo stehen wir also? Als direkte Folge dessen, dass es illegal ist, haben wir ein enormes Schadensausmaß. Wir haben ein grenzenloses Gewaltniveau, finanziert und gesteuert von illegalen Machtstrukturen und Korruption durch globale Netzwerke, die in vielen Ländern bis weit in Regierungskreise reichen. Das ist keine Folge von Drogengebrauch oder -missbrauch. Das ist eine Folge davon, dass der Konsum illegal ist. Also wähle deinen Kampf! Werden Drogen legalisiert, wird diesem Kriegsterrain die komplette Grundlage entzogen. Zurück bleibt ein potenzieller Schadensumfang durch Missbrauch. Zudem hätten wir ein wahnsinnig gefülltes Konto, das weltweit zur Behandlung von Abhängigen eingesetzt werden könnte. Welche andere Patientengruppe hätte entsprechende Ressourcen?! Auch wäre es möglich, das Ungleichgewicht zwischen dem Umgang mit Alkohol- und Drogenmissbrauch zu beheben. Während wir mit scharfer Munition auf jene schießen, die Marihuana rauchen, verschließen wir heute die Augen vor dem Schaden, den Alkohol in der Gesellschaft anrichtet."

In der hier behandelten Zeitspanne taucht Morten auch in einer Reihe mehr oder weniger raffinierter musikalischer Konstellationen als Gastkünstler auf. Auch hier wieder: Gänzlich nach der Einfallsmethode. So sang er das Volkslied „Kråkevisa" über einen Mann, der einer riesigen Krähe begegnet und diese erschießt, und interpretierte auf einem vom größten Gewerkschaftsdachverband Norwegens, LO, herausgegebenen Kinderalbum Bob Dylans „Forever Young" auf Norwegisch. Er unternahm einen Abstecher in die christliche Musik und übernahm auch den Backgroundgesang für das Soloalbum des ehemaligen a-ha-Bassisten Jørun Bøgeberg. Er wirkte an einem Lied von Anne Grete Preus mit, worauf er kaum zu hören war, und steuerte 1993 eine flotte Version des Frankie-Valli-Klassikers „Can't Take My Eyes off You" zum Film *Die Coneheads* bei. Lassen Sie uns da ein wenig innehalten. Steve Barron, der Mann, der Regie beim Video zu „Take on Me" – sowie Michael Jacksons „Billie Jean" – führte, feierte im Sommer 1993 Premiere mit der Science-Fiction-Komödie *Die Coneheads*. Damit wollte Barron seinen Riesenerfolg mit dem Film *Turtles* von 1990 wiederholen. Die Geschichte von *Die Coneheads* ist folgende: Im amerikanischen Luftraum wird ein UFO gesichtet, woraufhin das Militär ausrückt, um Aliens mit kegelförmigen Köpfen zu jagen. Dann aber landen die Fremden auf der Erde und versuchen, unauffällig in ein hektisches New York einzutauchen. Das funktioniert so einigermaßen. So einigermaßen waren auch die Reaktionen des Publikums auf *Die Coneheads*, der Barron keinen neuen Kinoerfolg à la *Turtles* bescherte. Vorab war auch für die Filmmusik gesorgt worden. Einige Künstler mit Verbindung zu Warner Brothers steuerten Songs zum Soundtrack bei, darunter die Red Hot Chili Peppers, Paul Simon und Soft Cell. Des Weiteren rief Barron Morten Harket an.

„Oh, das ist lange her, aber ein bisschen erinnere ich mich. Ich erinnere mich, dass wir auf der Suche nach einem großartigen Lied waren, das zum Finale des Films, zur Schlussszene passte. Und das ist immer schwer zu finden. ‚Can't Take My Eyes off You' mochte ich schon immer. Der schlendert anfangs gleichsam ruhig über die Straße, bevor er im Refrain explodiert und man ein vollgepacktes Stadion mit 30.000 Menschen vor sich sieht, die alle aus voller Kehle singen. So ein Lied wollte ich haben. Mit einer kräftigen Stimme, die sich weit, weit nach oben strecken konnte. Und da ich an den ersten Videos von a-ha gearbeitet hatte und Morten ein Freund ist, dem ich vertraue, nahm ich Kontakt zu ihm auf", erzählt Barron am Telefon aus seinem Zuhause in London.

Als die Anfrage kam, war Morten mit a-ha unterwegs, wollte aber versuchen, irgendwie eine Einheit im Studio reinzuquetschen, um einem alten Freund zu helfen. In Woodstock im US-Bundesstaat New York wartete Starproduzent Stephen Hague, der zuvor unter anderem mit den Pet Shop Boys gearbeitet hatte. Hague hatte sich kürzlich in der Region, zwei Autostunden von New York entfernt, ein Haus gekauft und für die Aufnahme mit Morten die Bearsville Studios gebucht. Regisseur Barron konnte bei den Aufnahmen in New York nicht anwesend sein – als Morten in London in eine Concorde stieg, befand sich der Brite in Los Angeles in der hektischen Schlussphase beim Schneiden des Films. Mit einer Limousine wurde Morten vom Flughafen in New York abgeholt und direkt ins Studio nach Woodstock gebracht.

„Ich erinnere mich, dass ich spät abends ankam. Dann kriegte ich die ersten Aufnahmen zu hören und stürzte mich hinein", erzählt Morten.

Noch bevor er am selben Abend in einem der zum Studio gehörenden Häuser einschlief, verspürte er den Jetlag im Körper.

„Am nächsten Vormittag gingen wir dann ins Studio. Ich steuerte den Gesang bei und wurde wieder von einer Limousine abgeholt, die mich zum Flughafen zurückbrachte. Von dort aus nahm ich eine Concorde nach Frankreich, um rechtzeitig bei einem Konzert mit a-ha zu sein. Hinwärts flog ich Concorde British Airways und rückwärts Concorde Air France."

„Meine Güte. Du hast einiges aus diesen Jahren vergessen, aber gerade an diese Flüge kannst du dich perfekt erinnern?"

„Ja. Weil es das einzige Mal war, dass ich Concorde geflogen bin."

„Ah, okay. Wie denkst du heute über deine Version von ‚Can't Take My Eyes off You'?"

„Die Aufnahme ist okay, obwohl es darin Sachen gibt, die meiner Meinung nach nicht gut genug sind, aber so ist es eben. Das ist in Ordnung, oder anders gesagt, es gibt *genug*, was in Ordnung ist."

Produzent Hague, der später auch zum a-ha-Album *Lifelines* beitragen sollte, erzählt, dass die Aufnahme mit Morten eine der ersten nach seinem Umzug nach Woodstock gewesen sei:

„Er war ein durchaus bescheidener und netter Kerl. Am besten erinnere ich mich daran, dass ich bei der Bedienung des örtlichen Frühstückscafés viele Punkte sammelte, als ich mit Morten dort auftauchte."

Wir gehen ein Stück weiter in der Reihe von Projekten, die keine Verbindung zu Mortens Solokarriere haben. Im April 1993 stand Morten mit Carola auf der Bühne, in einer live übertragenen Jubiläumsgala auf SVT, wo sie mit Glitzer und Gästen ihre ersten Jahre als Künstlerin feierte. Während des Songs „Det regnar i Stockholm" (Es regnet in Stockholm) blickte die Schwedin mit großen Rehaugen in die Kamera und sang „Det händer inget särskilt, jag har det ganska bra. Men det regnar här i Stockholm idag" (Es passiert nichts Besonderes, mir geht es ganz gut. Aber heute regnet es hier in Stockholm), bevor Morten, passend in schwarzes Leder gekleidet, breitbeinig die in Rauch getauchte Bühne betrat und die nächste Strophe sang – auf Schwedisch.

„Ich schätzte es sehr, mit Carola aufzutreten, sie ist eine fantastische Sängerin. Generell betrachte ich solche Auftritte als eine nette Sache. Ich sehe sie nicht als öffentliche Präsentation meiner selbst als Künstler oder als eine Karriereentscheidung. Wirst du letztendlich aber undefinierbar, wird es dich schwächen. Die Leute suchen im Wesen einer öffentlichen Person, unbewusst, nach größeren Leitlinien. So definiert man den Rahmen und die Richtung eines Künstlers. Mir werden ständig Sachen angeboten, im Wesentlichen aber lehne ich alles ab. In Bezug auf das, was ich repräsentieren will, bin ich heute zielgerichteter. Dafür ist es jetzt an der Zeit. Ich bin mittlerweile in einem Alter, wo die mir noch verbleibende Zeit ersichtlicher wird. Was ich selbst schaffen will, muss ich selbst in Angriff nehmen", sagt Morten und vertieft das Ganze:

„Ich war mir immer bewusst, welche Fähigkeiten mir innewohnen, aber im Verhältnis zu all dem, was uns gemeinsam ist, ist der Unterschied zwischen uns Menschen marginal. Bei unserer Geburt sind die Anlagen für das, wonach wir streben sollten, vorgegeben, und *die* sind unbegreiflich groß, jedoch ist es für uns allzu leicht, das als gegeben zu betrachten."

1998 sickerten Gerüchte durch, Morten Harket habe sich dem Techno zugewandt – ein bis dato für seine Stimme vollkommen unbeackertes Terrain. Bei dem Projekt handelte es sich um eine schwedisch-norwegisch-irische Koproduktion. Ende der Neunzigerjahre programmierte der Schwede Walter Bäcklin in seiner Studentenbude in Uppsala an seinen Synthesizern herum. Mit dem Programmieren kannte er sich aus. 1994 hatte er die Bekanntschaft des Iren Mark O'Sullivan gemacht, als dieser nach Stockholm gezogen und Teil der Techno- und House-Szene der Stadt geworden war. Im Laufe der Jahre hatte O'Sullivan alles gehört, von Ska bis Reggae, von Musik der Sechziger- und Siebzigerjahre bis hin zu Miles Davis, Kraftwerk und Massive Attack. Die beiden taten sich zusammen, nannten sich Boolaboss – Gälisch für Applaus – und veröffentlichten 1998 ein Album. Die Firma Warner Chappell Scandinavia nahm sie als Songwriter unter Vertrag. Bei einer Veranstaltung unter der Regie von

Warner Chappell 1998 in Oslo traf O'Sullivan auf Ole Sverre Olsen. Warner hatte kreative Köpfe zum Ideenaustausch versammelt. Die beiden kamen ins Gespräch, und Olsen empfahl Mark O'Sullivan, Morten anzurufen, und schwups: Zu einem späteren Zeitpunkt des Jahres waren sie zusammen im Studio. Walter Bäcklin, der heute auf See arbeitet, berichtet von der ersten Begegnung:

„Als wir das erste Mal zusammenarbeiteten, kam er in meine Studentenbude in der Västgöta Nation in Uppsala. Dort unternahmen wir die ersten Versuche zu einem Lied namens ‚The Secret'."

Diese Kooperation ist ein weiteres Beispiel für Mortens Suchen, oder Schwanken, wenn man so will. Es ist ein Stück vom Soloerfolg mit *Wild Seed* und vier Spellemannpreisen über Folkrock auf *Vogts Villa* bis hin zu einer Studentenbude in Uppsala sowie Techno, Drum and Bass. Vor der Wohnungstür machten ein paar Studenten lange Ohren, neugierig auf das, was dort drinnen zwischen den Loops vor sich ging. Begeistert rief Morten auch seinen damaligen Manager Terry Slater an und bat ihn, nach Uppsala zu kommen, um sich die Lieder anzuhören. Wenig später landete der Brite auf dem Flughafen Arlanda, von wo aus er zur Universitätsstadt mit weniger als 200.000 Einwohnern gefahren wurde. Nachdem er sich in dem 20 Quadratmeter großen Zimmer, mit einem Einzelbett in der Ecke, zwei Songs angehört hatte, ging es für die Truppe zum Essen in den irischen Pub O'Connor's auf dem Stora Torget. O'Sullivan war mit dem Eigentümer befreundet. Was er gehört hatte, stimmte Slater enthusiastisch, und im Verlauf des Abends erzählte er Geschichten aus dem Leben auf Tour als Bassist der Everly Brothers in den Sechzigerjahren. Die Stimmung war gut.

Nach einigen Trainingseinheiten in Uppsala nahm Harket Ole Sverre Olsen für die Aufnahmen mit Boolaboss mit ins Studio von Warner Chappell im Nobelort Danderyd, außerhalb Stockholms. Auf einem der wenigen Bilder, die in diesem Zusammenhang aufgenommen wurden, ist Morten in schwarzem Rollkragenpullover zu sehen, wie er im Studio in Danderyd auf seiner Gitarre herumklimpert. Neben ihm sitzt im T-Shirt O'Sullivan und entspannt sich bei einem Pils. Hinter dem Iren lauert Ole Sverre Olsen, mit einem dicken Mantel bekleidet, er sieht aus, als wolle er irgendwohin oder sei gerade angekommen. Der stattliche, kahlgeschorene Walter Bäcklin dreht dem Fotografen den Rücken zu und richtet seinen Blick aufs Mischpult. Die Wand hinter ihnen ziert im Stil der Neunziger auf halber Höhe eine Holzvertäfelung. Daneben arbeiteten Bäcklin, O'Sullivan und Morten auch bei Letztgenanntem zuhause im Osloer Stadtteil Frogner an dem Projekt – das Ganze erstreckte sich über ein Jahr hinweg. Die erste Single, „The Secret", war bereit zur Veröffentlichung.

„Seit den Aufnahmen in Danderyd habe ich ‚The Secret' nicht wieder gehört. Dabei handelt es sich um einen alternativen Drum-and-Bass-Song, der vollständig auf Samplings beruht und ausschließlich mit einem Ensoniq ASR10 (einem Sampler, der vor allem im Hip-Hop viel verwendet wird, unter anderem von Kanye West; Anm. d. Autors) und einem Synthesizer gefertigt wurde", sagt Walter Bäcklin.

Im April 1999 berichtete die *VG* in einem Artikel über das Projekt. Darin teilte Mortens damaliger Berater mit, dass Harket „musikalisch an etwas Neuem und Spannendem arbeite", dass ein Song so gut wie fertig sei, während sich drei andere im Demo-Stadium befänden. Der Plattenvertrag für das „Techno-Album" sei in Arbeit, hieß es weiter. In Wahrheit war die Kooperation mit Boolaboss zu dieser Zeit bereits ad acta gelegt.

„Die Zusammenarbeit endete eigentlich 1998, als a-ha wieder zusammenkamen, um auf dem Konzert anlässlich der Verleihung des Friedensnobelpreises zu spielen. Nach der Wiedervereinigung von a-ha wurde das Projekt auf Eis gelegt, und es fühlte sich nicht richtig an, es zu veröffentlichen, ohne dass Morten dahinterstand. Warner hat uns die Veröffentlichung jedoch nie verweigert", fährt Bäcklin fort.

„War es jemals im Gespräch, den Song zu veröffentlichen?"

„Das wurde nie diskutiert, und ich hatte auch keinen Kontakt zu Morten, nachdem sich a-ha 1998 wieder zusammentaten."

„Weißt du, wo sich die Aufnahmen befinden?"

„Ich muss irgendwo die DAT-Tapes haben, mit denen wir in Uppsala gearbeitet haben. Ich werde zuhause nachsehen, sobald ich von hoher See zurück bin. Du hörst von mir", sagt er.

Nachdem Bäcklin einige Wochen lang auf dem blauen Meer unterwegs gewesen ist, kontaktiert er mich. Wie es aussieht, hat keiner im Warner-System die Songs. Aber hat er vielleicht bei sich zuhause in Karlstad das Tape mit dem Lied gefunden?

„Leider habe ich das Tape nicht gefunden, vermute aber einen anderen Ort, an dem es sein könnte. Du hörst wieder von mir", lässt er mich wissen.

Es vergehen einige Wochen. Bäcklin durchforstet mehrere Archive. In der Zwischenzeit erzähle ich Morten von meiner Korrespondenz mit dem Schweden.

„*Das* war wirklich eine spannende Kooperation und sehr dumm, dass nie etwas erschienen ist. Ich habe oft daran gedacht. Die Single … ‚The Secret' war wirklich cool", sagt Morten und hält sich das Ohr zu, um den Lärm im Restaurant zu eliminieren. Er versucht, sich zu erinnern. „Zu dieser Zeit war ich durch ein schützendes Netzwerk, das darauf achten sollte, dass ich nichts Unpassendes veröffentliche, auch sehr in meiner Handlungsfreiheit eingeschränkt, das aber hätte veröffentlicht werden sollen. Definitiv."

Er versucht erneut, sich an den Text zu erinnern, und sitzt dort, inmitten eines proppenvollen Osloer Restaurants, und singt leise.

Einige Wochen später taucht plötzlich Mark O'Sullivan, das andere Boolaboss-Mitglied, auf der Bildfläche auf. Ich machte ihn ausfindig. Der Ire wohnt noch immer in Stockholm. O'Sullivan braucht nicht mehr als ein paar Tage für die Suche in alten Archiven, bevor er Morten und mir insgesamt sechs Boolaboss-Lieder mit Mortens Stimme darauf schickt. Plötzlich tauchen die angedachte erste Single „The Secret" sowie „Giant Steps", „Butterfly", „My Star", „This is a Nothing" und „Things I" im Posteingang meines E-Mail-Accounts auf. Exakt 19 Jahre nach dem Artikel in der *VG* und 20 Jahre nach dem ersten Bekanntwerden der Kooperation. Plötzlich öffnet sich ein nahezu hermetisch abgeriegeltes Neunzigerjahre-Abenteuer. Heraus strömen von Harkets Seite ungewohnte Töne. Da finden sich leichte Anflüge von Gospel, wohligem Funk, minimalistischem Electronic. Das ist etwas vollkommen anderes. Diese Lieder waren für Hörer der Neunzigerjahre gedacht, plötzlich erklingen sie in der klaren Luft des Jahres 2018. Selbst der in Cork geborene O'Sullivan hat die Songs seit gut 18 Jahren nicht gehört.

„Es war schade, dass sie nie erschienen sind, zumal Sony in den USA tatsächlich Interesse an dem Projekt hatte. Das weiß ich, weil ich angerufen wurde", erzählt O'Sullivan und fährt fort:

„Es hat sehr viel Spaß gemacht, diese Lieder mit Morten aufzunehmen. Am stärksten in Erinnerung ist mir der Titel ‚Butterfly'. Der kam aus dem Nichts. Walter und ich schrieben ihn innerhalb von fünf Minuten, dann kam Morten herein und haute ihn sofort in den Kasten – ohne überhaupt geübt zu haben. Er hatte ihn kaum gehört." Nachdem jenem gemeinsamen Projekt mit Morten die Luft ausgegangen war, richtete der Ire sein Augenmerk auf das Dasein als DJ und Produzent. Zudem gründete er eine Plattenfirma sowie mit einem Schweden zusammen das House-Duo DK7. Bevor Boolaboss jedoch auf Eis gelegt wurden, präsentierten Morten und die eine Hälfte des Duos – O'Sullivan – „The Secret" live bei einer Veranstaltung auf dem stillgelegten Flughafen Fornebu. O'Sullivan meint, das sei 2000 gewesen, während sich Morten überhaupt nicht daran erinnert.

„Ich erinnere mich an kaum ein Konzert. So bin ich zusammengeschraubt. Aber jetzt, wo du es erwähnst, dämmert irgendwas."

Nachdem Morten die Boolaboss-Songs gehört hat, die O'Sullivan uns schickte, ruft er mich an. Es ist einen Tag vor Silvester 2018. Das wecke seinen Ehrgeiz, wie er es nennt.

„Sehr spannend, dass die jetzt kamen. Ich habe Lust, die beiden einzusammeln, nach Stockholm zu fahren, einige kleine Justierungen vorzunehmen und die Songs zu veröffentlichen. Diese Lieder haben es verdient."

Daraufhin nehmen Mark, Walter und Morten den Kontakt wieder auf. Als ich Morten kurz nach dem Jahreswechsel in einem winterlichen

Oslo wiedersehe, liest er mir laut aus der E-Mail-Korrespondenz zwischen ihm und Mark sowie ihm und Walter vor. Der leichte Verdacht, den Morten und ich dahingehend hatten, dass die beiden einstigen Partner heute nicht mehr miteinander sprechen, stimmt zum Teil. Die Zusammenarbeit endete 2001, und seither hatten die beiden wenig Kontakt. Bäcklin wollte in Karlstad sein eigenes Studio aufbauen, während O'Sullivan in Stockholm blieb. Neben seiner Plattenfirma veranstaltete er Clubabende und bereiste als DJ die Welt. Er machte auch Musik mit Leuten wie Andy Bell, der als Bassist von Oasis und Liam Gallaghers Formation Beady Eye bekannt ist. Nunmehr aber haben Bäcklin und O'Sullivan wieder miteinander gesprochen und die alten, mit Morten aufgenommenen Boolaboss-Lieder diskutiert. Feindschaft und schlechte Stimmung Fehlanzeige. Beide haben ihr Musikerleben gewissermaßen hinter sich gelassen. O'Sullivan hatte Mitte der 2000er mit DK7 einige Singles, die in Großbritannien an die Spitze der Dance-Charts kletterten. Seinen letzten Auftritt absolvierte das Duo 2006 in Roskilde. Danach war Schluss.

„Was mir am besten gefiel, war der kreative Teil, im Studio zu sein. Konzerte haben Spaß gemacht, allmählich aber richtete sich mein Interesse wieder auf den Fußball, der in jüngeren Jahren einen Großteil meines Daseins ausgemacht hatte – in Irland habe ich faktisch einige Spiele auf höchster Ebene bestritten. Ich habe einen Trainerkurs gemacht und arbeite jetzt Vollzeit in dem Bereich, zudem mache ich meinen Doktor."

An einem Mittwoch im Februar 2019 sollen Morten und Mark einander nach 18 Jahren erstmals wiedersehen. Die Nacht zuvor verbringt Morten im Luxushotel Diplomat im Stockholmer Strandvägen. Die Front des prächtigen Hotels ist Nybroviken zugewandt. Im Wasser rund um die weißen Djurgårds-Fähren schwimmen kleine Eisschollen. Direkt nach dem Frühstück kommt es zum Wiedersehen der beiden. Mit Jeanshemd bekleidet, wartet der fröhliche Ire mit den kurzen grauen Haaren in der Hotellobby.

„Es ist lustig, dass wir jetzt wieder über diese Lieder sprechen", sagt er im Restaurant des Diplomat begeistert.

Die beiden setzen die Fäden wieder zusammen, die damals durchtrennt wurden.

„Es war alles fertig für die Single ‚The Secret'. Sogar das Cover war fertig, aber wie du weißt: Die Dinge geschehen auf dieser Welt, und manchmal stellt sich das Leben selbst den Dingen in den Weg. Das war schade, aber man kommt darüber hinweg, und ich habe aus der Arbeit mit Morten *so* viel gelernt", berichtet O'Sullivan. Dann kommen sie auf die Klanglandschaft zu sprechen. Denn *das* war es, was in den äußerst wenigen Meldungen über das Projekt in den Medien hervorgehoben wurde: Dass Morten „den Musikstil geändert habe und sich ins Techno-Land hineinbewege".

„Dass sich Morten mit diesem Projekt auf neues Terrain wagte, ist ganz klar, allerdings sind viele derart daran interessiert, Musik in Genre-Schubfächer zu stecken. Darum habe ich mich nie gekümmert. Ob es Drum and Bass, Techno, Country oder etwas anderes ist. Das Wichtigste ist, dass es gute Lieder sind", sagt O'Sullivan.

Morten ist an der Reihe:

„Ich möchte schon sagen, dass hier ein weiteres Moment hinzukommt, und das sind die Identität und die Umgebung, in die das Lied gebracht wird. Das ist wichtig. Und das begriff ich nach und nach. Es gibt starke, tolle Nummern wie … (Denkpause) … den ‚Titanic'-Song von Céline Dion zum Beispiel. Ein Sänger kann allein mit seiner Stimme eine Stimmung erschaffen. Wie Nick Cave es tut. Auch Leonard Cohen erschuf rund um den Klang seines Gesangs eine Stimmung – er lud zu einem Befinden ein. Waren die Produktionsidee und die Identität eines a-ha-Songs hinreichend deutlich, war ich immer in der Lage, das mit dem Gesang hervorzurufen – oder es zu ‚bestäuben', um das Lied komplett zu machen. Wenn ich aber nicht daran glaube, wie zu dem Zeitpunkt, als Pål anfing, sich von a-ha weg zu schreiben, verfälscht das die Motivation. Da fiel es mir nicht ganz so leicht, den Dingen gerecht zu werden. Das kann sich schnell zu einem Spiel entwickeln. Ich glaube im Übrigen, dass Pål dem vollkommen zustimmt, allerdings waren wir nicht immer einer Meinung dahingehend, was ein a-ha-Song ist."

„Gibt es a-ha-Songs, bei denen du heute hörst, dass etwas nicht stimmt?"

„Ja. Unter anderem, weil ich mitunter Druck seitens Pål dahingehend verspürte, wie er meinen Gesang haben wollte, anstatt Zeit zu bekommen, um natürlich zu reagieren, wie ich es sonst getan und damit den Ausdruck entwickelt hätte. Auf *Memorial Beach* (1993) finden sich viele solche. Besonders auf diesem Album. ‚Cold as Stone' zum Beispiel ist ein sehr cooles Lied. Aber nachdem wir diese Platte gemacht hatten, spürte ich, dass Pål vielmehr seine eigenen Wege gehen musste. Das war für mich nicht stimmig, und es klingt gekünstelt, und ich hatte auch das Gefühl, dass es für Pål nicht passte. Auf der Platte sind starke Lieder, aber ich hatte das Gefühl, da draußen gäbe es andere, die den Nerv besser getroffen hätten als ich."

Zurück in Stockholm. Die Stimmung ist heiter. Bei einem Sashimi-Salat sprechen Morten und Mark über die Sex Pistols, a-has früheren Manager Terry Slater sowie die Möglichkeiten, die Boolaboss-Lieder zu veröffentlichen.

„Was mich betrifft, wäre es schön gewesen, wenn wir sie einfach gemastert und nicht so viel damit gemacht hätten. Denn mir gefällt die Verwundbarkeit in diesen Aufnahmen, Morten singt gefühlvoll, und sie fangen einen Augenblick ein. Aber ich bin offen für alles, wenn Morten etwas neu machen will. Für mich ist wichtig, dass sie jetzt rauskommen, um ein Kapitel im Leben abzuschließen. *Das* ist etwas, das man seinen Kindern erzählen kann", sagt O'Sullivan.

Nach dem Treffen springen Morten und ich in ein Taxi Richtung Flughafen Arlanda, während Mark in seine Wohnung im Stadtteil Stora Essingen zurückkehrt. Der „Auftrag Veröffentlichung", 21 Jahre danach, ist erteilt.

Das Nobelkonzert

1997 bis hinein ins Jahr 1998 schwebte über Morten Harket eine „Was nun?"-Wolke. Lieder, Texte und Ideen türmten sich auf, aber nichts wurde veröffentlicht. Ein Hindernis war das Fehlen eines Apparats, der ein neues englischsprachiges Soloalbum vorantreiben – und Selbigem ein langes Leben bescheren – konnte, dem Nachfolger von *Wild Seed*. Nach *Vogts Villa* 1996 wurde Sverre Flatby aus Asker Mortens Manager und Geschäftspartner. Die beiden kannten sich von Kindesbeinen an, und das Hauptziel war die Entwicklung von Mortens internationaler Solokarriere.

„Als ich dazukam, befand sich Morten in einer ambivalenten Lage. Er war unzufrieden damit, wie die Plattenfirma in Sachen Solokarriere agierte, gleichzeitig waren Kräfte aktiv, die auf eine Wiedervereinigung von a-ha hinarbeiteten. Meiner Meinung nach verstanden die Plattenfirmen Morten zu dieser Zeit nicht. Seiner Vorstellung nach ist er vor allem ein Künstler und Solist, der bei a-ha den Job des Sängers innehat, nicht umgekehrt, wie der Rest der Welt es als Selbstverständlichkeit erachtet. Morten fertigte Skulpturen und Zeichnungen an, mitunter verwendete er ein halbes Jahr darauf, einen Tisch zu zimmern, anstatt mit Musik zu arbeiten. Das aber war der echte Morten Harket, der beinahe alles hinbekommen konnte", erzählt Flatby.

In dieser Zeit richtete Flatby in seinem Haus in Asker auch ein kleines Studio ein, das Morten zeitweise als Zufluchtsort diente, wo er an neuen Songs arbeiten konnte. Håvard Rem und Ole Sverre Olsen gehörten noch immer zum Team. Während Morten an der Gitarre saß, hatte Flatby mit allerlei Anfragen alle Hände voll zu tun.

„Das war extrem viel in dieser Zeit, und ein Großteil meiner Zeit ging für die Beantwortung von Anfragen verschiedenster Couleur drauf. Da war beispielsweise der kleine Handballclub aus Nordnorwegen, der wollte, dass Morten während eines Basars auf der Straße sang. Das andere Extrem waren steinreiche russische Oligarchen, deren Düsenjets bereitstanden, um Morten für ein Lied auf einer Geburtstagsfeier einzufliegen."

Flatby zufolge war es auch nicht immer ganz einfach, mit der Rolle als Freund, Geschäftspartner und Manager umzugehen – unter anderem aufgrund der Menschen und Projekte, von denen Morten ständig umgeben ist. *Der Entourage*, wenn man so will.

„Der Künstler und Musiker Morten wechselt oft den Fokus, was ich als eine seiner Stärken betrachte. Taucht eine spannende Person oder ein spannendes Projekt auf, liegt sein Fokus plötzlich darauf – wie bei dem Tisch, den er gebaut hat. Selbstverständlich erschwerte die ganze Refokussierung aber auch, Fahrt in die Solokarriere zu bringen. Als Freund waren alle neuen Projekte und Menschen spannend und fantastisch, aber als Projektleiter, durch die geschäftliche Brille betrachtet, war es nahezu unmöglich, in dieser Zeit eine Struktur aufzubauen. Zudem fanden sich um Morten herum all diese Honigtopfmenschen, die versuchten, Unmengen an Energie, Zeit und Geld aus ihm herauszusaugen. Es war enorm schwer, mit all diesen Individuen umzugehen, da Morten unabhängig davon äußerst loyal und entgegenkommend ist. Meiner Meinung nach nutzten viele die Situation aus, was sehr viel Aufmerksamkeit von seinem Engagement abzog."

Flatby, der damals relativ neu in der Musikbranche war, begriff schnell, dass er Rat und Anleitung brauchte. Er rief Terry Slater an, der die *Wild Seed*-Periode mitgemacht hatte, jetzt aber im Begriff war, sich aus der Branche zurückzuziehen. Er bat Slater um ein Treffen, ließ ihn nach Oslo einfliegen und buchte einen Besprechungsraum im Hotel Bristol. Auf dem Programm stand ein kleiner „Manager-Kurs". Nachdem Slater im Bristol eingetroffen war, bat er Flatby in die Bar, anstatt in den Besprechungsraum zu kommen.

„Ich fragte Terry Slater, ob wir nicht mit der vereinbarten Ausbildungssession beginnen sollten", erzählt Flatby. „Daraufhin entgegnete Slater: ‚Hör mir zu, Sverre. Entweder du machst gute Musik oder nicht. Mehr gibt es nicht zu lernen. Lass uns lieber ein Bier trinken.' Es brauchte etwas Zeit, bevor ich begriff, dass er es genau so meinte, und noch ein bisschen mehr Zeit, bevor ich verstand, dass es stimmte."

Der Masterplan von Flatby, Harket und der Truppe um ihn herum sah sich bald einer weiteren Herausforderung ausgesetzt. Flatby hatte seinen Job erst wenige Monate inne, als Bewegung ins a-ha-Lager kam.

„Der von uns erstellte Plan beinhaltete keineswegs einen Wiedereinstieg bei a-ha. Morten hatte den starken Wunsch, seine Solokarriere zu entwickeln, gleichzeitig war sein Gefühl in Bezug auf a-ha komplex und ambivalent. Seine Loyalität gegenüber ‚dem System', wie er a-ha zu dieser Zeit nannte, stellte ein wesentliches Hindernis für die Möglichkeiten dar, die Solokarriere wie geplant voranzutreiben. Es bereitet mir noch immer Kummer, dass es uns nicht gelungen ist, die Projekte zu kombinieren und im Nachgang von *Wild Seed* ein starkes Soloalbum herauszubringen. Die Summe aller Kräfte, die um ihn herum in Bewegung waren, machten es schlicht und einfach zu schwer."

Eine Rolle im Netzwerk rund um Morten spielte zu dieser Zeit auch Atle Kigen. Heute ist er Kommunikationsdirektor von Aker. Damals leitete er das PR-Büro GCI Monsen mit Büros in Lilleaker in Oslo. Kigen kannte Mortens Bruder Håkon von der Zeit, als sie beide bei der *Aftenposten* gearbeitet hatten. Als Manager-Zweigespann für Morten nahm sich Sverre Flatby insbesondere des Musikalischen an, während Kigen auf der geschäftlichen Ebene aktiv war, bevor er 2000 Wirtschaftsredakteur bei NRK wurde.

„Morten brauchte einen Sparringspartner und Berater für den kommerziellen Teil", erzählt Kigen.

Um all die Energie, alle Projekte, Menschen und Anfragen zu kanalisieren, beschaffte Kigen für Morten ein Büro in Lilleaker. Dort saß er mit seiner Gitarre.

„Mit dem Musikalischen hatte ich nichts zu tun, was ich kann, sind Wirtschaft und Kommunikation. Meine Rolle bestand darin, Morten dabei zu helfen, seine Energie auf das zu verwenden, was für ihn wichtig war – ob es ein neues musikalisches Projekt, Bootsbau, Skulpturen oder das Designen von Messern war. Ich war daran interessiert, dass sich der Multikünstler Morten Harket für etwas engagieren konnte, das er wollte."

Wie bereits Flatby berichtet auch Kigen, dass zu dieser Zeit die Anfragen nur so hereinströmten, wie es eigentlich seit dem Durchbruch von a-ha 1985 der Fall gewesen ist.

„Da war alles dabei, vom Moderator bei MTV bis zur Beteiligung an allen möglichen Kampagnen. Wir dachten die ganze Zeit: ‚Was springt für Morten dabei raus?' Das war das Wichtigste. Und da fungierte ich als Blitzableiter für alle Menschen und Milieus, die mit ihm in Kontakt kommen wollten – die am nächsten Morten-Harket-Erfolg teilhaben wollten. Daneben waren viele Investoren an der Markenware ‚Morten Harket' interessiert."

Kigen erwähnt, dass Morten Mitte der Neunziger sehr neugierig in Bezug auf die Möglichkeiten des Internets gewesen sei. Dabei darf man nicht vergessen, dass sich das Internet zu dieser Zeit noch im Säuglingsstadium befand.

„Er war neugierig darauf, wie Musik über das Internet verbreitet werden konnte. Und das war viele, viele Jahre, bevor wir alle mit Spotify in der Tasche herumspazierten. Das sagt etwas über das Visionäre an Morten aus."

Morten selbst meint dazu:

„Ich hatte das starke Empfinden, dass die traditionelle Art der Veröffentlichung von Musik in ihrer Form erstarrt war und daher auch einen Teil ihrer Relevanz verloren hatte. Das Natürliche für einen Künstler und Songwriter wäre es, Sachen zu veröffentlichen, die Wellen der Inspiration reflektieren. Oft ist es so, dass du auf einer Welle angehoben wirst und inspirierte Sachen ablieferst – häufig schnell. Sollst du es dann eintüten und ein Konzept herausquetschen – ob du willst oder nicht, dann hat das Gehirn viel Zeit darauf verwendet, diesen Zustand nachzuahmen. Am Ende steht man mit einer ausgewaschenen Füllmasse da."

1998 näherte sich auch der Wendepunkt in der Zeitspanne 1993–1998: das Comeback von a-ha. Im Nachhinein erscheint es mitunter so, dass die a-ha-Pause in den Neunzigern lang war. In der Tat umfasste sie weniger als vier Jahre. Zudem war sie kürzer, als sie vom Umfeld wahrgenommen wurde. Im März 1998 nämlich erhielt Erling Johannesen, zu dem Morten im Vorfeld des *Vogts Villa*-Projekts Kontakt hatte, in seinem Büro in Oslo einen Anruf. Johannesen kannte Morten, Pål und Magne zudem von seiner Tätigkeit bei der Plattenfirma Polygram aus den Achtzigern. Am anderen Ende der Leitung war der britische Musikmanager Brian Lane, der aus London anrief und später, bis 2006, a-has Manager werden sollte. Lane hatte sich in London mit Odd Arvid Strømstad getroffen, dem Mann, der Morten zwei Jahre zuvor gefragt hatte, ob dieser den Eurovision Song Contest moderieren wolle. Strømstad war zu dieser Zeit für das Konzert anlässlich der Verleihung des Friedensnobelpreises in Oslo verantwortlich. In London hatten sie über die Möglichkeiten einer Wiedervereinigung von a-ha exakt bei diesem Konzert, in diesem Jahr, gesprochen. Während dieses Telefongesprächs fragte Lane, ob Johannesen nicht versuchen könne, mit den a-ha-Mitgliedern zu sprechen und sie zu überreden.

„Ich fing sie einen nach dem anderen ein", sagt Johannesen 20 Jahre nach den Treffen. „Mit jedem von ihnen gab es ein Mittagessen in einem Restaurant oben bei der amerikanischen Botschaft. Schlicht und einfach, um zu hören, ob sie sich das vorstellen konnten. Zuerst sprachen wir nur über Nobel, darüber, ein neues und ein altes Lied zu präsentieren."

Johannesen berichtet weiter, dass es eine komplizierte Materie gewesen sei, mit der er sich da auseinanderzusetzen hatte. Keiner der drei riss die Arme in die Höhe und sagte: „Yes, das machen wir." Selbiges ist vermutlich auch in der gesamten a-ha-Geschichte nicht nennenswert oft passiert. Am schwierigsten zu überreden war Johannesen zufolge Morten, und als die drei Gespräche absolviert waren, war er unsicher, ob er mit dem Ganzen fortfahren sollte, und unsicher, ob es überhaupt Sinn machte, sich mit Lane und Strømstad zu treffen, um weiter über das Nobelkonzert zu sprechen. Dennoch beschlossen sie, an dem geplanten Treffen festzuhalten.

Dann hat der Sommer in Oslo Einzug gehalten, und im Kalender steht Juni 1998. In einem Zimmer des Hotels Ambassadeur im Camilla Colletts vei sitzen Brian Lane, Erling Johannesen sowie Pål, Magne und Morten. Brian Lane macht den Anfang und präsentiert seine Ideen und Pläne für ein eventuelles a-ha 2.0. Er spricht über einen neuen Plattenvertrag, einen neuen Verlagsvertrag, erreicht in der ersten Runde aber lediglich für das Nobelkonzert den vollen Durchbruch. Das wollen die drei machen. Während des Gesprächs einigen sie sich auch darauf, dass jeder von ihnen jeweils ein Lied einbringt, woraus dann eines ausgewählt und im Osloer Spektrum vor dem Nobelpreisträger, prominenten Gästen und einem Publikum, das a-ha vier Jahre lang nicht zusammen auf der Bühne erlebte, gespielt würde.

Als das nächste Treffen ansteht, legt Morten den Song „Back To The Senses" – die englische Version von „Tilbake til livet" – vor, während Pål „Summer Moved On" im Gepäck hat. Als Magne „Summer Moved On" hört, ist er der Meinung, dass sie auf *diese* Single setzen sollten, und bringt daher keinen eigenen Vorschlag ein.

Zurück zu Erling Johannesen:

„Morten meinte, sein Lied sei besser als ‚Summer Moved On'. Der Meinung war ich nicht. Und wie wir wissen, ist es ‚Summer Moved On' geworden."

„Für Morten aber war es wichtig, in dieser Zeit als Songwriter von sich reden zu machen. Die Zeiten hatten sich geändert, und ohne einen anderen Verteilungsschlüssel hinsichtlich der Royaltys als in der ersten Phase hätte Morten einer neuen Runde a-ha nicht zugestimmt. Er war das Gesicht der Band, verdiente jedoch entschieden das Wenigste von allen. Das waren heftige Diskussionen, die wir letztendlich befriedeten. Morten hat nie einen Hehl daraus gemacht, dass er es war, der zu diesem Zeitpunkt am wenigsten zu a-ha 2.0 bereit war", fügt er hinzu.

Zum a-ha-Comeback 1998 sagt Morten Folgendes:

„Ich hatte zu diesem Zeitpunkt keinen Bedarf an a-ha und befand mich an einem vollkommen anderen Punkt. Es war mir wirklich kein Anliegen, zu dem gehabten Setting zurückzukehren."

Dann kam der 11. Dezember 1998. Das Nobelkonzert. Morten, Magne und Pål waren alle drei in Schwarz gekleidet. Åse Kleveland kündigte die Wiedervereinigung wie folgt an: „Sie sind die größte Popband, die Norwegen jemals gehabt hat. Heute Abend, zum ersten Mal seit vier Jahren, und zu Ehren des Friedennobelpreisträgers – mit einem brandneuen Song. Pål, Magne und Morten: Hier sind a-ha." Morten reckte den Hals, als er bei „Summer Moved On" den Ton hielt, während hinter ihnen auf der Leinwand eine Friedenstaube ihre geschmeidigen Flügel ausbreitete – wie es den Anschein hatte über die Vergangenheit. In der Mitte des Songs wurde der große Bühnenvorhang entfernt, hinter dem sich das Rundfunkorchester mit Cellisten, Bläsern und Violinisten befand, die den ersten Comeback-Minuten zusätzlich eine ganz besondere Aura verliehen und das Publikum im Saal in Staunen versetzten. Nach ohrenbetäubendem Applaus ging es mit „The Sun Always Shines on T.V." auf Zeitreise. Ich erinnere mich an das Gefühl, in Reihe 11, Platz 72, im Spektrum in Oslo. Ich spürte die heftigen Wellen, die den schmerzlichen Text von „Summer Moved On" durchdringen, über die Freundin, die ausgezogen, eine Freundschaft, die nicht zu retten war, und den vergehenden Sommer. Das war körperlich förmlich spürbar.

Die Reaktionen und Rückmeldungen am Tag darauf kamen für Morten vollkommen überraschend. Das *Dagbladet* vergab sechs von sechs möglichen Punkten und schlussfolgerte: „Die Gänsehaut jagte über den Körper, während a-ha Sekunde um Sekunde bewiesen, dass sie dem Zahn der Zeit standgehalten haben." Weiter hieß es: „In typischer a-ha-Manier blickten unsere drei Jungs jeweils in eine andere Richtung, angemessen scheu und desinteressiert. Aber so muss es sein bei a-ha. Von einem Bein auf das andere tretend und ansonsten stillstehend ist Morten Harket dennoch ein ausgezeichneter Frontmann. Sein stolzes ernstes Auftreten ist noch immer durch und durch charismatisch.“

Wie die Geschichte gezeigt hat, machten sich a-ha wieder ans Werk, veröffentlichten Alben und tourten durch die Welt, bis es 2010 zur Auflösung und 2015 zum erneuten Comeback kam. Was aber ist mit all den Fäden aus der Solophase von 1993 bis 1998? Was ist aus ihnen geworden? Fangen wir mit den Autoren an. Ole Sverre Olsen und Morten schreiben mitunter heute noch zusammen. Die Kooperation mit Håvard Rem ist weniger geworden. Für Mortens Soloalbum von 2012, *Out of My Hands*, schrieb Rem einen Song. Genau genommen aber endete die Zusammenarbeit 2003/2004. Hier ist Rems Version:

„Warum die Zusammenarbeit 2003/2004 nach und nach endete, dahingehend sind die Meinungen vermutlich geteilt. Meiner Ansicht nach war es Uneinigkeit hinsichtlich der Wahl des Weges. Wir hatten einen Fundus von rund einhundert mehr oder weniger fertigen Liedern, und meiner Meinung nach war es an der Zeit, den richtigen Produzenten zu finden und die Songs von Akustikgitarre und Notizblock ins Studio und zur Veröffentlichung zu bringen. Ich scherzte, dass Morten ‚einen Travolta machen‘ müsse, das heißt, seinen Tarantino finden in Form eines jungen und starken Produzenten, der es lieben würde mit dem Sänger zu arbeiten, der ihn oder sie als Teenager mit Liedern wie ‚Take on Me‘ und ‚Hunting High and Low‘ verführt hatte. Als die Zeit verging, ohne dass ich das Gefühl hatte, dass seriöse Versuche unternommen wurden, um einen Produzenten zu finden, und Morten gleichzeitig mehr Songs schreiben wollte, sagte ich zu ihm, dass er sich an die Akustikgitarre klammere wie an einen Rettungsring. Vielleicht lag ich falsch, aber ich hatte das Gefühl, dass die Weigerung, die Lieder mit einem außenstehenden Produzenten zu verwirklichen, zu einem gewissen Grad Leistungsdruck und Branchenverschleiß geschuldet war.“

Dem fügt er hinzu: „Wie wir wissen, sollten ganze zwölf Jahre vergehen zwischen Mortens zweitem und drittem Soloalbum, von *Vogts Villa* 1996 zu *Letter from Egypt* 2008. Dass die Zusammenarbeit

2004 endete, war teils dem Umstand geschuldet, dass ich ungeduldig wurde, teils, dass eine Zusammenarbeit mit Morten nicht nur sehr ergiebig, sondern auch ziemlich anstrengend ist, und dass ich selbst mit umfassenden Buchprojekten beschäftigt war, sowie teils, dass Morten in Ole Sverre einen beständigen und motivierten Partner für das Songwriting gefunden hatte."

Dazu Olsen:

„Ich weiß nicht, ob es richtig ist, mich als einen beständigen und motivierten Autor für Morten zu bezeichnen. Ich war es oft überdrüssig, Songtexte zu schreiben, weil ich meiner Meinung nach nicht so gut darin bin. In der Zeit von 2001 bis 2005/2006 lebte ich mehr oder weniger permanent in Bergamo in Italien mit einer Italienerin zusammen, mit der ich einen Sohn bekam. Ich habe keine Ahnung, ob das mit Blick auf das Voranschreiten von Mortens Solokarriere etwas zu sagen hatte, aber ich besaß da unten kein Internet, was die Arbeit an den Songtexten erschwerte. Die Strophen für den a-ha-Song ‚Forever not Yours' (2002) schrieb ich, als ich noch zuhause in Norwegen wohnte, im Kielwasser der Neunzigerjahre – beim Blauen Kreuz."

Mortens Reaktion auf Rems Zusammenfassung ist folgende:

„Für mich ist das ganz einfach. Ich erlebte Håvards gefühlsmäßige Reaktion und Träume, die zu Beginn des *Wild Seed*-Projekts rund um die politischen und philosophischen Texte kollabierten. Diese Dinge spielten für ihn eine wichtige Rolle. Der Versuch, in diesem Bereich zu arbeiten, ist sinnvoll – die darin liegende Identitätssuche: Wer sind wir? Als das kollabierte, verlor ich Håvard. Er wurde waghalsiger. In der Art, Dinge anzupacken, tauchte eine größere Verantwortungslosigkeit auf. Konkret kollabierte es nach einem gemeinsamen Jamaika-Trip mit Ole Sverre. Da erlebte ich, dass Håvard mehr daran interessiert war, Ole Sverre in Versuchung zu führen – etwas, das Ole Sverre absolut nicht gebrauchen konnte. Was er brauchte, war *nicht* zu trinken. Das meine ich mit verantwortungslos, denn wir trugen alle Verantwortung, dass dieser Trip Sinn ergab. Aber ich verstehe, was er sagt, wenn er davon spricht, einen jungen Produzenten ins Boot zu holen. Dieser Analyse stimme ich vollends zu. Aber von diesem Punkt aus faktisch dahin zu gelangen, diese Person zu finden, erfordert eine gewisse Kapazität, und diese Kapazität hatte ich in der von ihm beschriebenen Zeit – 2003/2004 – nicht. Da befand ich mich mitten in a-ha. Konkret falsch liegt er, wenn er sagt, wir hätten einhundert fertige Lieder gehabt, relativ wenige davon waren so weit, veröffentlicht zu werden. Es waren viele Skizzen, viele Übersetzungen norwegischer Poesie."

„Mein größtes Dilemma aber ist, dass ich Sänger und Mitglied von a-ha bin, zudem habe ich eine Reihe von Dingen auf dem Herzen, mit denen ich, unter den richtigen Voraussetzungen, etwas erreichen kann. Und 2003/2004 hatte ich mehr als genug mit a-ha zu tun und war nicht aktiv auf der Suche nach einem Produzenten", fügt Morten hinzu.

Ole Sverre Olsen bedauert es, dass Rem der Zusammenarbeit der drei entglitt.

„Håvard verschwand mehr und mehr. Ich glaube allerdings, dass sehr interessante Dinge hätten entstehen können, wenn er weiterhin dabei gewesen wäre – wenn wir zu dritt gewesen wären", erzählt er.

Was die außermusikalischen Jagdgebiete betraf, hatte Morten hinsichtlich Osttimor alles Nötige getan, mit der Verleihung des Friedensnobelpreises 1996 galt der Sieg als eingefahren. Parallel zur sich erhöhenden Drehzahl innerhalb der a-ha-Maschinerie wurde der Aktivist Morten nach außen hin weniger sichtbar.

Wo steht der Solokünstler Morten Harket heute? Nach *Vogts Villa* (1996) sind drei weitere Soloalben erschienen: *Letter from Egypt* (2008), *Out of My Hands* (2012) und *Brother* (2014). Um die Antwort zu finden, müssen wir nach Schweden. Ich treffe Morten in einem ins Winterkleid gehüllten Stockholm. Die Straßen im Stadtteil Södermalm sind mit Schneematsch bedeckt, es ist Januar 2019. Die Lichter der Geschäfte spiegeln sich im braunen, sich über den Asphalt schlängelnden Wasser. Ich treffe Morten in einer Wohnung in der zweiten Etage auf einem braunen Schlafsofa sitzend. Über ihm hängen Gitarren aller Variationen. Ein Banjo. In der Ecke: ein Klavier, eine Steel-Gitarre. Mortens Brille ruht auf einem Bongo. Im Bücherregal hinter der Tür finden sich Musikerbiografien von Curtis Mayfield, den Beatles und Neil Young sowie das Rocklexikon des schwedischen Verlags Bonniers. Dort steht auch eine *Feber*-Sammlung, mit den gesamten Texten der vier Großen des schwedischen Musikjournalismus: Andres Lokko, Jan Gradvall, Mats Olsson und Lennart Persson. Gemeinsam betrieben sie Anfang der 2000er die mittlerweile legendäre „Feber-Homepage" mit Texten über Musik. In der kleinen Küche steht die Kaffeemaschine von Produzent und Songwriter Peter Kvint. Der Schwede hatte seine Finger unter anderem bei Songs von Magnus Uggla und Britney Spears im Spiel, wiedererkennbar sind dabei oft skandinavische Melancholie, angereichert mit hochfliegenden Pop-Refrains. Man muss sich nur Andreas Johnsons Hit „Glorious" aus dem Jahr 1999 anhören, eine typische Peter-Kvint-Produktion. Kvint und Morten lernten sich 2012 im Vorfeld der Veröffentlichung von *Out of my Hands* kennen. Seither arbeiten sie eng zusammen. Beide bewegen sich auf Strümpfen über den Holzfußboden. Die beiden haben zwei Tage für einen kleinen Hoffnungslauf für Songideen, Fragmente und komplette Lieder angesetzt, die in den vergangenen vier, fünf Jahren entstanden sind. Der Fundus ist groß.

„Hier arbeiten wir. Lange war das mein zweites Zuhause, bevor a-ha 2015 wieder zusammenkamen. Da war ich sehr viel hier", erzählt Morten.

Hinter Kvints Bürostuhl steht eine Goldene Schallplatte von Peter Jöback, eine Gold-Auszeichnung von P3. Für gewöhnlich mietete sich Morten während dieser Aufenthalte eine Wohnung in der Nähe des Studios, ab und an hat er auch einfach nur das Schlafsofa vor Ort ausgeklappt. Zwischen den Arbeitseinheiten sind die beiden durch die Straßen gewandert, haben gesungen und gepfiffen und im Restaurant Ljunggren in der Götgatan gegessen. Auf dem Sofa sitzend greift Morten zur Gitarre, beugt den Nacken, so als versuche er, mit dem Instrument eins zu werden. Er summt, führt die Finger über die Saiten. Geht ins Falsett. Steigert die Intensität. Kvint, Sohn eines Zahnarztes aus Värmland und der jahrelangen persönlichen Sekretärin von Astrid Lindgren, Kerstin Kvint, lächelt sanft und beeilt sich, das Smartphone zu bedienen. Das geschieht nahezu reflexartig. Einige Sekunden lang bebt die Luft hier drinnen vor neuen Tönen. Kvint fängt sie mit seinem Telefon ein und speichert die Aufnahme.

Anschließend zeigen mir die beiden den Weg ins Allerheiligste, dorthin, wo das Mischpult steht und sich der kleine Aufnahmeraum befindet. Morten holt einen Holzstuhl für mich, während Kvint einige Demos herauszieht, die sie mir präsentieren wollen. Die Aufnahmen stammen von einer Schreibtour 2017 in einem Wochenendhaus bei Lillehammer. Aus den Lautsprechern, die vor einem Fenster Richtung Sankt Paulsgatan stehen, durch das die Dunkelheit der Nacht hereindringt, steigen sanfte Synthesizer und eine unverkennbare Stimme auf und künden von neuen Zeiten.

Wie ist es also um die Zukunft von Mortens Solokarriere bestellt? Kann es zu einer neuen allumfassenden Phase à la *Wild Seed* und den Jahren von 1993 bis 1998 kommen? Definitiv, aber …

„Mein Interesse für Musik hat auch Grenzen. Die Grenze verläuft dort, wo ich der Meinung bin, es handelt sich nur um Wiederholung und es wird mir aufgenötigt. Das mag ich nicht, und das hat auch dazu geführt, dass ich Musik nicht verfolge, keine Charts und solche Sachen. Deshalb höre ich nie Musik im Radio – das habe ich nie getan. Was ich brauche, das ist, *keine* Musik zu hören. Ich muss andere Geräusche hören und ausreichend Abstand von der Musik haben, um in unregelmäßigen Abständen mit meinem ganzen Ich dort eintauchen zu können – da sehe ich die Dinge klarer. Dieses Fenster ist für eine kurze Phase geöffnet, bevor ich wegmuss. Dann muss ich etwas anderes machen, alles auf Null stellen oder mich auf andere Sachen konzentrieren“, sagt er.

Im Leben von Morten Harket konkurriert Musik nämlich mit so viel anderem. Mit dem Interesse für dreidimensionale Räume, Vegetation, Linien und Kurven, Boote.

„Ich interessiere mich für Mechanismen, warum sich etwas in einer bestimmten Art und Weise verhält. Was steckt dahinter? Warum sehen die Dinge so aus, wie sie aussehen? An solche Sachen denke ich“, sagt er und lässt einige Sekunden verstreichen.

Es ist, als würde die Musik abgeschaltet und sich vor ihm eine vollkommen neue Topografie eröffnen. Details und Unwesentliches werden ausradiert, und zurück bleiben große Fragen. Morten ist ein eifriger Schüler der Natur.

„Diese Dinge reizen mich, ich fange ständig Sachen aus der Natur auf. Zum Beispiel: Warum sieht ein Baum so aus, wie er aussieht? Was stimuliert einen Baum?“, sagt Morten, bevor er sich weiter in das Thema vertieft.

Es ist, als würde sich die komplette Tonlage verändern, wenn er auf Dinge zu sprechen kommt, die sein Herz höherschlagen lassen. Er wird sanfter, aber auch präziser. Wir erheben uns von der Stelle, wo wir sitzen, und bewegen uns tiefer ins Astwerk hinein, zu den Blättern, die das Licht einfangen.

„Es sind nämlich die äußeren Zweige, die das Aussehen eines Baums bestimmen, weil er eine Struktur braucht, die dem Eigengewicht und der Wassersäule der gegebenen Wetterbedingungen gewachsen ist“, sagt er und fügt hinzu:

„Solche Gedanken kommen mir oft bei einer Tasse Kaffee.“

„Kommen diese Gedanken in der Regel vor Musik zu dir?“

„Aber Musik ist doch auch wie ein Baum. Das habe ich früh verstanden: Willst du ein großes Lied schreiben, dann musst du nach etwas winzig Kleinem suchen. Den kleinen Keim einer Eigenart, die jedes Samenkorn in sich trägt. Daraus entsprießt dann der Ausdruck. Alle, die nach einem großen Lied suchen, suchen vergebens, sie finden nur Lieder, die bereits geschrieben sind, und landen schließlich bei Formelmusik. Diejenigen, die herumlaufen und denken: ‚Ah, ‚Bridge over Troubled Water‘, das hätte ich gern geschrieben …‘, haben den falschen Ansatzpunkt. Das ist bereits geschrieben, aber es fing schließlich nicht so an, wie es endete. Es begann als kleiner Keim.“

„Wenn du Melodien schreibst, bist du also auf der Suche nach diesem Keim?“

„Ich suche nicht danach, aber ich mache mich dafür erreichbar. Du kannst nur anzeigen: Jetzt bin ich erreichbar. Das ist wie eine Bestellung: ‚Jetzt bin ich erreichbar, jetzt soll geschrieben werden, und ich bin bereit.‘ Dann lege ich es beiseite, und danach passiert, was passiert, entweder geht man ins Kino oder findet etwas anderes, solange man in einem Zustand der Erreichbarkeit bleibt. Das ist zumindest meine Erfahrung.“

Und wenn sich Harket für eine neue Melodie erreichbar macht, entstehen Dinge mitunter an derart spezifischen Orten, dass es beinahe so klingt, als würde er scherzen.

„Der Refrain zu ‚Heaven’s not for Saints‘ entstand auf der zweiten Treppenstufe runter zur Garderobe in der Sentrum Scene. Genau da.“

„Auf der zweiten Treppenstufe?“

„Ja. Und weißt du, was in solchen Augenblicken passiert?“

„Nein. Erzähl.“

„Es ist, als würde eine Säule durch mich hindurchgehen, von unten nach oben, oder von oben nach unten. Da passiert es. Gerade den Refrain von ‚Heaven’s not for Saints‘ schätze ich sehr. Der Grund, warum ich mich nicht scheue, das zu sagen, ist der, weil ich ihn nicht aus eigener Kraft entwickelt habe. Es war etwas, das zu mir kam.“

Dann wird er still. Für eine Weile.

Bonustrack: 1987

„Kamilla og tyven"

Im Spätherbst 1987 lässt ein 29-jähriger Student seine Finger über ein verschlissenes Klavier in einem der Übungsräume im Osloer Chateau Neuf gleiten. Er ist im zweiten Jahr am Institut für Musikwissenschaft eingeschrieben. Was er nicht weiß, ist, dass der Melodie, die er an diesem Tag in gut 25 Minuten hervorzaubert, ein langes Leben auf norwegischen Radiokanälen beschert sein wird, gespielt für jene auf der Landstraße, die es unter dem schwarzen Himmelsdach der Nacht über das Autoradio hören. Von den Moderatoren in der sanftesten Tonlage der Radiowelt angekündigt. Und es soll eines der meistgespielten Lieder von Morten Harket werden, das in den kommenden Jahren auch häufig auf Konfirmationen, Hochzeiten und sogar Beerdigungen zum Einsatz kommen wird. Das Lied heißt „Kamilla og Sebastian" und wurde für den Film *Kamilla og tyven* (Kamilla und der Dieb) geschrieben. Der Student am Klavier ist der aus Rogaland stammende Ragnar Bjerkreim. Der Text zu seiner Melodie ist von Elisabeth Aanje.

Am 24. März 1988 feiert *Kamilla og tyven* Premiere in den norwegischen Kinos. Als Darsteller agieren unter anderem Dennis Storhøi und Agnete Haaland, während die junge Veronika Flåt die Hauptrolle spielt. Auch Morten hatte in *Kamilla og tyven* sowie dem Nachfolger *Kamilla og tyven del 2* eine Rolle inne. Er spielte Christoffer, heiratete im weißen Smoking und lief mit schief aufgesetzter Mütze und Hosenträgern durch die bewaldeten Kulissen Südnorwegens. Die Handlung spielt Anfang des 20. Jahrhunderts.

Mit den Jahren wurde *Kamilla og tyven* zu einer Art Kultfilm. Bevor es dazu kam, machte der sentimentale Song jedoch einiges durch. Kehren wir zurück in die RG Jones Studios im Londoner Stadtteil Wimbledon. Es ist Januar 1998. Morten taucht in dem früher von a-ha genutzten Studio auf – und hat keine Zeit. In der Tat eilt es sehr, den Gesang in den Kasten zu bekommen. Auf einem Band hatte Ragnar Bjerkreim die Musik mit nach London gebracht, die zuvor im Osloer Rainbow Studio bereits eingespielt worden war. Dabei war unter anderem im Refrain der Romsås Kinderchor zu hören. Morten lieferte seinen Beitrag innerhalb des engen Zeitfensters ab. Am Tag darauf sollte in einem anderen Londoner Studio der abschließende Mix für den Film erfolgen, weshalb das Lied fix und fertig sein musste. Nachdem das geschehen war, nahm Bjerkreim die Aufnahmen mit nach Oslo und fertigte für den Soundtrack des Films einen neuen Mix an. Welche Stellung nimmt das Lied heute für den Komponisten der Melodie ein?

„Ich finde das Lied noch immer großartig. Mortens Stimme trägt es auf eine einzigartige Weise, sowohl hell, klar als auch dynamisch", sagt Bjerkreim.

Die CD-Ausgabe der Filmsongs erschien erst viele Jahre, nachdem der zweite Teil über Kamilla und den Dieb 1992 in die Kinos gekommen war. Morten über seine Rolle in dem Film:

„Das war nicht mein Weg in den Film, definitiv nicht. Da hätte ich nicht so einen Film gewählt. Ich habe alle Filmangebote abgelehnt – auch aus Hollywood. Ich sagte zu, weil ich die Leute dahinter und das, was sie mit dem Film erreichen wollten, sehr mochte. Und in all seiner Naivität ist er charmant. Und das trägt. Ich mag den Film noch immer."

„Wie steht es mit dem Lied?"

„Das Lied ist schön, es ist glaubwürdig. Noch immer erreichen mich bezüglich dieses Liedes einige merkwürdige Anfragen. Sie kommen von Leuten, von denen man nicht glauben sollte, dass sie es mögen. Wirklich nicht. Biker-Typen, die sagen, es wäre ihr *all time favorite*-Song. Das ist ganz nett. Eigentlich sind wir so gleich, dass alles, womit wir uns kleiden oder Ausdruck verleihen, wer wir sind, vor allem als ein Kommentar zu betrachten ist. Ole Sverre formuliert das schön in einem Song auf dem *Brother*-Album: ‚And we, who've got so many faces / We only have one heart.'"

Quellen

Bücher

Fernandes, Clinton: *The Independence of East Timor.* Sussex Academic Press, 2011.

Harket, Håkon, Henning Kramer Dahl: *Så blåser det på jorden – a-ha i nærbilder.* Aventura Forlag, 1986.

Olsen, Ole Sverre: *Den døde mannen.* Geelmuyden Kise, 1998.

Omdahl, Jan: *a-ha. The Swing of Things 1985–2010.* Forlaget Press, 2010.

Ramos-Horta, José: *Øst-Timor.* Aventura Forlag, 1996.

Rem, Håvard: *Taksameteret går. Utvalgte dikt 1977–1996.* Cappelen Damm, 1996.

Rem, Håvard: *Øvelser i grensesetting.* Cappelen Damm, 1993.

Røstvik, Harald N.: *Eksil. En fortelling om oljelakeiens makt.* Genesis, 2001.

Thakur, Ramesh: *Responsibility to Protect and Sovereignty.* Ashgate Publishing Limited, 2013.

Artikel/Fernsehberichte

„Morten Harket advarte mot rasisme på EF-konferanse". NTB, 17. März 1993.

„Bom-fallera". *Arbeiderbladet*, 16. Oktober 1993. Autor: Svein Erik Bakken.

„Øst-Timor – konflikten verden glemte". *K7 Bulletin*, Nr. 11, 11. November 1993. Autorin: Vibeke Rosset.

„An Island Lies Bleeding". *The Guardian*, 5. Juli 1994. Autor: Noam Chomsky.

„Søndag – Poetenes Evangelium". *NRK*, 15. Januar 1995.

„Mortens paradisøy". *Dagbladet*, 25. März 1995. Autorin: Karin Westrheim.

„Morten Harket – låt ble for sterk". *Bergens Tidende*, 29. August 1995. Autor: Paal Kvamme.

Konzertkritik aus der Teatergarasjen. *Bergensavisen*, 28. November 1995. Autorin: Vibeke Johnsen.

„Mortens julegave". *VG*, 17. Dezember 1995. Autorin: Ellen Margrethe Sand.

„Morten misfornøyd". *Dagbladet*, 18. Februar 1996. Autor: Anders Grønneberg.

„Dødt marked for Harket". *VG*, März 1996. Autoren: Espen A. Hansen & Maria Hasselgård.

„PR-kupp verdt minst 100 millioner“. *VG*, 18. Mai 1996. Autoren: Kristine Brunmark, Ronny Berg, Morten Rakke.

„KulturEN“. *NRK*, 19. März 1996.

„– Vår gave til folket“. *Dagsavisen*, 18. November 1997. Autor: Bernt-Erik Pedersen.

„Mannen som skulle vært død“. *Dagbladet*, 25. September 1998. Autor: Vidar Kvalshaug.

„a-ha–for et fredsshow“. *Dagbladet*, 12. Desember 1998. Autor: Håkon Moslet.

„Siste reis for en liten sliter“. *Bellona.no*, 27. April 2004. Autorin: Hanne Bakke.

„Morten Harket hadde det i seg“. *Vårt Land*, 15. September 2009. Autor: Olav Solvang.

„How Michael fought the good fight for East Timor“. *Herald Sun*, 5. Februar 2014. Autor: Paulie Stewart.

Dank

Morten

Ole Sverre Olsen, Håvard Rem, José Ramos-Horta, Alan Tarney, Steve Barron, Kjetil Bjerkestrand, Håkon Harket, Erik Hillestad, Ragnar Bjerkreim, Kristín Ástgeirsdóttir, Frode Alnæs, Clinton Fernandes, Audun Vinger, Robert Carr, Oliver Tarney, Bjørn Nessjø, Max Stahl, Stephen Hague, Walter Bäcklin, Mark O'Sullivan, Kåre Chr. Vestrheim, Geir Sundstøl, Yiannis Tavridis, Jochen Schilde, Erling Johannesen, Odd Arvid Strømstad, Chris Neil, Harald Wiik, Fred Engh, Anders Eriksen, Kari Iveland, Stene Osmundsen, Christer Falck, Jakob Sekse, Sigurjon Einarsson, Eivind Aarset, Peter Kvint, Ulf Berntsen, Jo Michael de Figueiredo, Frederic Hauge, Ståle Kilen, Øivind Madsen, Harald N. Røstvik, Sverre Flatby, Kyrre Sætran, Julian Broad, Atle Kigen, Petter Sandberg, Jan Sollien, Thomas Tofte, Øivind Varkøy, Sven Persson, Eilif Stene, P.A. Stenersen, Espen Brodin, Per Østmark, Maren Presthaug, Emilian & Elias, Øyvind und Elisabeth Nilsson, Thomas Risøy Johansen, Anders Emil Andersen, Andreas Böttcher, Daniela Stilzebach und Monika Koch.